Schöttler & Steiner

Ein Käfer fährt durch Afrika

REISE HANDBUCH

Ein Käfer fährt durch Afrika

Die Autoren sind für Lesertips, Hinweise, Vorschläge und Verbesserungen dankbar. Leser, deren Einsendung verwertet wird, werden in der nächsten Ausgabe genannt und erhalten als Dank ein Beleg-Exemplar der neuen Auflage.

Text	Christine Schöttler (Reisebericht) Thorsten Steiner (Praktischer Teil)
Fotos	Christine Schöttler & Thorsten Steiner
Titelfoto	Christine Schöttler
Karten	Jens Ranke
Satz	Hannelore Wietzke
Lithos	Litho- und Scannertechnik
Druck	Nieswand Druck

ISBN 3-922965-71-7 DM 22,00

Inhalt

Dankeschön

Ganz herzlich bedanken möchten wir uns bei allen, die uns bei den Vorbereitungen der Reise und unterwegs unterstützt haben und durch ihre Hilfe und Gastfreundschaft zum Gelingen dieses unvergeßlichen Erlebnisses beigetragen haben, insbesondere bei unseren Eltern, Eckart Tenge, O.M.R. Sheshe, Ibrahim H.A. Sakara, David Ngoda, John Kidenya, Petra Becker, Josephine Heinrich, Heinz Esche, Eberhard Hauser, Dr. Kijangwa, Manfred Schneider und Pastor H. Waltenberg.

Unser besonderer Dank für die mühevolle redaktionelle Überarbeitung des Manuskripts, für Ratschläge und Korrekturen am Erlebnisbericht geht an Gerd Frickenhelm, Hans Gerrit von Stockhausen, Gunnar Steiner sowie Frank Hempel für seine kritischen Anmerkungen; dto. für den "Praktischen Teil" an Christian Kutschker und Stefan Rosocha - und Klaus Seehafer fürs Korrekturlesen.

Frau Dr. Kapaun und Professor Diesfeld danken wir für die Durchsicht des Kapitels "Gesundheit" und dem Tropeninstitut der Universität Heidelberg für seine tropenmedizinischen Empfehlungen.

Über die Autoren

Christine Schöttler, 1959 in Diepholz geboren, arbeitete 4 1/2 Jahre in der Verwaltung des "Tanga Integrated Rural Development Programme" in Tanga/Tanzania und bereiste zahlreiche afrikanische Länder. Jetzt ist sie im Buchhandel und als freie Fotojournalistin tätig.

Thorsten Steiner, 1961 in Bielefeld geboren, studiert Medizin in Heidelberg. Er machte eine mehrmonatige Famulatur am Krankenhaus in Tanga und arbeitet an einer Studie zur Pestbekämpfung in den Usambara-Bergen mit.

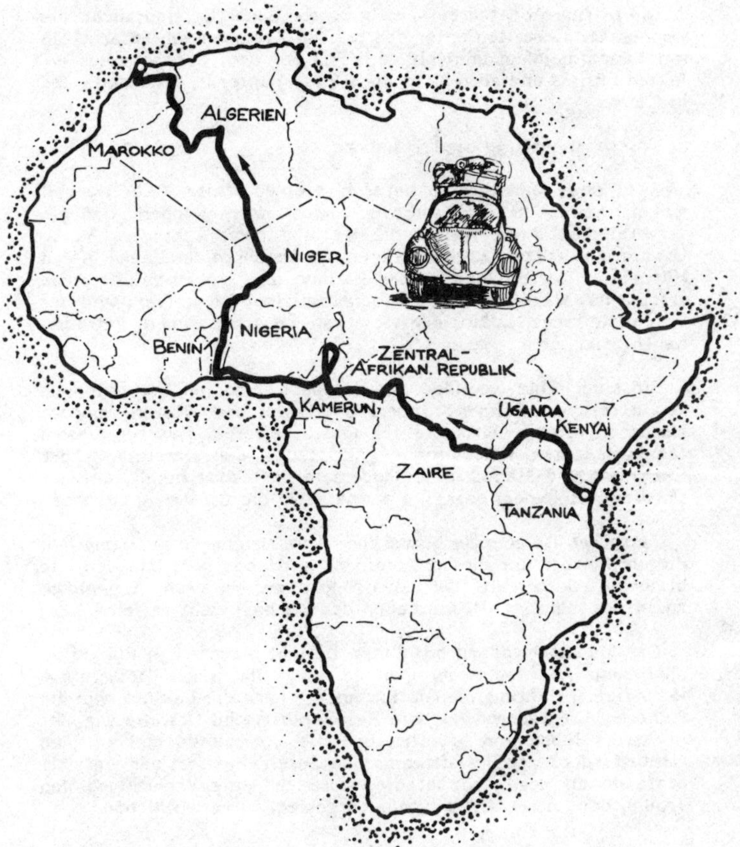
ALGERIEN
MAROKKO
NIGER
NIGERIA
BENIN
ZENTRAL-
AFRIKAN. REPUBLIK
KAMERUN
UGANDA
KENYA
ZAIRE
TANZANIA

Vorwort

Die Afrika-Abenteurer - es gibt sie noch. Es sind nicht die verwegenen Gestalten unter den breiten Krempen von Safarihüten mit Leopardenband und mit dem Fuß auf dem Nacken eines erlegten Büffels und auch nicht die Rallye-Fahrer in der Sahara und in Kenya.

Unsere Abenteurer sind Träumer.

Zwei junge Menschen setzen sich in einen uralten "Käfer", weil sie sich einen neuen Landrover nicht leisten können. Und sie verwirklichen ihren Traum, die Weite Afrikas - Steppe, Busch, Urwald und Wüste - zu durchqueren. Sie erfahren das Leben in den Hütten, in Dörfern und in den kleinen und großen Städten. Sie kennen das Wagnis und dürfen daher spielen. Sie spielen, weil der Traum sie nicht losläßt, den viele von uns schon einmal geträumt haben. Hier ist ihr Bericht.

Sie sind keine Neulinge aus Europa mit naiven Vorstellungen von exotischen Palmenstränden, Urwäldern und Wüsten, sondern Menschen, die in Afrika lebten und arbeiteten. Das tut diesem tagebuchartigen Reisebericht gut. Hinter der Darstellung der Ereignisse und Menschen, besonders in der Gelassenheit, mit der Unvorhergesehenem begegnet wurde, wird die Erfahrung sichtbar.

Zu spüren ist aber auch, daß ihnen die Neugierde geblieben ist, die sie hierher auf diesen Kontinent getrieben hatte, in dem die bisherige Geschichte der Menschheit auf unseren Augenblick zusammengedrängt ist. Sie haben das Staunen nicht verlernt.

Die Verfasser mögen mit ihrem Bericht manchen in Europa zu ähnlichem Abenteuer anregen. Er kann ihnen als Reiseführer lebendiger Erfahrung dienen. Für andere kann die Lektüre, wie die früheren Abenteuerbücher, die Reise selbst sein. Uns, die wir hier in Afrika leben und arbeiten und die wir spüren, daß wir den Herausforderungen der afrikanischen Gesellschaft oft nur einseitig professionell begegnen, ist dieser Bericht eine Versuchung, den Traum, den auch wir nicht ganz vergessen, zu verwirklichen.

Heinz Esche,
"Tanga Integrated Rural Development Programme; Tanga,
Tanzania

Ein Traum wird Wirklichkeit

Urlaub im November - einen schlechteren Termin gibt es wohl kaum. Aber als Neuling in der Firma mußte ich nehmen, was bei der Ferienplanung übrigblieb.

Einige Monate später war ich dann sehr froh über das Datum. Eine Freundin hatte mich eingeladen, mit ihr zusammen nach Tanzania zu fliegen, und das ausgerechnet im November. Schon Wochen vorher konnte ich an nichts anderes denken. Meine erste Reise außerhalb Europas und dann gleich in ein so fremdartiges Land.

Nach zwölfstündigem Flug landeten wir auf dem "International Airport" der Hauptstadt Dar es Salaam. Eine treibhausartige Hitze schlug uns beim Öffnen der Flugzeugtüren entgegen: ca. 35 Grad C bei strahlend blauem Himmel. Nachdem wir die Einreiseformalitäten erledigt hatten, machten wir uns auf die Suche nach einem Taxi. Die klapprigen Autos sahen alles andere als zuverlässig aus, aber eine Alternative gab es nicht. Doch nachdem wir das Taxi erst einmal angeschoben hatten, brachte es uns tatsächlich in die Stadt.

Nun waren wir mittendrin in einer fremden Welt: die Farbenpracht der Blüten, Palmen in allen Variationen, das tiefe Blau des Indischen Ozeans, die Dhaus mit ihren weißen Segeln (traditionelle Fischerboote, mit denen einst die Araber nach Ostafrika kamen), die Hitze, der Staub. Welch ein buntes Treiben auf den Straßen und Märkten: Frauen in grellbunte Tücher (Kangas) gehüllt, ein Kind auf den Rücken gebunden, große Körbe auf den Köpfen tragend; Verkaufsstände mit Apfelsinen, gebratenen Maiskolben, Maniokwurzeln (Kasawa); Straßenverkäufer, die Zigaretten, Seife und Zahnpasta feilboten. Staunend betrachtete ich immer wieder die überfüllten Busse und Autos, die jeden Augenblick auseinanderzubersten drohten. Sofort fiel mir die Fröhlichkeit und Freundlichkeit der Menschen auf.

Es dauerte Tage, bis ich begriff, daß ich wirklich in Afrika war und mich das Klingeln des Weckers nicht aus einem bunten Traum reißen würde. In diesen sechs Wochen Urlaub, in denen ich kreuz und quer durch das Land reiste, verliebte ich mich in Tanzania.

Nach dieser Reise stand mein Entschluß fest: raus aus dem engen Deutschland. Schon länger hatte ich mit dem Gedanken gespielt, für einige Zeit ins Ausland zu gehen, dort zu arbeiten und ein Land nicht nur als Tourist in Urlaubsstimmung kennenzulernen, sondern auch im Alltagsleben. Nun hatte ich das Land meiner Träume gefunden. Ich kündigte die "Lebensstellung" bei der Bank, was unter den Kollegen nur Kopfschütteln hervorrief, löste meine Wohnung auf, verstaute meine Habe für die nächsten sechs Monate in einem Rucksack und wäre in allerletzter Minute fast noch zu Hause geblieben. Denn plötzlich überfielen mich all die Zweifel, die ich vorher so einfach abgetan hatte. Plötzlich bekam ich Angst vor meinem eigenen Mut, doch dann ging es los.

Nach einem kurzen Aufenthalt in Nordafrika landete ich im Mai 1982 zum zweiten Mal auf dem Dar es Salaamer Flughafen. Ich fühlte mich sofort wie zu Hause und überlegte, wie ich am besten Arbeit finden könnte. Zuerst besuchte ich die Leute, die ich vor einem halben Jahr kennengelernt hatte. Sie alle hielten den Plan, als Europäer in Tanzania Arbeit zu suchen, für ziemlich verrückt, vor allem in einem so alltäglichen Beruf wie Großhandelskaufmann. Ich ließ mich aber nicht entmutigen und ging erst einmal zur Deutschen Botschaft. Hier bekam ich den Tip, es bei deutschen Entwicklungshilfeprojekten zu versuchen, und dazu erhielt ich eine Adressenliste. In fast allen Ländern der Dritten Welt gibt es zahlreiche Projekte verschiedener Entwicklungshilfeorganisationen.

Bereits beim zweiten Versuch hatte ich Glück. Im "Tanga Integrated Rural Development Programme" wurde dringend eine deutsche Kraft zur Bewältigung der Papierberge gesucht. Ich nahm den nächsten Bus nach Tanga, der drittgrößten tanzanischen Stadt, die - 60 km von der Südgrenze Kenyas entfernt - direkt am Indischen Ozean liegt. Heinz Esche, der Projektkoordinator, war hocherfreut, daß jemand den lästigen Verwaltungskram machen wollte. Ich unterschrieb einen Vertrag für drei Monate und ahnte noch nicht, daß daraus fünf Jahre in Tanzania werden sollten.

Immer wieder schob ich die Abreise hinaus. Arbeit gab es genug, also auch einen Grund zu bleiben. Ich bekam auch eine zeitlich begrenzte Aufenthaltsgenehmigung. Im ersten Jahr zog ich ungefähr zehn Mal um. Eine Wohnung wollte ich nicht, denn ich war ja nur auf Durchreise. So hütete ich der Reihe nach die Häuser von Kollegen, die im Heimaturlaub waren. Dann entschloß ich mich doch, seßhaft zu werden. Mit Hilfe von Heinz Esche bekam ich die lang ersehnte, schwer zu erhaltende Arbeits- und Aufenthaltsgenehmigung für zwei Jahre mit Verlängerungsmöglichkeit. Meine indische Freundin Khadija besorgte mir eine kleine Wohnung. Von Kollegen, die das Land verließen, kaufte ich Hausrat und einen metallic-blauen VW-Käfer, 1303 L, Baujahr 1973.

Fünf Jahre in Tanzania

Land und Leute

Tanzanias Geschichte reicht bis in die Ursprungszeit der Menschheit zurück. In der Ebene von Laetoli nahe der Serengeti im Norden fand 1979 das berühmte Archäologenehepaar Mary und Louis Leakey hominide Fußspuren, die auf ein Alter von ca. 3,6 Mio. Jahre geschätzt werden. Ihre These, daß es sich hierbei um menschliche Spuren handelt, ist umstritten. Andere Frühmenschenforscher halten die Abdrücke nämlich für Spuren aufrecht gehender Affenmenschen. Außerdem fehlen bislang noch Skelett- oder Schädelteile, die die These der Leakeys erhärten könnten.

Schon zwei Jahrzehnte zuvor entdeckte das Forscherehepaar in der Olduvai-Schlucht in der Serengeti Überreste des bislang ältesten Frühmenschen der Welt, des Zinjanthropus, der vor ca. 1,75 Mio. Jahren in Ostafrika lebte. Sechs Jahre später wurde der wiederzusammengefügte Schädel in einer feierlichen Zeremonie Julius Nyerere, dem Staatspräsidenten Tanzanias, übergeben. Der Schädel ist neben anderen Funden im Nationalmuseum in Dar es Salaam zu besichtigen. Dieser "homo habilis" (geschickter Mensch, der Werkzeuge fertigte) war der direkte Vorgänger des "homo erectus", aus dem sich der "homo sapiens" entwickelte. Es wird angenommen, daß sowohl der "homo erectus" wie auch der "homo sapiens" ihre Ursprünge in Ostafrika haben und von hier aus zuerst den asiatischen und dann den europäischen Kontinent besiedelten.

Die innerafrikanische Völkerwanderung der letzten 3.000 Jahre brachte verschiedenartige kulturelle Einflüsse nach Tanzania und hinterließ eine Vielzahl unterschiedlicher Sprachen und Sitten. Aus der Bantusprache entwickelte sich Kiswahili, die tanzanische Nationalsprache und die Verkehrssprache Ostafrikas. Kiswahili enthält viele Wörter aus dem Arabischen und seit Beginn des 20. Jahrhunderts auch aus dem Englischen.

Der gesamte ostafrikanische Küstenraum geriet schon früh unter arabisch-islamischen Einfluß, denn Handelsbeziehungen mit den Ländern, die an den Indischen Ozean angrenzen, bestehen seit über 2.000 Jahren. Erste schriftliche Zeugnisse darüber finden sich im Periplus, einem im 1. Jh. n.Chr. erschienenen altgriechischen Werk. Die Araber tauschten Elfenbein, Nashornhörner, Kokosnußöl und Schildpatt gegen Kleidung, Weizen, Werkzeuge und Gefäße. Im 8. Jh. begannen arabische Siedler auf den Inseln Zanzibar, Mafia und Kilwa mit dem Bau von Städten, die sich später zu mächtigen Handelsstadtstaaten entwickelten. Der Sklavenhandel begann.

Im Jahre 1200 wanderten eine Gruppe Perser unter einem Sohn des Herrschers von Shiraz in die Küstenregion Tanganyikas ein und gründete neue Dynastien. Sie mischten sich mit der einheimischen Bevölkerung. Ihre Abkömmlinge sind als Swahili bekannt.

Die Portugiesen unterwarfen Zanzibar um 1500, konnten es aber wegen des Widerstands der Araber nicht halten. Die Insel wurde mit Hilfe omanischer Herrscher 1730 zurückerobert und 1828 Residenz des Sultans Said von Oman.

Die koloniale Plantagenwirtschaft auf Madagaskar, Mauritius und Réunion verlangte nach Arbeitskräften. Der Sklavenhandel dorthin sowie in die arabischen Länder, in die überseeischen Kolonien und nach Indien weitete sich stark aus. Ganze Landstriche Ostafrikas wurden verwüstet und entvölkert. Zwischen 1870 und 1876 wurden ca. 30.000 Sklaven pro Jahr verkauft. Zanzibar und Bagamojo (kiswahili: leg dein Herz nieder) waren die Hauptzentren dieses Menschenhandels, der auf Zanzibar 1897, auf dem Festland aber erst Anfang des Jahrhunderts endgültig abgeschafft wurde.

Als erste Deutsche kamen die Missionare Ludwig Krapf und Johannes Rebmann 1848 nach Tanganyika. Kurze Zeit später folgten die ersten Kolonialisten. Ein besonders skrupelloser Vertreter war der Kolonialabenteurer Karl Peters. Er schloß mit Stammesfürsten Scheinverträge, um unter dem Mäntelchen ewiger Freundschaft ihnen ihr Land zu stehlen. Zur Verwaltung des deutschen Schutzgebietes gründete er die Deutsche Ostafrika-Gesellschaft (DOAG).

Ende des 19. Jh. teilten Großbritannien und das Deutsche Reich Ostafrika unter sich auf. Im Helgoland-Zanzibar-Vertrag (1890) fiel Helgoland an Deutschland, Zanzibar und Pemba wurden britisches Protektorat; interner Herrscher blieb der Sultan.

Die Kolonisation Tanganyikas und der Aufbau von Sisal-, Baumwoll-, Kaffee-, Tee- und Gummiplantagen ging keineswegs friedlich vonstatten. Als Peters den Sultan von Zanzibar überredete, der DOAG die Verwaltung der Festlandsküste zu überlassen, führte dies zur sogenannten Arabischen Revolte, einem Aufstand der Küstenbewohner gegen die Fremdherrschaft. Erst mit dem Einsatz deutscher Truppen unter Hauptmann Hermann Wissmann konnte der Aufstand niedergeschlagen werden. In der Folgezeit versuchte Wissmann die deutsche Kolonialherrschaft zu festigen, indem er die bestehenden Konflikte unter den einzelnen Stämmen ausnutzte. Der Hauptmann hatte es nicht leicht, weil kriegerische Völker wie die Yao und Hehe erbitterten Widerstand leisteten.

Aus Protesten gegen Zwangsarbeit und Steuern entwickelte sich 1905 auf einer Baumwollplantage im Süden der größte stammesübergreifende Aufstand Tanganyikas. In die Geschichte ging er unter dem Namen "Maji Maji-Rebellion" (Maji, kiswahili: Wasser) ein, weil die afrikanischen Krieger glaubten, daß geweihtes Wasser sie vor den Kugeln der Deutschen schützen würde. Die Revolte wurde brutal niedergeschlagen. Die Zahl der Kriegsopfer und der an den Folgen von Hungersnöten, die durch Brandrodungen ausgelöst wurden, Gestorbenen wird auf 75.000 bis 250.000 geschätzt.

Während des Ersten Weltkrieges wurde das Festland Kriegsschauplatz zwischen deutschen und britischen Truppen. Die deutsche Schutztruppe führte unter General von Lettow-Vorbeck bis zum Waffenstillstand 1918 einen erbitterten Kampf gegen die Engländer. 1920 wurde das Festland unter dem Namen "Tanganyika Territory" britisch verwaltetes Völkerbundmandat und 1946 UN-Treuhandgebiet.

Eine wachsende Anzahl gebildeter Tanzanier schloß sich in den folgenden Jahren zu einer nationalen Unabhängigkeitsbewegung zusammen. Die Voraussetzungen hierfür waren günstig, da weder ein vorherrschender Stamm noch große sprachliche Unterschiede dem Aufbau einer einheitlichen Bewegung im Wege standen. 1954 gründete Julius Nyerere die "Tanganyika African National Union" (TANU), deren Slogan "Uhuru na Umoja" (Freiheit und Einheit) war.

1961 erhielt Tanganyika ohne Blutvergießen seine Unabhängigkeit. Zanzibar wurde 1963 unabhängig. 1964 schlossen sich die beiden Staaten zur Vereinigten Republik Tanganyika und Zanzibar, dem heutigen Tanzania, zusammen.

Julius Nyerere, bis 1985 Staatspräsident des Landes, entwickelte das Konzept des Ujama-Sozialismus (ujama, kiswahili: wie eine Familie leben). Im Mittelpunkt steht das Prinzip der Selbsthilfe und des Vertrauens auf die eigene Kraft. Der Schwerpunkt wurde auf die landwirtschaftliche Entwicklung gelegt. Die Bauern, traditionell in Streusiedlungen lebend, wurden zunächst auf freiwilliger Basis in sogenannte Ujama-Dörfer umgesiedelt. In diesen Dörfern sollten alle anfallenden Arbeiten in genossenschaftlichen Produktionseinheiten gemeinschaftlich durchgeführt werden.

Das Bildungswesen wurde neu organisiert. Fast alle Siebenjährigen wurden eingeschult, umfangreiche Programme zur Erwachsenenbildung durchgeführt. Mit einer Alphabetisierungsrate von 80% bei Erwachsenen liegt Tanzania weit über dem afrikanischen Durchschnitt. Banken, Handel und Plantagen wurden nationalisiert. Ein dörfliches Gesundheitswesen wird aufgebaut.

11 Neugierige Dorfkinder in den Usambara-Bergen ⇒

Bislang brachte der Versuch, wirtschaftliche Unabhängigkeit zu erreichen, keinen Erfolg. Seit 1978/1979 geriet das Land immer tiefer in eine schwere Wirtschaftskrise, die auch die überdurchschnittlichen Erfolge auf dem sozialen Sektor gefährdet. Heute zählt Tanzania zu den ärmsten Staaten der Welt. Die Auslandsverschuldung ist immens. Die Gründe hierfür sind - außer in den ständig fallenden Weltmarktpreisen für die Hauptausfuhrgüter Sisal, Baumwolle, Tee und Kaffee, in dem Zusammenbruch der Ostafrikanischen Gemeinschaft (Wirtschaftszusammenschluß zwischen Kenya, Uganda und Tanzania) Ende der 70er Jahre und in den explosionsartig gestiegenen Rohölpreisen - auch in inneren Faktoren zu sehen.

Der Krieg mit Uganda und die anschließende zweijährige Stationierung tanzanischer Soldaten im Nachbarland verschlangen einen Großteil des für den Aufbau des Landes dringend notwendigen Budgets. Die landwirtschaftliche Produktion fiel aufgrund der unattraktiven Erzeugerpreise der parastaatlichen Genossenschaften seit Beginn der 70er Jahre ständig. Die Verwaltung wurde aufgebläht, Korruption und Schwarzmarkt begannen zu blühen.

1982, als ich nach Tanzania kam, waren die Geschäfte leer. Außer Tomatenmark, Squash (ein widerlich süßer Sirup) und Spülmittel gab es nichts in den Regalen: keine Zahnpasta, kein Stück Seife, keine Glühbirne oder Batterie. Selbst die Grundnahrungsmittel wie Mehl, Zucker, Öl oder Reis fehlten. Eine für uns Europäer, die wir nur Warenüberschuß und zum Bersten volle Geschäfte kennen, schwer vorstellbare Situation. Die lebensnotwendigen Sachen trieb ich nach oft stunden- oder tagelanger Suche zu horrenden Preisen unter den Ladentischen kleiner Geschäfte auf.

Wir konnten die Waren bezahlen, der Großteil der Bevölkerung kann es aber nicht. Der Mindestlohn eines Arbeiters lag 1986 bei etwa 800 Tanzanischen Schillingen (TShs) pro Monat. Ein Kilo Zucker kostete auf dem Schwarzmarkt über 100 TShs. Ich fragte mich immer wieder, wie die Tanzanier mit ihren großen Familien überhaupt überleben konnten. Bald wunderte mich auch nicht mehr, daß jeder, der die Gelegenheit dazu sah, mit Bestechungsgeldern ein Nebengeschäft machte. Seit ungefähr zwei Jahren ist die Versorgung in den großen Städten "optisch" besser geworden. Der Durchschnittsbürger kann sich die Waren aber nicht leisten.

Durch meine Arbeit im Projekt wurde ich täglich mit den großen Problemen des Landes konfrontiert: kaum Infrastruktur, die meisten Straßen unasphaltierte Pisten oder eine Aneinanderreihung von Schlaglöchern. Akute Treibstoffknappheit herrscht während des ganzen Jahres, Ersatzteile und Werkzeuge sind kaum zu bekommen. Die medizinische Versorgung, vor allem auf dem Land, ist völlig unzureichend. Die meisten Medikamente verschwinden sofort auf dem Schwarzmarkt. Viele Dörfer haben weder Brunnen noch Elektrizität. Die Frauen müssen daher das Wasser oft kilometerweit vom nächsten Fluß holen. Immer noch werden die Felder zum großen Teil mit Hacken bestellt.

Nur eines gab es immer im Überfluß: Zeit. Mit Engelsgeduld warteten die Einheimischen oft stunden-, manchmal tagelang auf einen Bus, der irgendwo wegen fehlender Ersatzteile liegengeblieben war. Geduldig standen die Menschen Schlange für eine begehrte Ware, die zufällig zu haben war.

Immer wieder war ich sprachlos über die unglaubliche Freundlichkeit, Hilfsbereitschaft und Gastfreundschaft der Tanzanier uns reichen Europäern gegenüber. Ich habe in der gesamten Zeit nicht einmal das Gefühl gehabt, als ungebetene Fremde im Land zu sein. Wie oft wurde ich in den Dörfern zum Tee oder Essen eingeladen und mit einer Herzlichkeit aufgenommen, mit der wir nur engste Freunde empfangen, falls wir gerade Zeit dazu haben. Ich schämte mich vor diesen Menschen, die so wenig hatten und uns so selbstverständlich willkommen hießen.

Safaris in Tanzania

So oft ich Zeit hatte, reiste ich durch das Land. Denn Tanzania gehört für mich zu den landschaftlich schönsten und abwechsreichsten Ländern Afrikas. Vom Indischen Ozean mit seinen traumhaften Inseln und herrlichen Korallenriffen über das tropisch grüne Küstenland und die unendlichen Savannen- und Buschflächen im Landesinneren bis hin zu den schneebedeckten Bergen im Norden und herrlichen Seen reicht die Bandbreite der Landschaftsformen. Besonders faszinierten mich die Nationalparks im Norden, die zu dem größten und tierreichsten der Welt zählen. Obwohl eng beieinander liegend, unterscheiden sie sich in Vegetation und Tierwelt.

Die Baumlöwen sind die Attraktion im Lake Manyara Park. Nachdem ich auf sieben Safaris erfolglos nach ihnen gesucht hatte, entschied ich mich dafür, die Nilpferde und Paviane für die Besonderheit des Parks zu halten. Aber irgendwie wurmte es mich doch, daß nie ein Löwe auf einem Baum saß. Beim achten Versuch klappte es dann. Gleich zwei Löwen faulenzten im Schatten auf einem Ast, als wenn sie noch nie etwas anderes in ihrem Leben getan hätten. Warum sie ausgerechnet im Lake Manyara Park auf den Bäumen sitzen, hat bislang niemand herausfinden können.

Der Ngorongoro-Krater, der zweitgrößte der Welt, wird oft als das achte Weltwunder bezeichnet. Phantastisch ist der Blick von seinem 2.228 m hohen Rand auf den grünen Kraterboden. Ein rosa Band zieht sich zu bestimmten Jahreszeiten um den See: Es sind Millionen Flamingos.

Zwei Ereignisse werde ich nie vergessen. Zusammen mit Freunden war ich im Krater unterwegs. Wir hatten einen Landrover mit Führer gemietet, da nur Fahrzeuge mit Vierradantrieb in den Krater hinunterfahren dürfen. Unser Führer hatte eines der zwölf Nashörner aufgespürt, die dort noch leben. Fasziniert betrachteten wir dieses Urvieh. Plötzlich wurde es unruhig und raste genau auf den Wagen zu. Uns blieb vor Angst fast das Herz stehen. Der Führer stellte den Motor ab und saß seelenruhig auf seinem Sitz. Das Nashorn kam näher und näher. Plötzlich, ungefähr zwei Meter vor unserem Wagen, drehte es ab.

Nachdem wir uns etwas von dem Schrecken erholt hatten, fragten wir Mohamedi, warum er so ruhig geblieben sei. "Nashörner machen gerne Scheinangriffe. Beim ersten Mal greifen sie nie an", meinte er trocken. Woher er denn wisse, daß es bei diesem Mal bliebe. "Das ist Erfahrungssache. Ich bin seit 23 Jahren Führer im Krater", war seine Antwort. Alle Achtung vor soviel Tierkenntnis; trotzdem: Nashörner sind sehr gefährlich. Häufig werden Wildhüter von ihnen getötet. Allerdings haben die Rhinos auch keinen Grund, zu den Menschen freundlich zu sein. Immer noch werden sie gewildert und sind trotz massiver Rettungskampagnen vom Aussterben bedroht.

Fast alle wilden Tiere Tanzanias hatte ich im Laufe der Zeit gesehen, nur leider nie einen Leoparden. Wieder einmal waren wir unterwegs. Es war in der Abenddämmerung. Wir fuhren gerade auf der Hauptstraße am Kraterrand entlang, als wir plötzlich in etwa 200 m Entfernung ein Tier am Straßenrand sahen. Merkwürdig! Wie ein Hund sah es nicht aus. Für eine Hauskatze war es zu groß. Auch Affen bewegen sich anders. Vielleicht ein Gepard? Ganz langsam fuhren wir auf das Tier zu und trauten unseren Augen kaum. Ein Leopard, wunderschön gezeichnet, schritt majestätisch dahin und würdigte uns keines Blickes. Wir fuhren ein Stückchen im Rückwärtsgang neben ihm her. Plötzlich überquerte er die Straße - um ein Haar hätten wir ihn angefahren. Dann verschwand er im Gebüsch. Wir wollten es gar nicht glauben. Krank oder verletzt sah er jedenfalls nicht aus.

Eine mögliche Erklärung fanden wir später in einem Tierbuch. Leoparden sind im Grunde Tagtiere und kommen sehr dicht an menschliche Siedlungen heran. Erst nachdem sie immer stärker verfolgt wurden, flüchteten sie vor den Jägern in den Schutz der Nacht. In Gegenden, in denen sie sich sicher fühlen, kehren sie zu ihren alten Gewohnheiten zurück.

Der Höhepunkt jeder Safari bleibt für mich die Serengeti mit ihrer unendlich weiten Steppe und den vereinzelten blauschimmernden Bergen am Horizont. Über drei Millionen Großtiere leben hier. In der Trockenzeit von Juli bis Oktober ist die Kurzgrassteppe aber ausgestorben, weil die Tiere während dieser Zeit in die fruchtbareren Gebiete gezogen sind. In den übrigen Monaten wimmelt es von Tieren. Die große Wanderung der Gnus und Zebras ist wohl das ergreifendste Erlebnis, das es in der Serengeti gibt. Wie auf ein Kommando ziehen etwa eine Million Gnus und eine viertel Million Zebras zweimal im Jahr von den trockenen in die futterreicheren Gegenden. Der genaue Zeitpunkt dieser Wanderung ist nicht vorauszusagen. Er richtet sich nämlich nach den Regenfällen des jeweiligen Jahres.

Da ich dieses Naturwunder einmal miterleben wollte, bat ich einen Freund aus Arusha, der ein Safariunternehmen hatte, mich zu benachrichtigen, wenn die Wanderung stattfindet. In jenem Jahr war es sehr spät: Ende Januar. Ich setzte mich in den Käfer und fuhr nach Arusha. Von hier aus machten wir uns gemeinsam auf den Weg. Bis zum Ndutu-Camp, einer Safari-Lodge, die am Ndutu-See in der Serengeti liegt, passierte nichts Außergewöhnliches. Ich war schon ein bißchen enttäuscht. Dann waren wir auf einmal mitten in den riesigen Herden: Gnus und Zebras, soweit das Auge reichte. Hunderttausende waren schon an den Weideplätzen angelangt und Hunderttausende kamen noch. Im kilometerlangen Gänsemarsch, ein Tier nach dem anderen, steuerten sie aus allen vier Himmelsrichtungen auf das ausgesuchte Gebiet zu.

Die Massai

In der Massaisteppe, dem Ngorongoro-Krater-Nationalpark, der Halbwüste um den Natronsee und in Nordkenya leben noch heute die Massai. Als Krieger und Hirten wanderten sie im 18. Jahrhundert wahrscheinlich vom Nil nach Kenya und Tanzania ein. Große, schlanke, muskulöse, tiefschwarze Männer, eine rosa oder rote Toga locker um den Leib geschwungen, mit buntem Perlenschmuck reich behängt, ziehen stolz und furchtlos mit ihren Viehherden über die Steppen.

Einige haben sich zwar vom Nomadenleben abgewandt und sind seßhafte Bauern, Doktoren, Professoren oder auch Minister geworden, im großen und ganzen aber haben die Massai ihre jahrhundertealte Lebensweise, ihre Sitten und Bräuche mit einer komplizierten Sozial- und Rechtsstruktur erhalten. Sie leben in Sippenverbänden in "Engangs", ovalen Krals, die mit Dornengestrüpp eingezäunt werden. Wenn die Gegend zu trocken wird, ziehen sie in feuchtere Regionen weiter.

Sie kennen keine Staatsgrenzen, haben keine Pässe und benutzen nicht die offiziellen Grenzübergänge zwischen Tanzania und Kenya. Die Massai erkennen das tanzanische Recht nicht an. Sie haben ihre eigene Rechtsprechung, ein umfangreiches Gesetzbuch, wenn auch nur in mündlicher Überlieferung. Der Ältestenrat übernimmt die Aufgabe der Richter. Natürlich gibt es Strafen, es sind jedoch andere, als sie das tanzanische Recht vorsieht.

Etwa 12.000 Massaihirten mit ihren Viehherden teilen sich noch heute den Wildpark um den Ngorongoro-Krater friedlich mit den Wildtieren und führen ein Leben im völligen Einklang mit dem Rhythmus der Natur.

Wie lange noch? Die Zukunft dieser Herren der Steppe sieht düster aus. Weder die kenyanische noch die tanzanische Regierung zeigen Verständnis für die Massai. Stattdessen haben sich beide Regierungen zum Ziel gesetzt, die Unterschiede zwischen den einzelnen Stämmen abzuschaffen. Es gibt Siedlungsprogramme und Schulpflicht. Für die Massai bedeutet das über kurz oder lang die Aufgabe ihrer Lebensform oder Untergang.

Einschneidende Veränderungen sind schon jetzt spürbar. Das Zentrum ihres Lebens sind die Viehherden. Früher vergrößerten die Massai den Viehbestand durch Diebstahl. Für sie ist das kein Delikt, sondern ihr gutes Recht. Denn Enkai, der große Gott der Massai, hat seinem Volk alles Vieh der Welt gegeben. Heute sind sie zwangsläufig hauptsächlich zum Tauschhandel oder Kauf übergegangen.

Weil Löwenjagd und Kriegsführung zu den wichtigsten Mutproben und Bestätigungen jedes Moran (Krieger) gehörten, wurde ihnen durch das Verbot der Löwenjagd und die Unterbindung der Stammeskriege ihr Hauptlebenszweck entzogen. Landgewinnungsprogramme, Weizenbauprojekte und Besiedlung der fruchtbaren Gegenden verkleinern den Lebensraum und drängen die Massai immer weiter in die trockenen Gebiete zurück. In den Touristenzentren stehen sie geschmückt am Straßenrand und lassen sich für

Geld fotografieren oder verkaufen Schmuck und Speere. Mir lief immer ein Schauer über den Rücken, wenn ich sie so sah, diese tapferen, stolzen Menschen, gebrochen von der Zivilisation.

Ich hatte allerdings das Glück, die Massai auch anders kennenzulernen. Ein Kollege hatte auf Safari einen schwerverletzten Moran gefunden und ihn nach Tanga ins Krankenhaus gebracht. Der Unfall war wohl beim heimlichen Jagen auf Löwen passiert. Einige Zeit nach seiner Genesung lud uns der Massai in sein Dorf mitten im Busch ein. Im Schatten einer Schirmakazie saßen wir zusammen. Als Frau durfte ich sogar eine Frauenhütte von innen ansehen. Es sind flache, längliche Hütten aus einem Gemisch von Kuhdung und Lehm. Innen sind sie mit zwei Strohlagern ausgestattet, völlig dunkel und angenehm kühl. Als wir ein halbes Jahr später wieder in die Gegend kamen, war der Kral leer. Die Massai waren weitergezogen.

Und noch einmal machten wir einen Ausflug in die Massaisteppe. Unter einem kleinen Baum hatten wir unser Lager aufgeschlagen und saßen gemütlich ums Feuer. Die weite Ebene lag vor uns. Plötzlich begrüßten uns zwei Massai-Moran freundlich. Dennoch bekamen wir einen Schreck. Woher waren sie auf einmal gekommen? Sie blieben ein bißchen bei uns am Lagerfeuer stehen, verabschiedeten sich dann und verschwanden so lautlos, wie sie aufgetaucht waren.

Auf dem Rückweg am nächsten Tag mußten wir wegen einer Reparatur am Landrover anhalten. Zwei junge Massaifrauen näherten sich vorsichtig dem Wagen. Sie trauten sich zuerst nicht heran, aber dann siegte ihre Neugierde. Die Mutigere der beiden kam bis zum Auto und blieb fasziniert stehen. Dann berührte sie ganz vorsichtig die Fensterscheibe mit den Fingern und starrte sie an. Noch nie in ihrem Leben hatte sie Glas gesehen. Erst später wurde mir bewußt, daß diese Bilder vielleicht schon bald der Vergangenheit angehören werden.

Reisevorbereitungen

Fliegen ist eine tolle Sache, um schnell von einem Ort zum anderen zu gelangen - es hat aber auch Nachteile. Zu kraß sind die Unterschiede: Heute noch im Indischen Ozean gebadet, morgen schon bei -10 Grad im grauen, winterlichen Deutschland. Zweimal während meines Afrika-Aufenthaltes flog ich nach Deutschland und machte diese Erfahrung. Kulturschock umgekehrt: Erboste Autofahrer hinter mir, wenn ich auf deutschen Landstraßen höchstens 80 km/h fuhr aus Angst vor dem nächsten Schlagloch, vor Ziegen und Kindern, die über die Straßen laufen könnten. Verständnislose Gesichter, wenn ich an der Tankstelle vorsichtig nachfragte, ob es Benzin gäbe, mich im Supermarkt nicht traute, zwei Kilogramm Mehl zu kaufen oder weil ich vor Freude darüber, daß es Backpulver gab, gleich 20 Päckchen davon nahm. Die vielen verpaßten Züge und Verabredungen, weil in Deutschland die Sekunde zählt und nicht wie in Afrika in Stunden oder gleich in Tagen oder Wochen gerechnet wird.

So geisterte in Tanga schon lange die Idee in mir herum, die endgültige Rückreise nach Beendigung meines Vertrages nicht mit dem Flugzeug anzutreten. Ganz langsam wollte ich mich wieder an die deutsche Wirklichkeit herantasten und mehr von Afrika sehen. Wie? Das war die große Frage.

Zuerst hatte ich mit dem Gedanken gespielt, über Land mit öffentlichen Verkehrsmitteln - soweit vorhanden - oder per Anhalter nach Europa zurückzufahren. Aber eigentlich reizte es mich, einmal im eigenen Auto so eine Tour zu machen. Einen Geländewagen hatte ich nicht und meinem VW-Käfer traute ich eine solche Strecke kaum zu. Meine Meinung über das Auto änderte sich erst bei einer Safari mit Freunden aus Deutschland in die Serengeti. Vollgepackt bis obenhin meisterte der Wagen problemlos die schlechten Pisten. Ob er sich vielleicht doch für die Rückreise nach Deutschland eignete?

Im April begannen meine beiden Kollegen Hans Jürgen Bösel und Klaus Behr mit den Vorbereitungen für ihre Rückreise über Land mit Motorrädern. Da fing auch ich wieder an, von so einer Tour zu träumen. Mehr im Spaß sagte ich: "Dann komme ich mit dem Käfer als Begleitfahrzeug mit." Auch die anderen faßten diesen Vorschlag als Scherz auf. Langsam merkte ich aber, daß meine Gedanken immer konkreter um die Durchführung dieser Idee kreisten. Der Reiz, es mit meinem Auto zu versuchen, siegte schließlich über die Zweifel. Anfang Oktober war es klar: Käfer geht auf große Tour.

In Deutschland wäre ich wohl nie auf die Idee gekommen, Afrika mit so einem kleinen, alten Fahrzeug zu durchqueren. Doch in Tanzania hatte ich gelernt, mich welch einfachen Mitteln man auskommen kann, wenn es sein muß. Die Afrikaner sind Meister im Improvisieren. Oft ging ich in die Stadt und schaute den Handwerkern zu. Vor einem Haus saßen zwei Männer und fertigten aus leeren Konservendosen kleine Kerosinlampen und Schöpfkellen.

Am nächsten Stand wurden Gummisandalen aus alten Autoreifen hergestellt - Lederschuhe kosteten mehr als den Monatslohn eines

 Traditionelle Dhau vor der tanzanischen Küste ⇒

normalen Arbeiters. Keine leere Flasche wanderte auf den Müll. Wer Speiseöl oder Honig kaufen wollte, mußte einen Behälter mitbringen. Plastiktüten gab es nicht. Stattdessen flochten die Händler Körbe aus Palmen- oder Bananenblättern. Überall boten Kinder Süßigkeiten an. Schokolade und Bonbons wurden schon seit Jahren nicht mehr eingeführt, aber die karamelisierten Erdnüsse und Sesamsamen schmeckten genauso gut.

Am meisten bewunderte ich die Automechaniker. Sie bastelten die klapprigen Fahrzeuge immer wieder zusammen. Originalersatzteile waren selbst auf dem Schwarzmarkt kaum zu bekommen. So wurden ähnliche Teile aus verschrotteten Autos genommen und solange bearbeitet, bis sie paßten. Statt eines Auspufftopfes saß dann schon einmal eine Blechdose unter dem Wagen, die Kotflügel waren auch nicht immer vom gleichen Fahrzeugtyp, aber das Auto fuhr erst einmal wieder.

Und noch etwas hatte ich schnell begriffen: So gründlich ich eine Sache auch geplant hatte, fast immer passierte im letzten Augenblick etwas, das alle Pläne umstieß. Flüge fielen aus, weil die Flugplatzfeuerwehr keinen Diesel für die Einsatzfahrzeuge hatte und deshalb keine Flugzeuge landen durften. Mein Auto blieb unterwegs liegen oder ich konnte das Haus stundenlang nicht verlassen, weil ein Fahrzeug einen Strommast umgefahren hatte und die Leitungen die Ausfahrt blockierten. Ich konnte auch niemanden telefonisch verständigen, weil das Telefon schon seit Wochen nicht mehr funktionierte. In Deutschland hätten solche Zwischenfälle gleich eine Katastrophe bedeutet, in Afrika waren sie alltäglich und niemand regte sich darüber auf. Denn im Endeffekt gab es doch immer eine Lösung, es dauerte nur etwas länger als ursprünglich geplant.

Bevor ich mit den Reisevorbereitungen beginnen konnte, mußte ich wissen, in welchem Zustand das Auto war und ob es solch eine Strecke noch bewältigen konnte. Ich brachte es in die Kfz.-Werkstatt unseres Projekts und erklärte dem Mechanikermeister Bwana Sheshe meinen Plan. Er fand die Idee gut und versprach, die Kompression des Motors und die Karosserie zu überprüfen. Er berichtete wohl auch dem Werkstattleiter davon. Dieser kam jedenfalls nachmittags verstört zu mir ins Büro und meinte: "Du hast aber Bwana Sheshe einen schönen Bären aufgebunden." Ich sah ihn verständnislos an. "Du willst doch nicht wirklich mit dem Auto nach Deutschland fahren?" "Doch, genau das will ich. Zumindest will ich es versuchen", antwortete ich.

Mein Plan machte schnell die Runde bei Kollegen und Freunden. So richtig glauben wollten es die wenigsten. Vor allem die

Tanzanier verstanden überhaupt nicht, warum ich die Strapazen einer Überlandreise auf mich nehmen wollte, wo doch Fliegen soviel einfacher ist. Ja, warum wollte ich es eigentlich? Abenteuerlust, das Interesse an fremden Ländern, einfach Reisen - es war wohl von jedem etwas!

Mit Spannung erwartete ich Sheshes Bericht über den Zustand meines Autos. Mit einigen neuen Teilen und kleinen Verbesserungen sah er keine Probleme für die Reise. Also stürzte ich mich in die Vorbereitungen. Hans Jürgen und Klaus wollten Mitte Januar aufbrechen. So hatte ich nur noch drei Monate Zeit. Zuerst erstellte ich eine Liste der Ausrüstungsgegenstände und Ersatzteile, die ich unbedingt benötigte und aus Deutschland einfliegen lassen mußte. Ich beschränkte mich dabei auf das absolute Minimum.

Das größte Problem war die geringe Bodenfreiheit des Käfers. Deshalb ließ ich ihn höher legen. Sheshe machte den Vorschlag, möglichst viele Verschleißteile schon in Tanga zu erneuern, um Gewicht zu sparen. Trotzdem blieb noch genug Gepäck. Wir hatten ausgerechnet, daß ich für die Saharadurchquerung mindestens 80 Liter Benzin in Kanistern mitnehmen mußte. Dazu kamen zwei Ersatzräder, Wasser, einige Lebensmittel, Werkzeug, eine kleine Seilwinde und einiges mehr. Ein Öltemperaturmesser wurde eingebaut und zur Verstärkung der Vorderachse eine Eisenstange im Kofferraum installiert. Ein Schutzblech unter dem Motor hatte bereits mein Vorgänger angebracht.

Um die Platzfrage zu lösen, ersetzten wir die Rückbank durch eine große Leichtmetallkiste, die durch den Wagenboden festgeschraubt wurde. Gleichzeitig schützte sie die Batterie vor Diebstahl.

Viel schwieriger war es, die Ausfuhrgenehmigung für das Fahrzeug zu bekommen. Autos, die nach Tanzania eingeführt werden, verbleiben fast alle im Land. Bis 1985 war es keinem tanzanischen Staatsbürger erlaubt, Fahrzeuge zu importieren. Die Tanzanier waren daher ausschließlich auf die Wagen angewiesen, die durch ausländische Organisationen und Ausländer ins Land kamen. Noch heute besteht ein Einfuhrstopp für Pkw. Erschwerend kam für mich hinzu, daß mein Auto auf den Projektnamen registriert war. Als ich es kaufte, hatte ich noch keine Aufenthaltsgenehmigung und daher kein Recht, ein eigenes Fahrzeug zu erwerben.

Der Papierkram war der lästigste Teil der Vorbereitungen. Fünf Tage vor Reisebeginn wußte ich noch nicht, ob ich überhaupt losfahren konnte. Aber mein Vertrauen darauf, daß sich doch alles regeln würde, war groß genug, um den Nervenkrieg durchzustehen. Vier Tage vor dem Abreisetermin hatte ich alle Papiere in der

Hand. Neben den Exportdokumenten brauchte ich das "Carnet de Passages", die "Grüne Versicherungskarte", Visa usw. Die Beschaffung dieser Sachen wäre in Deutschland und für deutsche Fahrzeuge kein Problem gewesen, für ein in Tanzania registriertes Fahrzeug war es schwierig. Der ADAC stellte schließlich das Carnet aus, die "Grüne Versicherungskarte" bekam ich auch. Nur der "Internationale Fahrzeugschein", der in Nordafrika verlangt wird und dort "Carde grise" heißt, war beim besten Willen nicht zu beschaffen. Visa brauchte ich glücklicherweise nur für Zaire, Nigeria und Algerien. Ich erhielt sie in Dar es Salaam.

Immer wieder saßen Klaus, Hans Jürgen und ich auf dem Fußboden vor ausgebreiteten Afrikakarten, um die beste Reiseroute auszutüfteln. Wir entschieden uns für: Kenya, Uganda, Zaire, Zentralafrikanische Republik, Kamerun, Nigeria, Benin, Togo, Niger, Algerien, Marokko, Spanien, Frankreich, Deutschland. Literatur über die Länder hatten wir kaum, vor allem fehlte es an Straßenzustandsbeschreibungen. Das uns zur Verfügung stehende Material war von 1982 und damit alles andere als aktuell.

Der schwierigste Teil der Reise würde Zaîre werden. Die Informationen, die wir hatten, waren spärlich und allesamt schlecht: keine asphaltierten Straßen, fast das ganze Jahr Regen, Schlammschlacht. Wir schickten ein Telex an das Büro unserer Entwicklungshilfeorganisation in Kinshasa. Die Antwort war wenig ermutigend: "Ende Januar - Anfang Februar Beginn der Regenzeit im Norden, jedoch kann Reise noch unternommen werden. Dennoch ist ein VW-Käfer für diese Reise nicht geeignet. Sehr zu empfehlen wäre ein Jeep."

Einige Tage später sah ich in Tanga einen Landrover mit britischem Kennzeichen, der aussah, als habe er eine lange Reise hinter sich. Ich hielt das Fahrzeug an und fragte die beiden Engländer nach ihrer Reiseroute. Sie waren fast genauso gefahren, wie wir es vorhatten. Ihre Auskunft über Zaire war noch niederschmetternder als das Telex aus Kinshasa. Selbst mit dem Landrover hatten sie enorme Probleme gehabt, allerdings in der Regenzeit. Sie zeigten auch Fotos: Lastwagen bis zur Tür im Schlamm, rechts und links dichter Dschungel, keine Ausweichmöglichkeit.

Diese Informationen verbesserten meine Laune nicht. Meine Frage: "Meinen sie, daß ein VW-Käfer die Strecke schafft?" hätte ich mir sparen können. In Gedanken sah ich meinen VW schon in einem Schlammloch versinken. Hinzu kam, daß die Suche nach einem Mitfahrer für mein Auto bislang erfolglos geblieben war. Viele Freunde hatten Interesse, keiner von Januar bis April Zeit.

Ganz allein war ich ja nicht. Aber erstens mußten sich Hans Jürgen und Klaus um ihre eigenen Fahrzeuge kümmern, und außerdem würden wir nicht die ganze Strecke auf Sichtkontakt fahren können. Sollte ich doch lieber mit dem Flugzeug nach Deutschland reisen?

Es war schon Anfang Dezember. Die Chancen, jetzt noch einen Begleiter zu finden, waren alles andere als gut. Da lernte ich durch Zufall Thorsten Steiner kennen, einen Medizinstudenten aus Bielefeld, der am Krankenhaus in Tanga eine Famulatur absolvierte. Ein Freund von mir sagte: "Diese verrückte Frau will mit einem klapprigen Käfer von hier bis nach Diepholz fahren." Und ich fügte hinzu: "Ich suche noch dringend einen Mitfahrer." Thorstens Augen begannen zu leuchten. Er fragte nur: "Wann?" "Vom 15. Januar bis Mitte oder Ende April." "Ich komme mit", war seine prompte Antwort. Ich war völlig sprachlos. Um die Einzelheiten zu besprechen, verabredeten wir uns für den Abend. Meine erste Frage an Thorsten war dann: "Hast Du das wirklich ernst gemeint?" "Ja, wenn Du es auch so gemeint hast." Damit war alles klar.

Es blieb gerade noch genügend Zeit, auch für Thorsten die Visa zu besorgen. Wir wußten natürlich, daß es ein gewisses Risiko bedeutete, drei Monate zusammen durch Afrika zu reisen, ohne sich gut zu kennen. Andererseits kann man aber auch mit guten Freunden auf solch extremen Touren ernsthafte, nie geahnte Probleme bekommen. Wir verstanden uns vom ersten Augenblick an gut, und das blieb während der ganzen Reise so. Nachdem mir Thorsten überdies noch erzählt hatte, wie er nach Tanzania gekommen war und was er bislang erlebt hatte, war ich davon überzeugt, daß wir die Fahrt zusammen machen konnten.

Die Zustände in vielen afrikanischen Krankenhäusern sind katastrophal und besonders für Europäer schockierend. So war auch Thorsten über das Elend entsetzt, aber er ließ sich nicht entmutigen und half drei Monate lang auf der Kinderstation des "Bombo Hospitals." In dieser Zeit wurden ungefähr 400 Kinder stationär behandelt. Oft kamen die Mütter erst in letzter Minute mit ihnen ins Krankenhaus, weil der Medizinmann den Arztbesuch verbot, sie tagelang auf einen Bus oder eine Mitfahrgelegenheit von den Dörfern nach Tanga warten mußten, oder ihnen das Geld für die Medikamente fehlte.

Laut Gesetz ist die Behandlung in den staatlichen Krankenhäusern kostenlos. Da es aber nur wenige Medikamente gibt, verschwinden die meisten sofort auf dem Schwarzmarkt und sind nur zu astronomischen Preisen erhältlich. Auch eine gute Behandlung kostet viel Geld. Die meisten Kinder litten durch Malaria und andere Infektionen unter schwerer Blutarmut. 14 starben in der Zeit, in der Thorsten im Krankenhaus arbeitete.

Erschüttert berichtete er von einem dieser Fälle: Eine alte Frau brachte einen schwerkranken Säugling zur Behandlung. Es war die Großmutter des Kindes, denn die Mutter war bei der Feldarbeit unabkömmlich. Nachdem sie eine ganze Weile auf die Behandlung gewartet hatte, sah sich ein Arzt das Kind an und wandte sich ohne weitere Worte ab. Eine Bluttransfusion wäre die letzte Rettung gewesen, aber es gab keine Blutbank im Krankenhaus, und die drei Kühlschränke, die das "Rote Kreuz" gestiftet hatte, waren gestohlen worden. So konnten Blutkonserven nicht aufbewahrt werden. Der Junge starb wenige Minuten später.

Zwei Ärzte teilten sich die Arbeit in den vier Krankensälen, in denen ungefähr 100 Kinder lagen. Da die Mütter oder Verwandte die ganze Zeit bei ihren Kindern blieben, um sie zu versorgen, waren über 200 Menschen in den engen Räumen. Etliche Betten hatten keine Matratzen, die Patienten lagen auf den Holzgestellen, oft teilten sich drei Mütter mit ihren Kindern ein Bett. Viele Frauen schliefen in ihre Tücher gehüllt auf der Erde. Jeden Morgen mußten die Patienten die Säle verlassen und auf dem zugigen Flur und auf der Treppe warten, bis die Räume gereinigt waren. Dieses dauerte sehr lange, denn in der Nacht floß die Kloake aus den defekten Toiletten in die Säle, weil es kein Material zum Reparieren gab.

Aber auch sonst fehlte es überall an lebensnotwendigen Dingen. Das Krankenhauspersonal hatte keine Möglichkeit, sich die Hände regelmäßig zu waschen, da Seife knapp war; Desinfektionsmittel war überhaupt nicht vorhanden. Einwegspritzen wurden bis zu 50 Mal wiederverwendet, ohne ausreichend entkeimt werden zu können.

Der Sterilisator wurde gleichzeitig als Eierkocher, die Nierenschale als Teller zum Essenservieren verwendet. Der Schreibtisch des Arztes mußte außerdem noch als Operations-, Behandlungs- und Eßtisch herhalten, da es nicht genug Tische gab. Ein Büro war zur gleichen Zeit auch noch Operationszimmer, Behandlungs- und Aufenthaltsraum. Und trotzdem resignierten die Tanzanier nicht, sondern versuchten, aus der hoffnungslosen Situation das Bestmögliche zu machen.

Das Einschreiten der Einwanderungsbehörde setzte Thorstens Tätigkeit im Krankenhaus kurz vor Abschluß des Praktikums ein jähes Ende. Eines Morgens wartete ein Beamter des Immigration

Office vor dem Krankenhaus auf Thorsten und bat ihn freundlich, mit in die Behörde zu kommen, da der Regional Immigration Officer ihn sprechen wolle. Thorsten dachte zuerst, es handele sich um den Verlängerungsantrag für sein Visum, den er vor einigen Tagen gestellt hatte. Stattdessen beschuldigte ihn der Beamte, ohne Arbeitsgenehmigung im Krankenhaus zu arbeiten. Thorsten verneinte das und erklärte, daß ein Praktikum keine Arbeit sei, sondern einem Medizinstudenten dazu diene, Erfahrungen zu sammeln.

Außerdem habe ihm der für das Krankenhaus zuständige Beamte der Regionalbehörde die Genehmigung zu dieser Famulatur erteilt. Es half alles nichts. Der Officer drohte mit Gefängnisstrafe und Ausweisung, wenn Thorsten nicht endlich zugebe, daß er im Hospital arbeite.

Trotz dieser durchaus ernstzunehmenden Drohnung blieb Thorsten bei seiner Erklärung. Nach einem zweistündigen Verhör befahl der Beamte ihm, den Raum zu verlassen und im Nebenzimmer eine schriftliche Stellungnahme abzugeben. Thorsten tat in dieser Situation das einzig Richtige: Er bat den Mann, der ihn im Krankenhaus abgeholt hatte, um Erlaubnis, die Behörde kurz verlassen zu dürfen, um im benachbarten Büro unseres Projektes einige wichtige Papiere abzugeben.

Er bekam die Genehmigung und konnte uns von dem Vorfall unterrichten. Denn bis zu diesem Zeitpunkt wußte niemand, daß er in Schwierigkeiten war und wo er sich befand. Im Gefängnis hätten wir ihn wahrscheinlich zu allerletzt gesucht. Soweit kam es glücklicherweise aber nicht, denn der Regional Immigration Officer ließ sich mit Hilfe der schriftlichen Stellungnahme davon überzeugen, daß Thorsten nichts Verbotenes getan hatte. Trotzdem untersagte er ihm, das Krankenhaus noch einmal zu betreten.

Dies war eine willkürliche Entscheidung, die jedoch in Afrika keine Seltenheit ist. Deshalb sollte man in solchen Situationen immer versuchen, Freunde, Bekannte oder die Botschaft zu verständigen, sofern eine Möglichkeit dazu besteht, damit sie im Notfall helfen können.

Fast täglich fuhren wir zur Autowerkstatt, um zu sehen, wie weit Bwana Sheshe mit dem Käfer gekommen war. Da ich von Automechanik keine, Thorsten nur wenig Ahnung hatte, baten wir Sheshe, uns einen Grundkurs in Kfz.-Mechanik zu erteilen. Er stimmte freudig zu. Mit viel Geduld erklärte er uns die wichtigsten Handgriffe. Wir lernten Vergaser zu reinigen, Zündkontakte und Keilriemen zu wechseln, Bremsen zu lösen etc. Damit hatte ich nun auch gegenüber den Tanzaniern meine Ernsthaftigkeit bewiesen. Eine Frau, die am Auto bastelt, hatten sie noch nicht gesehen.

Seitdem wurde ich immer mit "Mama Fundi" (Frau Handwerker) begrüßt.

Auf die Frage, was wir denn am Wochenende machen würden, antworteten wir in den letzten Wochen vor der Abreise immer dasselbe: "Man findet uns auf den schlechtesten Straßen der Tanga-Region." Wir übten Schlamm- und Sandfahren, manövrierten das Auto über steinige Pisten und Holzbrücken.

Eine Woche vor Reisebeginn veranstalteten Freunde für uns ein Abschiedsfest, dessen Höhepunkt eine Wette war, wie weit die kleine Karawane aus Motorrädern und VW-Käfer kommen würde. Ich setzte natürlich auf Deutschland, obwohl ich mir nicht ganz sicher war.

In den letzten Nächten in Tanga fand ich nur wenig Schlaf. Einmal träumte ich, daß der Käfer beim Probepacken in zwei Teile zerbrach. Ein anderes Mal mußte ich mich über Hängelampen in den zweiten Stock eines Hotels kämpfen, wo die Pakete mit den Ersatzteilen aus Deutschland liegen sollten. Endlich dort angekommen, fand ich nur Taucherbrillen.

Aber am 14. Januar 1987 war dann alles fertig, wir hatten tatsächlich alle Utensilien im Käfer untergebracht. Wir brachten ihn zu Freunden in die Garage, damit er uns nicht noch in letzter Minute aufgebrochen oder gar gestohlen wurde. Vor uns lagen über 18.000 Kilometer. Würden wir unser Ziel erreichen?

Es geht los!

Viele Freunde und Kollegen hatten sich zum Abschied versammelt. Trotz der Freude auf die Reise war ich sehr traurig, Tanzania zu verlassen. Ich hatte mich hier zu Hause gefühlt.

Die Strecke von Tanga nach Arusha war ich x-mal gefahren, aber diesmal erschien sie mir besonders schön. Die Landschaft war in herrliches Licht getaucht: die weite Ebene der Massai-Steppe mit den blauen Silhouetten vereinzelter Berge auf der einen, die schroffen kahlen Felsen der Usambara-Berge auf der anderen Seite, die Baobabs (Affenbrotbäume), Palmen und Sisalfelder, die roten Lehmhütten, winkende und lachende Kinder am Straßenrand. Der Kilimanjaro tauchte zum Abschied für Minuten aus seiner dichten Wolkenhülle hervor. Auf diesem 5.985 m hohen Schneedach Afrikas hatten wir beide schon gestanden.

Kurz vor Sonnenuntergang erreichten wir Arusha. Hier übernachteten wir bei einem Freund und machten uns am nächsten Tag

früh auf den Weg zur kenyanischen Grenze. Die Fahrt ging durch ein Bilderbuchafrika: Wir sahen kleine, saubere Rundhütten, von Agaven und Sträuchern umgeben und von sanften, grünen Hügeln umrahmt. Ein Hauch von Nebel lag in der Luft. Von Zeit zu Zeit begegneten wir Massai mit ihren Eseln und Rinderherden. Ein paar Giraffen standen neugierig am Straßenrand.

An der Grenzstation Namanga wurden wir allerdings schnell in die Wirklichkeit zurückgeholt. Wir hatten zwar einen ganzen Stapel Exportpapiere, aber das entscheidende Formblatt zur endgültigen Ausfuhr des Fahrzeuges fehlte. 14 Tage lang war ich in Dar es Salaam von einer Behörde zur anderen gerannt, um die Dokumente zu besorgen und hatte mir versichern lassen, daß sie vollständig waren. Und nun dies. Die Reise fing ja gut an. Ich versuchte es mit einem kleinen "Geschenk", aber der Zollbeamte blieb unerbittlich. Wir mußten die 102 km nach Arusha zurück, um uns vom dortigen Zollamt das Papier zu holen.

Nur gut, daß die Verbindung zu den wenigen schlaglochfreien Asphaltstraßen Tanzanias gehört. Als wir in Arusha ankamen, war der zuständige Beamte in der Moschee, denn es war Freitag. Ob er an diesem Tag nochmals wiederkommen würde, wußte niemand; erfahrungsgemäß eher nicht. Wir trugen es mit Fassung. Nach fünf Jahren hatte ich mich daran gewöhnt, daß in Afrika nichts schnell geht.

Aber wir hatten Glück. Hilfsbereit wie die Tanzanier sind, war einer losgelaufen, um den Beamten zu suchen. Schon nach zwei Stunden kam einer, der uns das Papier ausstellte, obwohl das nicht zu seinen Aufgaben gehörte. Er gab uns vorsichtshalber noch einen Brief an den Zöllner mit, der ihn aufforderte, uns ohne Probleme über die Grenze zu lassen. Dann wünschte er uns "Safari njema" (gute Reise), und wir fuhren wieder los.

Beim zweiten Anlauf klappte es auf der tanzanischen Seite sofort. Der Brief wirkte Wunder. Auch später machten wir immer wieder die Erfahrung, daß es im Zweifelsfall am sichersten ist, sich vom jeweils höhergestellten Beamten ein Schreiben aufsetzen zu lassen, da man oft an verschiedenen Stellen völlig unterschiedliche Auskünfte erhält und die Vorschriften sehr willkürlich ausgelegt werden.

Kenya

An der kenyanischen Grenzstation gab es sogleich die nächsten Schwierigkeiten. "Wir erlauben keinen Transit nach Uganda. Sie müssen das Auto hier stehen lassen und mit dem Bus nach Nairobi fahren, um eine Transitgenehmigung zu holen", sagte der Zollbeamte. Wie aus der Pistole geschossen kam meine Antwort: "Nein, das Auto bleibt nicht hier. Wir fahren heute noch mit diesem Fahrzeug nach Nairobi!"

Der Zöllner starrte mich einen Augenblick an, denn so etwas hatte er nicht erwartet. Dann murmelte er nur noch etwas vom "Carnet de Passages", stempelte es wortlos ab und stellte keine weiteren Fragen. Mittlerweile war es nach 19 Uhr. Wir fuhren nach Nairobi, obwohl wir uns eigentlich vorgenommen hatten, ausschließlich tagsüber zu fahren. Aber schon am zweiten Reisetag war das nicht möglich.

In Nairobi fanden wir schnell ein Hotel mit bewachtem Parkplatz. Die Reise hatte recht aufregend begonnen, aber, wie eigentlich immer, hatte dann doch noch alles geklappt. "Es ist nur eine Frage der Zeit und der Organisation." Dieser Satz wurde ein geflügeltes Wort auf unserer Tour.

Kenyas vorkoloniale Geschichte ähnelt sehr der tanzanischen. 1895 fiel es als Ostafrika-Protektorat an Großbritannien. Ab 1904 wurden große Teile des fruchtbaren Hochlandes um Nairobi dem dort lebenden Stamm der Kikuju geraubt und an europäische Siedler verteilt. Diese erlangten schnell eine sehr starke Stellung. Kenya wurde das wirtschaftliche Zentrum Ostafrikas.

1963 erhielt das Land ohne bewaffneten Widerstand die Unabhängigkeit. Jomo Kenyatta wurde erster Präsident der Republik. Heute ist Kenya ein Einparteienstaat mit Daniel arap Moi an der Spitze. Im Vergleich zu anderen afrikanischen Staaten ist die Wirtschaft des Landes sehr gut entwickelt. Ihr Grundpfeiler ist die Landwirtschaft. Neben Kaffee und Tee gewinnt der Export von Gemüse, Früchten und Blumen, die per Flugzeug nach Europa gebracht werden, immer mehr an Bedeutung.

Auch der Tourismus ist ein wichtiger Devisenbringer. Politisch gehört Kenya zu den prowestlich ausgerichteten Ländern mit einer liberalen Marktwirtschaft. Mehrere Putschversuche in den letzten Jahren, Stagnation im Wirtschaftswachstum und auf dem Fremdenverkehrssektor, daraus resultierende erhebliche Devisenrückgänge und ein explosionsartiges Bevölkerungswachstum (ca. 4% pro Jahr) werden aber auch Kenya in den nächsten Jahren vor wachsende Probleme stellen.

In der Hauptstadt Nairobi, die im Stadtkern mit ihren modernen Hochhäusern, Fußgängerzonen und Einkaufszentren einer europäischen Großstadt gleicht, sind die Geschäfte voller Waren. Hier nutzten wir noch einmal die Gelegenheit, Lebensmittel und Ersatzteile zu kaufen, die wir in Tanzania nicht erhalten hatten und frühestens in der Zentralafrikanischen Republik wieder zu Gesicht bekommen würden.

Wir wollten uns in Kenya nicht länger aufhalten, sondern möglichst schnell in Richtung Zaire weiterkommen. So begnügten wir uns mit einem kleinen Abstecher in den Nairobi-Park vor den Toren der Stadt. Es war ein eher befremdendes Gefühl, Nashörner und Gazellen vor der Hochhauskulisse zu beobachten. Gut gefiel uns der Nakuru-Nationalpark mit vielen tausend Flamingos und großen Wasserbockherden.

Weiter ging die Fahrt durch das nordkenyanische Hochland, das so gar nicht unseren Vorstellungen von Afrika entsprach. Schafe und Kühe auf grünen Wiesen, Holzhäuser und große Nadelbaumwälder erinnerten uns eher an Österreich oder die Schweiz. Zudem wurde es mit Temperaturen um 20 Grad C merklich kühler. So war ich schon versucht, eine der vielen Fellmützen zu kaufen, die am Straßenrand zum Verkauf angeboten wurden.

In dem Städtchen Eldoret fanden wir ein recht ordentliches Hotel. Da wir im Käfer nur Platz für ein Minizelt, einen kleinen Gaskocher und eine Notration an Verpflegung hatten, geschweige denn im Auto schlafen konnten, waren wir auf Hotelunterkünfte angewiesen.

Die unberührte Natur lud zwar zum Übernachten im Freien ein, uns war aber die Gefahr zu groß, von Raubtieren angegriffen zu werden. Die wilden Tiere leben keinesfalls nur in den Nationalparks, und die Berichte über unachtsame Touristen, die von Löwen aus dem offenen Zelt gezerrt oder Opfer eines Büffels oder Elefanten werden, sind keinesfalls erfunden.

Wir hatten auf Reisen in Tanzania oft gezeltet, allerdings entweder auf dafür vorgesehenen "Campsites" in den Nationalparks oder in Begleitung ortskundiger Tanzanier. Nicht selten hatten wir nachts Besuch von Hyänen, Elefanten, Löwen oder Büffeln bekommen. Mir war jedesmal ein Schauer über den Rücken gelaufen, wenn ich die Schreie und die Geräusche der Tiere aus unmittelbarer Nähe vernahm.

Auch wenn alles ruhig erschien, hatte ich mein gut verschlossenes Zelt nie in der Dunkelheit verlassen. Auch gibt es wenige völlig unbesiedelte Gegenden und man kann Überfälle - obwohl sie nicht an der Tagesordnung sind - nie ganz ausschliessen. Ein Platz,

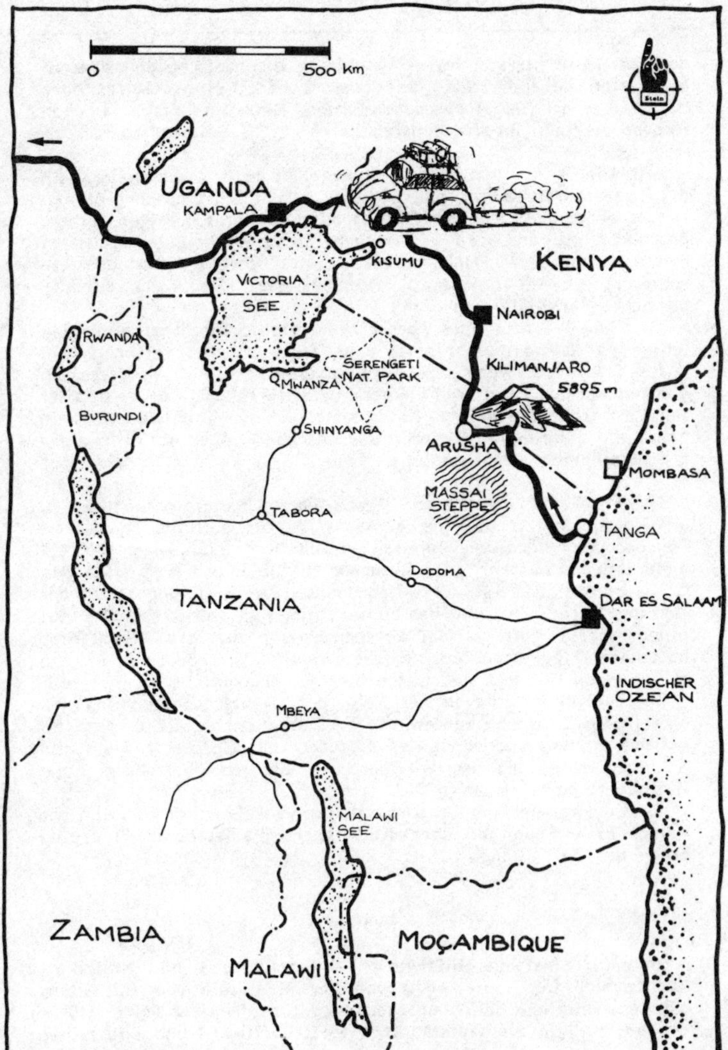

0
500 km
Stein
UGANDA
KAMPALA
KISUMU
KENYA
VICTORIA
SEE
NAIROBI
RWANDA
SERENGETI
NAT. PARK
KILIMANJARO
5895 m
MWANZA
BURUNDI
SHINYANGA
ARUSHA
MOMBASA
MASSAI
STEPPE
TABORA
TANGA
DODOMA
TANZANIA
DAR ES SALAAM
INDISCHER
OZEAN
MBEYA
MALAWI
SEE
ZAMBIA
MOÇAMBIQUE
MALAWI

der sich in nichts von seiner Umgebung zu unterscheiden scheint, kann eine heilige Stätte oder der Wohnort eines Gottes oder Geistes sein. Selbst versehentliches Betreten eines solchen Heiligtums kann im schlimmsten Fall tödliche Folgen haben.

Um keine unnötigen Risiken einzugehen, teilten wir uns deshalb die Tagestouren so ein, daß wir abends möglichst einen größeren Ort erreichten. In kleinen Dörfern gibt es nämlich selten Hotels, die auch nur in etwa einem sehr bescheidenen europäischen Anspruch genügen. Viel wichtiger war allerdings für uns ein sicherer Ort für das Auto. Die besseren Hotels hatten alle bewachte Parkplätze.

Da viele Wächter aber über einen festen Schlaf verfügen, ging ich jeden Abend noch einmal zum Parkplatz und versprach ein gutes Trinkgeld, wenn das Auto unversehrt blieb. Am nächsten Morgen war ich dann zwar immer etwas mürrisch, wenn es in aller Herrgottsfrühe an meiner Tür klopfte und der Nachtwächter sein Trinkgeld abholen wollte; mir war das aber lieber als ein aufgebrochener oder gar gestohlener Käfer.

Unsere Bemühungen, die Grenze nach Uganda vormittags zu erreichen, wurden zunichte gemacht, da wir im Hotel nicht mit Reiseschecks bezahlen konnten und kein kenyanisches Bargeld mehr bei uns hatten. So mußten wir zur Bank und erreichten den Grenzort Malaba erst zur Mittagspause. Drei Stunden saßen wir fest und hatten Zeit, uns das bunte Treiben zu betrachten. Wie auf einem Markt ging es am Grenzübergang zu. Straßenverkäufer boten von Zigaretten über Schuhe, Waschpulver und Seife bis hin zu lebenden Hühnern und Enten alle nur erdenklichen Waren feil.

Viele Ugander, die in der Nähe der Grenze wohnen, kommen hierhin, um Dinge zu kaufen, die im Land nicht erhältlich sind. So gab es immer wieder lautes Gezeter und Geschrei, wenn ein Schmuggler gefaßt wurde oder ein Zöllner übermäßig hohe Einfuhrgebühren verlangte.

Endlich war der Immigration-Officer vom Essen zurück, und wir kamen ohne Probleme über die Grenze. "Es ist eben alles eine Frage der Zeit und...".

Uganda

Uganda, einst das blühendste und reichste Land Ostafrikas, konnte sich bis heute nicht von der Militärdiktatur Idi Amins erholen. Sein acht Jahre andauernder alptraumhafter Terror stürzte das Land in ein vollständiges wirtschaftliches und politisches

Chaos. Apollo Milton Obote, 1971 von Amin entmachtet, kam mit Hilfe tanzanischer Truppen 1980 wieder an die Macht, war aber für viele wegen früherer Fehler nicht akzeptabel. Deshalb gingen die innenpolitischen Unruhen weiter. Ende Juli 1985 wurde Obote gestürzt. An seine Stelle trat ein Militärrat. Als ihn die Nationale Widerstandsarmee (NRA) unter Yoweri Museveni nicht anerkannte, weitete sich der Bürgerkrieg aus. Nach erbitterten Kämpfen nahmen Truppen der NRA im Januar 1986 Kampala ein. Die Regierung wurde abgesetzt und Museveni neuer Staatspräsident.

Wirtschaftlich ist Uganda völlig am Ende. Um die Jahrhundertwende wanderten viele asiatische Kaufleute und Handwerker nach Ostafrika ein. Noch heute liegen der Handel und die Industrieproduktion zum großen Teil in der Hand ihrer Nachkommen. Die Vertreibung der Asiaten aus Uganda durch Amin bedeutete den Zusammenbruch beider Wirtschaftszweige. In der Landwirtschaft ist ein enormer Produktionsrückgang zu verzeichnen. Die Versorgung der Bevölkerung ist äußerst schlecht; die Inflationsrate hat astronomische Höhen erreicht. Auf dem Devisenschwarzmarkt bekam man Anfang 1987 das zehnfache des offiziellen Wechselkurses.

Schon in Kenya hatten wir erfahren, daß die Unruhen in Norduganda wieder stärker geworden waren. Hier bekämpften sich noch immer Anhänger Amins und Obotes. Die Ursachen dieser kriegerischen Auseinandersetzungen sind in alten Stammesrivalitäten zu suchen.

Von Nairobi aus hatten wir in Kampala bei Bekannten angerufen, die versicherten, daß der Süden ruhig sei und wir bedenkenlos einreisen könnten. Trotzdem waren wir nicht begeistert über die ständigen Militärkontrollen auf dem Weg in die Hauptstadt Ugandas. Dreizehn- oder vierzehnjährige Jungen, in Uniformen gesteckt, spielten mit entsicherten Gewehren, hampelten und alberten herum, während sie uns und dem Auto gefährlich nahe kamen. Hier hatten wir zum ersten Mal ein ungutes Gefühl. Zwar waren die Soldaten fast alle freundlich, aber wir fühlten uns ihnen ausgeliefert, zumal einige stark alkoholisiert wirkten.

In dieser Situation kamen mir meine Kiswahili-Kenntnisse sehr zu Hilfe. Einmal begrüßten uns ausgelassene Soldaten mit einem Kiswahili-Wortschwall, der nicht gerade freundlich war. Auf meine prompte, auch nicht gerade liebenswürdige Antwort in ihrer Sprache verstummten sie erstaunt und fertigten uns dann sehr zuvorkommend ab. Generelle Verhaltensregeln für solche Situationen gibt es nicht. Ich verließ mich dabei grundsätzlich auf mein Gefühl, wurde ganz selten unfreundlich, manchmal jedoch sehr bestimmt. Mit dieser Art kamen wir gut zurecht. Falsches Verhalten in kritischen Momenten kann nämlich äußerst unangenehme Folgen haben. Nicht selten hörten wir z.B. von Festnahmen, die uns glücklicherweise erspart blieben.

Die Straße war schlecht: Schlaglöcher, Bodenwellen. Kurz vor Sonnenuntergang erreichten wir Kampala. Von einer Kollegin in Nairobi hatte ich die Adresse einer deutschen Familie bekommen. Wir waren sehr froh darüber, weil wir von ihr außer einem Zimmer auch wertvolle Informationen über die Lage in Uganda bekamen.

Am nächsten Morgen gingen Thorsten und ich erst einmal zur Deutschen Botschaft und holten uns sogenannte "Identity Cards", die eigentlich nur aussagten, daß wir Deutsche sind. Sie waren aber bei allen Polizei- und Militärkontrollen auch außerhalb Ugandas außerordentlich nützlich, da man uns mit diesen Karten für Angehörige des Diplomatischen Corps hielt. Man sollte sowieso so viele offiziell aussehende Papiere wie möglich bei sich haben: Stempel, schwungvolle Unterschriften und Briefköpfe wirken in Afrika überall Wunder.

Der Botschaftsangestellte verstand die Welt nicht mehr, als wir ihm erzählten, daß wir mit einem VW-Käfer durch Zaire wollten. Noch oft lachten wir über seinen Kommentar: "Am besten, Sie kehren gleich um. Durch Zaire kommen Sie sowieso nicht. Sie müssen sich das folgendermaßen vorstellen: Rechts grün, links grün, oben grün, unten Schlamm - und außerdem laufen noch auf beiden Seiten Menschen." An den Leuten konnten wir nichts Schlimmes finden.

Wir bedankten uns höflich für den Rat und die Identity Cards und verließen die Botschaft. Nun begann die Jagd nach Lebensmitteln für unsere geplante Tour ins Ruwenzori-Gebirge. Es liegt in Westuganda und bildet die Grenze nach Zaire. Seine Berge werden auch "Mondberge" genannt, weil die Einheimischen, die kein Wort für Schnee kannten, die schneebedeckten Gipfel mit dem Mond verglichen. Wir wollten die einzigartige Vegetation und vor allem die Riesenpflanzen dieses Gebirges erkunden.

Da durch die jahrelangen Kriege und Unruhen der Tourismus völlig brach liegt, gibt es keine organisierten Touren mehr in die Mondberge. Wir mußten also Kochtöpfe, Verpflegung, Decken, Pullover und Zigaretten für die Träger und Führer kaufen. Den Rest des Tages verbrachten wir damit, von Geschäft zu Geschäft zu rennen, um die Sachen aufzutreiben. Natürlich waren sie nur zu Schwarzmarktpreisen erhältlich. Dumm, daß wir nicht schon in Nairobi eine Liste der zu besorgenden Dinge gehabt hatten. Es wäre um vieles einfacher gewesen. Aber leere Geschäfte waren wir ja gewöhnt, und wir verzweifelten nicht, als es im sechsten Geschäft immer noch keinen Zucker gab.

Auf allen Märkten findet man Jungen, die gegen ein geringes Entgeld gern bereit sind, bei der Suche nach den begehrten Gütern zu helfen. Das erspart viel Zeit und Nerven. Gegen 16 Uhr hatten wir fast alles beisammen und kamen erschöpft, aber stolz auf unsere Ausbeute, zu unseren Gastgebern zurück. Unvorstellbar ist das Glücksgefühl, ein paar Kilo Zucker oder eine Stange Zigaretten aufgetrieben zu haben.

Immer wieder fragten wir uns, wie die Bevölkerung bei den astronomischen Preisen und lächerlich geringen Löhnen überhaupt existieren kann. Die Monatslöhne für Arbeiter und Hausangestellte lagen Anfang 1987 zwischen 30.000 und 40.000 Uganda Schillingen (UShs). Ein kg Zucker kostete ca. UShs 7.000, ein kg Erdnüsse, die zu den Grundnahrungsmitteln zählen, ca. UShs 4.500. 85% der Bevölkerung lebt von der Landwirtschaft.

Die Bauern produzieren fast ausschließlich für die Eigenversorgung (Subsistenzwirtschaft). Da die Erlöse aus dem Verkauf von Exportfrüchten (z.B. Bananen) sehr gering sind, fehlen die finanziellen Mittel und die Motivation, die zum großen Teil brachliegenden Plantagen instandzusetzen und zu betreiben.

Wie überall in Afrika spielt die Familie eine wichtige Rolle, denn der enge Zusammenhalt innerhalb einer Sippe sichert das Überleben. Zehn oder fünfzehn Kinder pro Familie sind daher keine Seltenheit. Die daraus resultierende, ständig weiter anwachsende Überbevölkerung führt zu immer ernsthafteren Problemen. Solange es aber keinerlei staatlich organisierte und garantierte soziale Absicherung der Menschen in diesen Ländern gibt, wird das enorme Bevölkerungswachstum nicht zu stoppen sein, da eine große Familie die einzige Sozialversicherung darstellt. Im Falle von Naturkatastrophen, wie z.B. Dürreperioden, wird die Lage jedoch lebensbedrohlich, weil die meisten Familien keine finanziellen Rücklagen haben.

Um so erstaunlicher war für uns immer wieder die Freundlichkeit und Hilfsbereitschaft der Einheimischen. Wir stießen nirgendwo auf Feindseligkeit oder Unfreundlichkeit. Rassismus ist in ganz Ostafrika, zumindest unter den schwarzen Bewohnern, ein Fremdwort. Besonders freuten sie sich darüber, daß ich mich mit ihnen auf Kiswahili unterhalten konnte. Es ist zwar in Uganda nicht mehr so weit verbreitet wie in Tanzania oder Kenya, wird aber teilweise noch verstanden und gesprochen. Mit Grausen dachte ich schon an Zentralafrika, wo wir uns dann nur noch mit Französisch würden verständigen können, das wir beide nur leidlich sprachen.

Mittwoch morgen brachen wir in Richtung Ruwenzori-Gebirge auf. Erst eine Woche war seit unserer Abfahrt in Tanga vergangen aber es kam uns schon viel länger vor. Die ersten 80 km hinter Kampala war die Straße noch gut. Doch 50 km vor dem Ort Masaka begann eine Slalomfahrt. Schwer beladene Lastwagen hatten die dünne Asphaltdecke völlig zerstört; während der letzten Regenzeit waren die Schlaglöcher immer tiefer ausgewaschen worden. Jetzt glich die Strecke einer Kraterlandschaft. Dicht an dicht lagen die bis zu einem Meter tiefen und oft zwei Meter langen Trichter, die wir einen nach dem anderen im Schrittempo durchfahren mußten. Erstmals machte sich hier die geringe Bodenfreiheit des Autos bemerkbar. Trotz vorsichtigster Fahrweise setzte es mehrmals auf. Nur gut, daß es nicht geregnet hatte. Sonst hätten wir schon hier ernsthafte Probleme bekommen.

Unterwegs trafen wir zwei dänische Motorradfahrer, die aus Zaire kamen. Sie waren über Beni gekommen und meinten, die Strecke Beni, Lisala, Gbadolite sei für uns befahrbar. Dies war nun der zweite positive Straßenzustandsbericht über Zaire, nachdem uns zuvor schon Schweizer von einem Fahrzeug mit sehr geringer Bodenfreiheit berichtet hatten, das über irgendeine "gelbe" Strecke (Straßenfarbe auf der Michelin-Karte) gefahren war. Unsere Bedenken blieben aber nach wie vor groß. Denn noch immer wußten wir nicht, auf welcher Route wir es versuchen sollten.

Es gab nur zwei Möglichkeiten: entweder direkt von Uganda über Beni oder von Ruanda aus über Bukavu nach Kisangani. In der Hoffnung auf mehr Informationen verschoben wir die Entscheidung bis auf weiteres.

Für die mühsame Slalomfahrt wurden wir mit einem herrlichen Blick auf die weite Ebene des Ruwenzori-Nationalparks entschädigt. Dicht bewaldete Hügel rahmten die Steppe ein, ein See lag glitzernd in der Abendsonne. Diese Weite der afrikanischen Steppen, durch kein Zeichen von Zivilisation zerstört, die Impalaherden am Straßenrand und das tiefe Rot der untergehenden Sonne faszinierten uns immer wieder.

Als wir in Kasese, einem verlassenen Nest am Fuße des Ruwenzori ankamen, war es bereits dunkel. Trotz großzügiger Schätzungen hatten wir für die 424 km wieder viel länger gebraucht, als wir gedacht hatten: ohne längere Rast mehr als zehn Stunden.

Früh brachen wir am nächsten Morgen nach Ibanda auf, von wo aus die Bergtour losgehen sollte. Wir hatten in Kampala erfahren, daß ein gewisser John Maate dort Träger und Führer organisiert. An einem etwas verwitterten Schild "Mountain Club", das vor einer kleinen Hütte stand, hielten wir an. John Maate schlief noch, aber seine Frau war schon wach und gab uns die Liste mit der vorgeschriebenen Essensration und Ausrüstung für die Begleiter. Das meiste hatten wir glücklicherweise schon dabei. Trockenfisch, Erdnüsse und Maniok-Mehl besorgte Thorsten dann im Dorf. Frau Maate bot sich an, ihn zu begleiten. Deshalb kamen sie bereits nach knapp drei Stunden zurück.

Es hatte sich schnell herumgesprochen, daß einmal wieder ein paar "wazungu" (Weiße) im Ruwenzori herumklettern wollten, und in kürzester Zeit versammelten sich vor dem "Mountain Club" an die 50 Männer, die auf eine Anstellung als Träger oder Führer hofften. Da nur noch sehr wenige Touristen kommen, haben die meisten Begleiter höchstens alle zwei bis drei Jahre einmal die Gelegenheit, sich auf diese Weise zusätzlich etwas Geld zu verdienen. Jetzt verstanden wir auch, warum sie jedesmal Pullover, Decken und Kochtöpfe brauchten. Diese Waren hatten eine so schlechte Qualität, daß sie keine drei Jahre hielten.

Während ich auf Thorsten wartete, kam ein deutsches Pärchen in einem alten VW-Bus. Auch sie wollten ins Gebirge. Es herrschte also Hochbetrieb im Club. Natürlich fragte ich sie nach ihren Erfahrungen in Zaire. Sie waren über die "rote" Strecke, also die Hauptverbindung, von Bangassou eingereist und hatten den Weg nur mit Hilfe eines Unimogs geschafft, der sie immer wieder aus dem Schlamm ziehen mußte. Sie verkauften uns ihre Sandbleche. Ursprünglich hatte ich vorgehabt, unsere Seilwinde in Benin oder Niger gegen Bleche für die Saharadurchquerung einzutauschen. Dies war im nachhinein der einzige wirkliche Planungsfehler, den ich durch reinen Zufall noch rechtzeititg beheben konnte. Ohne die Sandbleche wären wir in Zaire ziemlich hilflos gewesen.

Die Mondberge

Das Ruwenzori-Gebirge gehört noch heute zu den wenigen fast völlig unerforschten Gebieten der Erde. Es ist das höchste Gebirge Afrikas. Drei Gipfel sind über 5.000 m hoch, sechs der Massive mit gewaltigen Gletschern bedeckt. Die Entstehungszeit liegt ca. 20 bis 30 Millionen Jahre zurück.

Das Ruwenzori und der Ostafrikanische Grabenbruch (Rift Valley) verdanken ihre Entstehung derselben Ursache: Ungeheure Magmamassen wölbten die Oberfläche der Erdkruste nach oben. Dadurch entstanden das äthiopische, kenyanische und tanzanische Hochland. Diese Aufwölbungen hielten den Spannungen im Erdinnern nicht stand und platzten auseinander. Gleichzeitig entwickelten sich auf dem afrikanischen Kontinent tiefe, parallel zueinander verlaufende Brüche. Die Spalten dazwischen weiteten sich durch die Spannungen weiter aus. Glutflüssiges Magma drang an die Erdoberfläche.

Einerseits sanken die mächtigen Gesteinsmengen mehrere 1.000 Meter ab und bildeten dadurch das Rift Valley, andererseits wurden die Reste dieser Aufwölbungen weiter nach oben gehoben. Die in Magma schwimmende Gesteinsmasse kippte um. Die unteren Gesteinsschichten Gneis und Granit wurden nach oben gekehrt und bildeten das Ruwenzori-Gebirge.

Die Sensation der Mondberge ist die unvergleichbare Vegetation. In Höhen von über 3.000 m, wo in anderen Klimazonen nur noch ewiger Schnee, Eis, Moränen und Geröllfelder zu finden sind, herrscht hier die größte Vegetationsdichte der Erde. Die Erforschung dieses Phänomens steckt noch in den Kinderschuhen. Nach Meinung von Botanikern und Ökologen läßt sich der Riesenwuchs vereinfacht so erklären: Das Ruwenzori gehört zu den regenreichsten Regionen der Welt. Außer im Januar/Februar und Mitte Juni bis Ende August gehen das ganze Jahr über enorme Regenmengen nieder. Durch diese Niederschläge werden große Mengen Mineralsalze aus dem Gestein herausgespült und den Pflanzen als Dünger zugeführt.

Hauptursache für das Riesenwachstum ist jedoch die dichte Wolkendecke, die fast das ganze Jahr hindurch über dem Gebirge hängt. Aus dem Sonnenlicht filtert sie einen großen Teil der zellkernzerstörenden ultravioletten Strahlung heraus. Selbst während der kurzen wolkenarmen Zeit reicht die UV-Strahlung nicht aus, um die Zellkerne der Pflanzen völlig zu zerstören. Es wird aber angenommen, daß durch die Strahlen, die an die Pflanzenzellen gelangen, in den wachstumssteuernden Chromosomen Mutationen ausgelöst werden, die diesen Riesenwuchs hervorbringen.

Hinzu kommt, daß der Wind in der Trockenzeit die Asche von den großen Bränden in den ostafrikanischen Steppen in das Gebirge bringt. In Höhen ab 4.000 m lagert sich in der Trockenzeit

die Asche auf dem Schnee ab und während der Regenzeit Schnee über der Asche. So werden die Pflanzen durch den Aschenregen zusätzlich gedüngt.

In dieser Region herrscht Tageszeitenklima. Die Temperaturunterschiede zwischen Tag und Nacht sind erheblich größer als die zwischen den Mittelwerten des kältesten und des wärmsten Monats. Auch in anderen tropischen Breiten gibt es dieses Klima. Durch die Höhe ist es im Ruwenzori besonders stark ausgeprägt. Am Tag - im Sommer - steigt das Thermometer auf über 25 Grad, in der Nacht - im Winter - sinkt es auf Werte unter 0 Grad ab.

Die Pflanzen haben sich diesen Bedingungen angepaßt: "Senecien" - riesige, bis zu zwölf Meter hohe Verwandte der bei uns bekannten Blumenarten Astern, Huflattich und Kreuzkraut - schützen sich vor der Kälte, indem sie die trockenen Blätter wie einen Mantel um den Stamm legen, statt sie abzuwerfen. Die "Lobelia bequaertii", eine Lobelienart, hat am Tage ihre Blattrosetten weit geöffnet. Nachts ziehen sich diese Rosetten zu einer Kugel zusammen und schützen so die Pflanze vor Kälte. Forscher maßen im Inneren der Lobelie eine konstante Temperatur von plus 4 Grad bei Außentemperaturen von unter 0 Grad. Außerdem sammeln sich in den Blattrosetten kleine "Regenwasserteiche", die für die Nacht Sonnenwärme speichern. Dieses Wasser wird durch ein noch nicht erforschtes, pflanzeneigenes Verfahren in Frostschutzflüssigkeit umgewandelt.

Das Ruwenzori-Gebirge spielt zudem eine entscheidende Rolle für den Wasserhaushalt großer Teile Nord- und Ostafrikas. Während die dichten Wälder in der Regenzeit Wasser speichern, geben sie es in der Trockenperiode an die unzähligen Flüßchen ab, die die Quellflüsse des Nils speisen.

Um 15 Uhr war es soweit. Unsere kleine Expeditionsgruppe, bestehend aus einem Führer, fünf Trägern, Thorsten und mir, machte sich auf den Weg. Während die Träger zu Fuß zum Ausgangspunkt ca. drei Kilometer von Johns Hütte entfernt aufbrachen, konnten wir den Führer beim besten Willen nicht dazu überreden, das gleiche zu tun. Als rangmäßig Höchstem stand ihm seiner Meinung nach zu, mit uns im Käfer zu fahren. Das war allerdings nicht möglich, weil der Wagen bis unters Dach mit der Verpflegung und den Ausrüstungsgegenständen für die Tour angefüllt war. Schließlich überredeten wir unseren Führer, auf dem Dachgepäckträger Platz zu nehmen, was er dann auch tat.

Zuerst ging es nur sachte bergauf. Der Pfad war noch relativ breit, rechts und links lagen kleine Äcker. Frauen, mit Bananenstauden schwer beladen, kamen uns singend entgegen. Nach kurzer Zeit wurde das Dickicht immer unwegsamer, der Pfad schmal. Wir mußten über Steine klettern und versuchten, so gut es ging, den Luftwurzeln, die regelrechte Fußangeln waren, auszuweichen.

Nun ging es sehr steil aufwärts, dann wieder hinab zu einem Fluß. Mir ging fast die Puste aus. Nach drei Stunden hatten wir unseren Rastplatz erreicht. Wir schlugen unser Lager direkt an einem der zahlreichen Bäche auf. Schnell hatten die Träger ein Feuer entfacht. Fasziniert sahen wir zu, wie die Einheimischen in Windeseile mit geringen Hilfsmitteln beispielsweise einen großen Löffel für den Maniokbrei schnitzten. Auch wir kochten unser Essen und saßen dann noch alle eine Weile gemütlich am Lagerfeuer. Nachdem wir ins Zelt gekrochen waren, hörten wir unsere Begleiter noch lange lachen und erzählen.

Am nächsten Morgen standen wir um 6 Uhr auf. Thorsten nahm ein Bad im eiskalten, klaren Flußwasser. Ich beschränkte mich dagegen auf eine Katzenwäsche. Nach dem Frühstück machten wir uns wieder auf den Weg, der immer steiler und unwegsamer wurde.

Nach zwei Stunden anstrengenden Marsches erreichten wir die Nyabitaba-Hütte. "Hütte" war ein schmeichelhafter Ausdruck für das völlig vergammelte "Blechding". Nach kurzer Rast gingen wir weiter. Wir gelangten an einen breiten Fluß, der von herrlichen großen Bäumen umgeben war, in denen Colobus-Affen saßen. Diese leben fast ausschließlich in Wäldern auf hohen Bäumen und kommen selten auf den Erdboden. Wegen ihres schönen dichten schwarz-weißen Fells wurden sie im vorigen Jahrhundert stark gejagt. Trotz der recht auffälligen Fellfarbe sind sie schwer zu erkennen. Oft hört man nur ihre Schreie und sieht plötzlich heftig wackelnde Äste, wenn sie in mächtigen Sätzen von einem Baum zum anderen springen.

Auf glitschigen Steinen balancierten wir über den reißenden Fluß. Ohne Hilfe des Führers hätte ich mich wohl bis zum Bauch durch das eisige Wasser kämpfen müssen. Immer mühsamer wurde der Aufstieg, immer schlüpfriger der Pfad. Ständig stolperte ich über Luftwurzeln und Lianen; Dornen zerkratzten mir Hände und Arme. Dicht am Abgrund entlang mußten wir über Felsbrocken klettern. Ein begeisterter Bergsteiger war ich noch nie - und vor Abgründen und Klettereien habe ich höllische Angst. So hatte Thorsten große Mühe, mich über die Felsspalten und Steine zu bringen. Als es dann noch zu regnen anfing, und wir in kürzester Zeit völlig durchnäßt waren, wollte ich umkehren. Nur die Aussicht auf die einzigartigen Riesenpflanzen, die wir am nächsten Tag sehen sollten, und Thorstens gutes Zureden ermutigten mich, durchzuhalten. Völlig erledigt, triefend naß und vor Kälte und Erschöpfung zitternd, erreichten wir die Nyamuleju-Hütte in 3.292 m Höhe.

Wir hatten gehofft, hier eine bewohnbare Hütte vorzufinden. Daraus wurde nichts. Deshalb suchten wir uns ein trockenes Plätzchen unter einem großen Felsen. Unsere Träger saßen schon fröhlich am Feuer und rückten zusammen, als wir mit dem Führer kamen. Ihnen schien die Tour nichts auszumachen. Barfuß und mit 20 kg Gepäck auf dem Rücken waren sie um Stunden schneller als wir. Im Grunde hielten sie uns wohl für völlig verrückt, weil wir uns freiwillig solchen Strapazen aussetzten, waren aber viel zu höflich, um uns das auch nur im geringsten spüren zu lassen. Stattdessen nahmen sie uns sofort die nassen Sachen aus der Hand und trockneten sie für uns über dem Feuer.

Gerade hatten wir uns darüber geärgert, daß wir nicht eines der Whiskyfläschchen auf die Wanderung mitgenommen hatten, die im Käfer für alle Fälle als "Geschenke" an Zöllner und Polizisten bereitlagen, da rollte mir auch schon eines entgegen, als ich ein trockenes Paar Schuhe aus dem Rucksack holte. Mit Wärme von innen und außen ging es uns gleich besser, und wir rollten uns in unsere Schlafsäcke. Die Whiskyfläschchen hießen seitdem "Spaßmacher".

Ziemlich erschlagen wachte ich am nächsten Morgen auf. Strahlender Sonnenschein und die weißglitzernden Gipfel des Mt. Emin stimmten mich jedoch wieder fröhlicher. Nach einem kurzen Frühstück wanderten wir weiter. Schon nach wenigen Metern sanken wir fast bis zu den Knien in Morast ein. Bei jedem Schritt mußten wir aufpassen, daß wir die Schuhe nicht verloren. Es war eine sehr mühsame Art der Fortbewegung, aber immer noch besser als Klettern.

Plötzlich traten wir in eine einzigartige Märchenwelt ein: Riesenhafte Bäume, von deren Ästen lange Flechten wie Bärte herunterhingen, jeder Stamm, jeder Ast war mit Moosen in verschiedenen Farben bedeckt. Unter einem dichten Blätterdach spazierten wir auf einem weichen Teppich. Blühende Blumen und Sträucher, undurchdringliches Pflanzengewirr - es nahm mir fast den Atem.

Dazu das ferne Rauschen der vielen Flüsse. Wie angewurzelt stand ich da und erwartete jeden Augenblick das Erscheinen von Elfen, Gnomen und Zauberern.

 Ruwenzori-Gebirge: 3m hohe Lobelien (Männertreu) ⇨

Die nächste Etappe führte durch ein Hochmoor. Hier versuchten wir, von einem Grashügel zum nächsten zu springen. Verfehlten wir einen, so versanken wir fast im Morast, aus dem bis zu drei Meter hohe Lobelien wie Kerzen ragten. Dann kamen wir durch Senecien-Wälder. Und das sollten Verwandte unseres Kreuzkrauts sein? Überwältigt von dieser einzigartigen Vegetation erreichten wir gegen Abend die Bigo-Hütte. Wir kauerten uns wieder unter ein Felsdach.

Ursprünglich hatten wir gehofft, die gesamte Rundtour in fünf Tagen schaffen zu können. Thorsten wäre das auch gelungen, aber für mich war es unmöglich, zumal auf der weiteren Strecke noch der Scott-Elliot-Paß lag, mit zum Teil haushohen Felsdächern, die es zu überwinden galt. Thorsten entschloß sich schweren Herzens, mit mir zusammen zurückzugehen, was ich ihm sehr hoch anrechnete.

Der Abstieg dauerte zwei Tage, war aber für mich nur unwesentlich leichter als der Hinweg. Ziemlich erschöpft erreichte ich unser Auto. Hatte ich auch unterwegs oft über dieses verdammte Gebirge geflucht, so war ich jetzt sehr froh, das einzigartige Naturwunder, das alle uns vertrauten Maßstäbe sprengt, mit eigenen Augen gesehen zu haben.

In Kasese trafen wir auch die Motorradfahrer Klaus und Hans Jürgen, die schon auf uns warteten. Sie waren etwas später in Tanga losgefahren, da sie sich die Bergtour im Ruwenzori ersparen wollten. Nach einem kurzen Bericht über unsere Erlebnisse wandten wir uns wieder dem Thema Zaire zu. Wir waren nämlich nur noch wenige Kilometer vom Grenzübergang Kasindi entfernt und mußten uns nun für eine der beiden Strecken entscheiden. Da wir bislang keinen Reisenden getroffen hatten, der über Bukavu gefahren war, wählten wir die Route nach Beni. Wenn wir hier nicht weiterkommen sollten, konnten wir es immer noch über den fast 580 km weiter im Süden liegenden Grenzort Bukavu versuchen.

Am nächsten Morgen wachte ich mit einem Kribbeln im Bauch auf. Würde unsere Reise schon in wenigen Tagen zu Ende sein?

Durch die „Grüne Hölle" Zaire

Zaire

An der Grenze hatten wir riesige Probleme mit dem Immigration Officer. Einzeln mußten wir in sein Büro, um die Einreiseformalitäten zu erledigen. Ich war als erste an der Reihe. Er fragte mich, ob ich ihm schwarz US-Dollar tauschen würde. Ich hielt ihn hin, da ich die Sache erst mit den anderen besprechen wollte. Aus Angst vor einer Falle entschieden wir uns dagegen, weil wir vielleicht anschließend wegen Verstoßes gegen die Devisenbestimmungen bestraft würden.

Thorsten hatte als letzter seine Devisenerklärung ausgefüllt, und wir dachten, daß nun alles fertig sei, als der Beamte anfing, Thorstens Geld nachzuzählen. Der auf der Erklärung angegebene Betrag stimmte nicht mit seiner Nachzählung überein. Leider stellten wir erst hinterher fest, daß Thorstens Angaben richtig waren und der Zöllner sich absichtlich verzählt hatte. Danach mußten wir anderen auch unser Geld vorzählen. Bei keinem stimmten Angaben und Zählung überein. Wie sonst auch hatten wir das Ausfüllen des Formblattes nicht so ernst genommen, weil unsere Devisendeklaration in Ostafrika noch nie kontrolliert worden war.

Der Zöllner geriet völlig außer sich und wollte den gesamten nicht deklarierten Betrag einbehalten. Das waren immerhin 3.000 DM. Klaus, der am besten von uns französisch sprach, gelang es, mit viel Geschick und einem Bestechungsgeld von ca. 400 DM den "Giftzwerg" zu besänftigen. Für Dummheit muß man eben zahlen. Unsere "schwarzen" Devisenreserven hatten wir glücklicherweise sehr gut versteckt. An den nächsten Grenzen zählten wir das Geld mehrmals nach; aber natürlich wurden wir nirgendwo wieder so gefilzt.

Wir waren noch keinen Kilometer auf zairischem Boden gefahren, als der "Spaß" gleich richtig losging. Weil es stark geregnet hatte, war der "Black Cotton Soil", wie man die schwere schwarze Lehmerde nennt, völlig aufgeweicht. Wir zogen die Schneeketten auf, nachdem der Käfer schon einige Male bedenklich gerutscht war. Denn erst einmal festgefahren, ist es unglaublich mühsam, sich aus diesem Schlamm zu befreien. Hans Jürgen und Klaus hatten ebenfalls unerwünschten "Bodenkontakt", aber sie verletzten sich dabei nicht. Nach einigen Kilometern wurde die Piste wieder besser. Es erstaunte uns jedesmal, wie sich die Landschaft sofort hinter einer Landesgrenze änderte. Wir fuhren nun durch dichten Urwald; hier gab es nur wenige Dörfer.

Obwohl wir sehr früh aufgebrochen waren, gerieten wir wieder in die Dunkelheit, weil die Probleme an der Grenze und der Schlamm uns über vier Stunden Zeit gekostet hatten.

12 km vor Beni, das wir sehr herbeisehnten, standen wir plötzlich vor einem Schlagbaum. Eine Polizeisperre hatte uns gerade noch gefehlt. "Nachts ist das Fahren auf den Straßen Zaires verboten. Sie müssen bis morgen hier warten", meinte der Polizist. Ich erklärte ihm lang und breit auf Kiswahili, daß unsere Freunde in Beni auf uns warteten, wir außerdem fürchterlichen Hunger hätten und sehr müde seien. Er sah das ein, wollte uns aber nur für ein "chai" (Kiswahili: Tee bzw. Trinkgeld) weiterfahren lassen. So bekam er eine Schachtel Zigaretten, bedankte sich fröhlich und öffnete die Schranke.

Gegen 21 Uhr erreichten wir dann doch noch Beni. Dort warteten die Motorradfahrer schon ungeduldig auf uns, weil sie auf schlechten Pisten schneller als wir waren und fast immer vorfuhren. Wir hatten vereinbart, uns grundsätzlich im besten Hotel des Ortes zu treffen, in dem wir übernachten wollten. Es lag meistens im Stadtzentrum und war daher leicht zu finden.

Wie die meisten Städte Ostafrikas machte Beni keinen besonderen Eindruck auf uns. Die Häuser waren eng aneinandergebaut und wirkten eher wie Garagen. Die dreckigen Überreste eines Anstrichs machten sie noch unansehnlicher. Auch das "Hotel Beni", erstes und einziges Haus am Platze, hatte schon bessere Zeiten erlebt. Schnell hatten wir herausgefunden, daß es in Zaire keinen Devisenschwarzmarkt gibt.

Um Reiseschecks zu wechseln, suchten wir daher die nächste Bank auf. Das war wieder einmal eine Frage der Zeit, denn die Umtauschaktion dauerte über zwei Stunden. Wir hatten, wie auch an den Grenzen, das Gefühl, die Beamten hätten zum ersten Mal in ihrem Leben mit Papier und Bleistift zu tun. Die Formulare wurden mehrere Male hin- und hergewendet, Pässe mindestens zehnmal durchgeblättert, obwohl wir zuvor schon mehrfach unsere Namen und Paßnummern genannt hatten. Endlich klappte es dann doch.

Unser nächstes Ziel war der Mont Hoyo. Dort leben noch heute Pygmäen. Wir fuhren durch dichten grünen Dschungel und Bambuswälder. Immer wieder überquerten wir malerische Flüßchen. Die 13 km von der Hauptstraße bis zur "Auberge de Mt. Hoyo" waren allerdings abenteuerlich. Mehrmals mußten Thorsten und ich die unbefestigten Planken der Holzbrücken zuerst wieder zurechtlegen und dem Radabstand des Käfers anpassen, bevor wir sie passieren konnten, und nie waren wir sicher, ob sie das Auto auch tragen

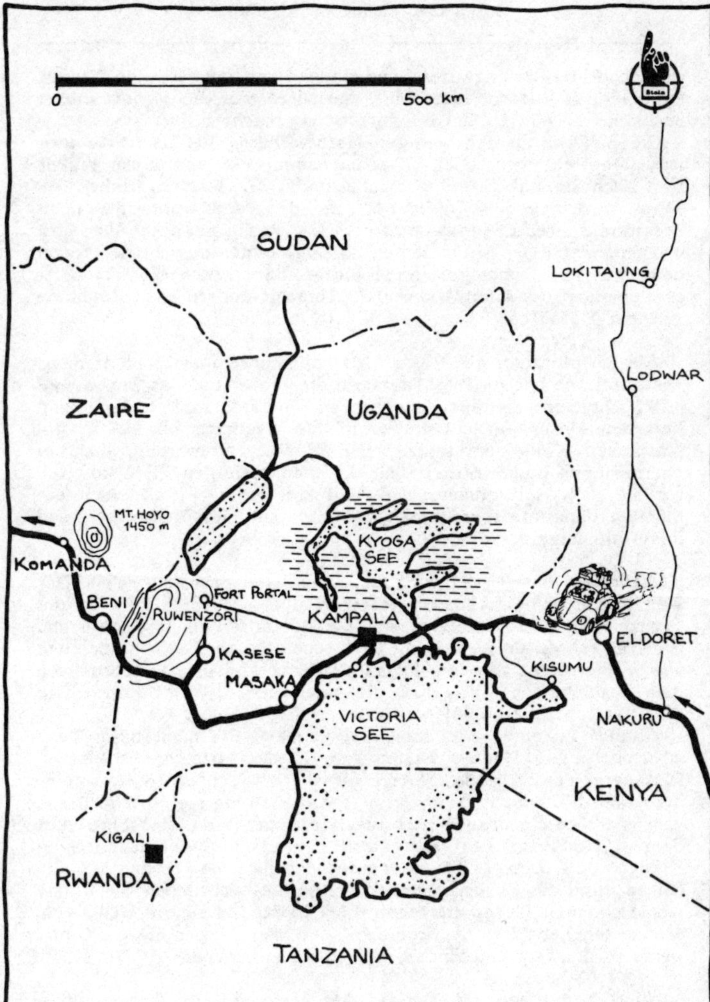
0
500 km
SUDAN
LOKITAUNG
LODWAR
ZAIRE
UGANDA
MT. HOYO
1450 m
KOMANDA
KYOGA
SEE
BENI
FORT PORTAL
RUWENZORI
KAMPALA
KASESE
ELDORET
MASAKA
KISUMU
VICTORIA
SEE
NAKURU
KENYA
KIGALI
RWANDA
TANZANIA

würden. Plötzlich begleitete uns singend und johlend eine Gruppe Pygmäen. Es war das erste Mal, daß wir die Bekanntschaft dieser höchstens 1,45 m großen Buschmenschen machten.

Sie gehören zu den wenigen Naturvölkern, die bis heute ihre traditionelle Lebensweise erhalten haben. Wie alle diese Völker sind auch sie auf Grund der langsam in die letzten Winkel der Natur vordringenden Zivilisation und der damit einhergehenden Zerstörung ihres Lebensraumes dem Untergang geweiht. Als Jäger und Sammler leben sie in festen Sozialsystemen ausschließlich von dem, was der Dschungel ihnen bietet. So erlegen sie mit Giftpfeilen nicht nur Kleinwild und Antilopen, sondern auch Raubkatzen und Elefanten.

Als ich plötzlich das Rasseln der Musikinstrumente nicht mehr hörte, blickte ich zurück. "Thorsten, die fahren auf der Stoßstange mit", schrie ich ziemlich erschrocken. Thorsten hielt kurz an und ließ den Motor aufheulen, worauf die Pygmäen im Busch verschwanden. Keine sehr feine Art, Fahrgäste loszuwerden, aber bei der geringen Bodenfreiheit und der sehr steinigen Piste konnten wir sie nicht mitnehmen. Und weil sie mir irgendwie auch ein bißchen unheimlich vorkamen, mochte ich nicht aussteigen und ihnen die Lage erklären.

Mehrmals überlegten wir, zur Hauptpiste zurückzufahren. Der Weg wurde nämlich immer steiniger, und der Käfer kam an die Grenzen seiner "Krabbelkräfte". Aber wir hatten uns mit Klaus und Hans Jürgen verabredet. Schließlich schafften wir es doch noch und waren überrascht von dem luxuriösen Hotel, noch mehr jedoch von dem traumhaften Blick auf die unendlichen Waldflächen. Die eineinhalb Stunden Quälerei hatten sich gelohnt.

Abends bekamen wir dann Gelegenheit, Pygmäen beim Tanz zuzusehen. Die Männer hatten sich in der Mitte eines kleinen Platzes in der Nähe des Hotels versammelt. Einfachen Holztrommeln und Flöten aus Bambusrohr entlockten sie melodische Töne, während sich die Frauen barbusig, viele mit ihren Säuglingen auf dem Rücken, im Takt der Musik bewegten. Die eigenartigen Klänge und Tänze, die schwere, schwülwarme Tropenluft, im Hintergrund das Zirpen der Grillen und die nächtlichen Geräusche des Dschungels ließen uns einen Blick in das Geheimnis Afrika tun. Nur selten habe ich die Fremdheit und den Zauber dieses Kontinents so deutlich empfunden, wie an jenem Abend.

Wir legten einen Ruhetag auf dem Mt. Hoyo ein, dann machten wir uns wieder auf den Weg. Die Strecke war hügelig. Obwohl die einspurige Piste trocken war, stellte sie hohe Ansprüche an unsere

Die Brücke wird auf ihre Haltbarkeit überprüft ⇨

Fahrkünste. Die starken Niederschläge der letzten Regenzeit, die im Dezember zu Ende gegangen war, hatten besonders an Steigungen tiefe Furchen und Querrinnen in den Boden gegraben und die Randbefestigung teilweise weggerissen. Immer wieder hielten wir an. Thorsten stieg aus und dirigierte mich und das Auto über die Abbrüche. Es ging dabei um Zentimeter.

Mehrmals mußten wir die Sandbleche auslegen, um eine Furche zu überbrücken oder ein zu tiefes und an den Rändern steiles Loch abzuflachen, damit der Käfer darin nicht stecken blieb. Über zahlreiche Bäche führten Holzbrücken. Hier war besondere Vorsicht geboten, denn wie schon auf dem Weg zum Mt. Hoyo waren viele Planken locker und in der Breite den Lkw-Spuren angepaßt.

Erschwerend kam hinzu, daß die Brücken meistens 30 bis 50 cm tiefer lagen als die Straße. Der Übergang war nicht angeschrägt, sondern bestand aus einer Stufe, die obendrein oft durch Gras verdeckt war. Nach der ersten unsanften Landung auf dem Holz machten wir es uns zur Regel, vor jeder Brücke anzuhalten und erst einmal die Höhe des Absatzes zu überprüfen, um ein Aufsetzen des Fahrzeugs zu verhindern.

Auf einigen Streckenabschnitten wurden die Schäden der Regenzeit von Bautrupps mit Baggern und Planierraupen ausgebessert. Um zu verhindern, daß die nächsten Regen die Oberfläche noch weiter ausschwemmten, wurden an Steigungen und Hängen in kurzen Abständen Dränageröhren aus Beton quer zum Straßenverlauf unterirdisch verlegt. Durch sie soll das Wasser in die an den Seiten ausgeworfenen Entwässerungsgräben abfließen. Da die Straße noch nicht mit Erde aufgeschüttet war, ragten die Röhren zur Hälfte aus dem Boden heraus und bildeten für uns weitere Hindernisse. Auch hier halfen oft nur Sandbleche.

Zwischendurch wurde die Piste besser, aber die Freude darüber hielt nur kurz an. Ganz unvermittelt tauchten ein großer Stein, ein Schlagloch oder eine Rille auf. Wir wechselten uns oft beim Fahren ab, weil das kleinste Nachlassen der Konzentration böse Folgen hätte haben können.

Unser nächstes Ziel war die "Station de capture d'Epulu", eine Fangstation also, zwischen den Orten Mambasa und Nia Nia. Unter großen Bäumen, direkt am Fluß Epulu, konnten wir unsere Zelte aufschlagen. Wir hatten uns schon gefragt, was hier gefangen würde. Nun erfuhren wir es. In den dichten Regenwäldern um den Fluß Epulu lebt die einzige Okapi-Herde der Welt. Mit ausländischer Hilfe entstand vor einigen Jahren ein Projekt zur Erhaltung und Vermehrung dieser seltenen, sehr scheuen Tiere. Okapis haben ein merkwürdiges Aussehen. "Giraffenantilopenzebra" fiel mir als Beschreibung ein. Ihre Schulterhöhe beträgt bis zu 1,60 m. Der Körper gleicht dem einer Giraffe, allerdings ist der Hals nicht länger als der einer Antilope. Das Fell ist kastanienbraun, nur die Keulen, die Schenkel und die obere Hälfte der Beine sind wie beim Zebra schwarzweiß gestreift.

In dem kleinen Ort Nia Nia trennten wir uns vorübergehend von den "Piki-Piki-Fahrern" (kiswahili: Motorrad). Ursprünglich wollten wir alle nach Kisangani fahren und von dort aus mit dem Schiff auf dem Zaire (früher: Kongo) bis nach Lisala gelangen. Schon in Tanga hatte ich gehört, daß die Brücke über der vielen Flüsse auf der einzigen befahrbaren Strecke nach Kisangani zusammengebrochen war.

In Nia Nia erkundigten wir uns mehrfach nach dem Zustand der Brücke und erhielten die übereinstimmende Auskunft, daß die Brücke zwar zwischenzeitlich repariert worden sei, aber vor wenigen Tagen unter dem Gewicht eines 30 t schweren Lkw erneut zusammengebrochen sei. Eine Autofähre über den Fluß gab es nicht. Die Motorräder konnten an dieser Stelle in eine Piroge (Einbaum) verladen werden, für uns blieb dagegen nur die Landverbindung über Buta nach Lisala.

Also kämpften wir uns mit einer Durchschnittsgeschwindigkeit von 20 bis 30 km/h weiter durch den Dschungel. Schon nach vier Tagen hatte das dichte Grün alle Faszination verloren. Nicht umsonst wird Zaire oft die "grüne Hölle" genannt.

In den wenigen kleinen Dörfern konnten wir nichts Eßbares kaufen. Selbst in den größeren Städten gab es keine Restaurants. So mußten wir unsere Reserven, die hauptsächlich aus Tütensuppen, Spaghetti und Dosenbrot bestanden, fast täglich auspacken.

Nach dem Ort Isiro war die Gegend dichter besiedelt. In den zahlreichen Dörfern erlebten wir überall das gleiche Schauspiel: Sobald wir uns näherten, wurden wir johlend und schreiend begrüßt. Kinder und Erwachsene liefen zur Straße, winkten uns zu und staunten uns an, weil nicht oft Fahrzeuge vorbeikommen und nur selten Weiße in ihnen sitzen. Mehrere Male passierte es auch, daß Frauen und Kinder ihre Traglasten einfach wegwarfen und kreischend im Urwald verschwanden.

Kurz vor Poko wurde die Piste sehr schlecht, das Fahren zur Millimeterarbeit: einen Zentimeter mehr nach rechts, drei Zentimeter mehr nach links, noch einmal zurück, wieder vor, Sandbleche auslegen, wieder einpacken. Geschafft. Der nächste Krater war nie weiter als 100 m vom vorherigen entfernt.

Von anderen Reisenden hatten wir den Tip bekommen, uns in Poko an die katholische Mission zu wenden. Dort könne man schlafen und essen. Wir trauten unseren Augen kaum. Plötzlich tauchte nämlich mitten im Dschungel ein riesiger Komplex mit einer selbst für europäische Verhältnisse sehr modernen Kirche, großen Wohnhäusern, Stallungen und Werkstattanlagen auf. Eine gepflegte Allee führte durch Kaffeeplantagen zum Haupthaus. Wir wurden von einem sicher 75 Jahre alten deutschen Missionar empfangen.

"Ein Zimmer haben wir nicht, aber Sie können auf dem Werkstattgelände zelten. Vielleicht dürfen Sie auch mit uns essen. Das muß jedoch Pater Clemens entscheiden", war seine recht kühle Antwort auf unsere Bitte um Unterkunft und Verpflegung. Wir waren ziemlich enttäuscht. Denn ein Bad und Essen, natürlich gegen Bezahlung, hätten uns sicherlich gut getan. Aber Pater Clemens ließ sich nicht erweichen. Eher mißmutig verkaufte er uns schließlich zwei Flaschen Bier. Dafür gab er uns allerdings "wertvolle" Tips: "Die Schlaglöcher müssen Sie schräg anfahren, aber mit einem Käfer werden Sie sowieso nicht weit kommen."

Über die Straßenlage befragt, antwortete er: "Über die Strecke Richtung Buta kann ich nichts sagen. Ich missioniere nämlich in die andere Richtung." Wir sahen ihn erstaunt an, denn er hatte uns vorher erzählt, daß er schon 25 Jahre im Land sei. Aber er meinte das Gesagte wirklich ernst. Begeistert berichtete er uns dagegen von revolutionären Veränderungen in der Mission: "Seit kurzem beten wir abends gemeinsam mit den Schwestern." Später amüsierten wir uns noch oft über seine Äußerungen und nahmen sie in unsere Kartei "Sprüche der Reise" auf. In dem Moment allerdings fehlte uns der Humor für seine Reden, vor allem angesichts seines fetten Bauches und unserer leeren Mägen.

Wir schlugen unser Lager zwischen den Kaffeebohnen, die zum Trocknen ausgelegt waren, auf, aßen Tütensuppe mit Nudeln und gönnten uns einen "Spaßmacher". Da es keine Waschmöglichkeit gab, krochen wir anschließend verschwitzt und erschöpft in unser Zelt.

Nach langen Verhandlungen verkauften uns die Missionare am nächsten Morgen noch 20 Liter Benzin. "Mehr können wir Ihnen nicht geben", meinte Pater Clemens. Wir verstanden das, denn die drei Mercedes-Geländewagen, die in der Garage standen, verbrauchen viel Sprit.

In den folgenden sechs Stunden hatten wir reichlich Gelegenheit, "alle Löcher schräg anzufahren", bestand doch die Piste ausschließlich aus 1,20 m bis 1,70 m tiefen Trichtern. Von diesem Teil der Strecke stammten auch die Fotos, die mir die beiden Engländer in Tanga gezeigt hatten. In Gedanken füllte ich die Krater bis zum Rand mit Schlamm. In der Regenzeit wäre die Reise an dieser Stelle für uns zu Ende gewesen. Zwar hätten wir aus dem ersten Loch den Wagen mit Hilfe eines anderen Fahrzeuges herausziehen können und aus dem zweiten vielleicht auch noch, aber 50 km Schlammstrecke wären niemals zu bewältigen gewesen. Ich sah mir die undurchdringliche, drohende Mauer des Dschungels zu beiden Seiten der schmalen Piste an und verstand plötzlich, warum die Engländer so entgeistert geschaut hatten, als ich sagte: "Dann schlagen wir uns eben einen Weg durch den Busch".

Das Thermometer kletterte wieder über 40 Grad bei einer relativen Luftfeuchtigkeit von 96 %, so daß wir im eigenen Saft schmorten. Zu allem Überfluß kam am Abend ein schweres Gewitter auf. Umgeknickte Bäume und Bambusstangen versperrten uns den Weg. In strömendem Regen mußte Thorsten den "Urwald fegen". Ein dicker Baumstamm ließ sich selbst mit Hilfe des Buschmessers nicht von der Fahrbahn räumen. Schließlich banden wir das Abschleppseil um den Stamm, befestigten das andere Ende am Auto und zogen das Hindernis zur Seite. Beide dachten wir: "Wann kommt der Baum, den wir nicht mehr wegziehen können?" Er kam glücklicherweise nicht.

Völlig erschöpft erreichten wir nach 14 1/2-stündiger Fahrt den Ort Buta. 350 km waren wir an diesem Tag gefahren. Wieder gab es kein Restaurant, das Hotel war ein fürchterliches Dreckloch ohne Wasser. Wir erwarteten ja keinen europäischen Luxus, aber gewaschen hätten wir uns gern. Für das Zimmer gab es keinen Schlüssel.

Am schlimmsten war jedoch, daß der Parkplatz für den Wagen unbewacht war. Wir parkten genau vor dem Zimmer und räumten fast alles aus dem Auto. Ich hatte ein sehr ungutes Gefühl. Das Bett schoben wir als "Schlüssel" vor die Tür. Dann packten wir wieder den Kocher aus. Als Menü zur Abwechslung wieder einmal: Nudeln mit Tütensuppe.

Am nächsten Morgen schauten wir aus dem Fenster und sahen sofort die Bescherung. Das Seitenfenster des Käfers stand offen. Wir stürmten raus und stellten fest, daß die Seilwinde, der Ersatzreifen und der Spaten noch da waren, auch die Kiste schien unversehrt. Es fehlten Thorstens völlig verdreckten Turnschuhe (Größe 47). Wer wollte die tragen? Später entdeckten wir, daß auch noch eine Decke, ein Ölkanister, eine Tüte Medikamente und eine Sonnenbrille fehlten. Das war zu verschmerzen. Unsere Laune besserte sich durch den Vorfall allerdings nicht. Zudem ging unser Zaire-Geld zur Neige. Da wir uns auf eine vormittagfüllende Bankaktion nicht erneut einlassen wollten, fuhren wir weiter. Im nächsten Ort gab es sicherlich eine Möglichkeit, schneller an Geld zu kommen. Unsere Devise hieß nur noch: raus aus diesem Land. Aber das war einfacher gesagt als getan.

Die schlimmsten Tage der Reise

Die nächsten Tage sollten die fürchterlichsten der gesamten Reise werden. Die Piste war zwar im großen und ganzen trocken, aber in Mulden und Senken hatte sich Wasser angesammelt. Um sicher zu gehen, daß wir diese ohne Probleme durchfahren konnten, hielten wir jedesmal an und überprüften mit einem Stock Wassertiefe und Bodenbeschaffenheit. Nach dem fünften oder sechsten Mal wurde uns diese Prozedur zu mühselig, und wir verließen uns auf unser Glück, zumal der Boden fest war. Prompt fuhren wir uns in einem Wasserloch mit schlammigem Untergrund total fest. Über eine Stunde brauchten wir, um das Auto wieder aus dem stinkenden Morast zu befreien. Das Stimmungsbarometer fiel dabei noch weiter.

Wir legten erst einmal eine Pause ein und berieten zum wiederholten Male, ob wir nun über Bangassou oder Lisala-Gbadolite in die Zentralafrikanische Republik (ZAR) einreisen sollten, weil wir nur noch wenige Kilometer von der Abzweigung nach Bangassou entfernt waren. So unterschiedlich auch sonst die Informationen mehrerer Leute über dieselbe Strecke gewesen waren, von allen hatten wir die einstimmige Auskunft bekommen: "Die Strecke Likati-Bondo-Bangassou schafft Ihr mit Eurem Fahrzeug nicht, denn selbst in der Trockenzeit gibt es hier fürchterliche Schlammlöcher." Also entschieden wir uns für die Weiterfahrt über Lisala.

Bald schon versperrte uns ein neues Hindernis den Weg. Die Straße brach einfach ab, und wir standen vor einem sicher 1,70 m tiefen und 3,50 m langen Graben, der glücklicherweise trocken war. Zwar konnten wir vorsichtig hineinfahren, aber auf der anderen Seite war die Abbruchkante so steil, daß wir den Wagen selbst mit Sandblechen nicht alleine heraufbekamen. Da auf dieser Strecke viele Zairer zu Fuß oder mit Fahrrädern unterwegs waren, brauchten wir nur einen Augenblick zu warten, bis Einheimische kamen. Fünf Leute halfen uns, den Käfer aus dem Loch zu tragen. Keine Viertelstunde später standen wir vor einem ähnlich großen Loch, nur daß diesmal der Untergrund schlammig war. Ein schmaler Weg führte seitlich an dem Krater vorbei. Da auch die Umfahrung sehr matschig war, bestand die Gefahr, daß das Fahrzeug abrutschen und in das Loch stürzen könnte. Thorsten und ich legten Sandbleche aus und manövrierten den Käfer vorsichtig an dem Abgrund vorbei. Fast eine Stunde brauchten wir dafür.

Gegen Abend wunderte ich mich, wieso wir den Ort Aketi nicht erreichten. Die Kilometerangaben der Michelin-Karte wichen zwar manchmal geringfügig von unseren laut Kilometeranzeige des Autos gefahrenen Strecken ab, jetzt waren wir aber schon 10 km zu weit!

Plötzlich sahen wir ein Hinweisschild "Likati 10 km". Wäre es möglich gewesen, dann wäre mir hier das Steuerrad aus der Hand gefallen. Wir waren auf der Strecke nach Bangassou, weil ich mich verfahren hatte. Wie konnte das passieren? Auch nach langem Grübeln konnten wir uns keinen Reim darauf machen. Die Straße nach Bangassou zweigte 74 km hinter Buta von unserer geplanten Fahrtroute in Richtung Norden ab. Ich hatte darauf geachtet, und bei der entsprechenden Kilometerzahl war auch eine breite Piste nach Norden abgebogen.

Da es in den meisten afrikanischen Ländern nur wenige Wegweiser gibt, hatten wir vom ersten Tag an immer den Kilometerstand bei der Abfahrt am Morgen notiert und unterwegs anhand der Karte überprüft, wo wir uns befanden. Wenn wir unsicher waren, fragten wir Passanten, zu welchem Ort die Straße führte. Diesmal war ich mir ganz sicher gewesen und hatte nicht gefragt.

Nun waren wir langsam am Ende unserer Kräfte angelangt. Ein Junge, der uns unsere Verzweiflung ansah, sagte: "Etwas weiter im Dorf ist eine Missionsstation." Nach unseren schlechten Erfahrungen in Poko wollten wir zunächst nicht hinfahren, aber es blieb uns keine andere Wahl. Das Dorf bestand nur aus ein paar Hütten.

Wir fanden die Mission zuerst gar nicht, da wir riesige Gebäude erwarteten. Man wies uns auf einige Strohhütten hin, vor denen ein Schild mit Bierpreisen prangte. Glücklicherweise wohnten hier keine weißen, sondern einheimische Pater. Sie waren sehr freundlich. Nachdem wir unser Problem geschildert hatten, zeigten sie uns sofort ein Zimmer in einer der Hütten, das sehr einfach, aber pieksauber war. Sie boten uns an, bei einem Bauern ein Huhn und Gemüse zu kaufen und uns ein Essen zu kochen. Unser zairisches Geld reichte gerade noch, um die Unterkunft und das Essen zu bezahlen. Danach waren wir "blank", weil niemand Dollar tauschen wollte.

Wir wußten nicht mehr, ob wir nun lachen oder weinen sollten. Die Versuchung, doch über Bangassou zu fahren, war groß. Allerdings hatten alle die Strecke bis Bondo (kurz hinter Likati), die für uns ein Horror war, als gut bezeichnet. Also blieb am nächsten Tag nur die Rückfahrt. Recht deprimiert saßen wir vor unserer Hütte. Einige Dorfbewohner und Missionare gesellten sich zu uns. Ihre Fröhlichkeit übertrug sich bald auch auf uns und ließ unsere Stimmung wieder steigen.

Gegen 7.30 Uhr brachen wir am nächsten Morgen auf. Auf der katastrophalen Piste verbrauchte der Käfer über 20 l Benzin auf 100 km. Um Gewicht zu sparen, hatten wir aus Buta für die nächsten 400 km lediglich 40 statt 80 l Benzin in Kanistern mitgenommen. Ohne unseren "Umweg" hätte das zusammen mit den 40 l im Tank mindestens bis Bumba gereicht, das 345 km von Buta entfernt war. Nun konnten wir nur hoffen, daß es in Aketi Nachschub gab. Wenn nicht, dann mußten wir nach Buta zurück. Denn wir wußten, daß wir dort mit Sicherheit Benzin bekommen würden und die 120 km von Aketi bis Buta gerade noch schaffen könnten. Einen einzigen Vorteil hatten wir auf dem Rückweg: Wir kannten bereits die Löcher und ihre Umfahrungen.

Wie durch ein Wunder war der große Krater, in dem wir auf der Hinfahrt steckengeblieben waren, zugeschüttet worden. Kurze Zeit später sahen wir die Baufahrzeuge. Die Spannung stieg, je näher wir der Kreuzung kamen. Denn ich wollte doch zu gerne wissen, weshalb ich mich verfahren hatte. Sofort kam der nächste Schock. Die Abzweigung bestand aus einem großen, wirklich unübersehbaren Kreisverkehr mit deutlichen Hinweisschildern. Wie konnte ich das nur übersehen haben? Wir erklärten uns die Sache schließlich so, daß an dem Tag Lastwagen vor den Schildern gestanden haben mußten und sie verdeckt hatten. Ich erinnerte mich jetzt dunkel an mehrere Baufahrzeuge, die ich gestern irgendwo gesehen hatte. Nun gut. Ein verlorener Tag.

Wir fragten einen Bauarbeiter nach dem Zustand der Strecke in Richtung Lisala. Sie sei gut befahrbar und trocken, antwortete er uns. Aber schon eine halbe Stunde später standen wir vor zwei riesigen Wasserlöchern. Ich krempelte die Hosenbeine hoch und watete durch das Wasser, das mir bis ans Knie reichte. Der Untergrund war jedoch fest und es lagen auch keine Steine im Weg. Mit viel Schwung schafften wir es.

Doch hatten wir damit noch lange nicht alle Variationen dieser "garstigen" Piste hinter uns gebracht. Lkw hatten nämlich tiefe Spurrillen in den Boden eingegraben, der weicher und sandiger wurde. Da der Radabstand des Käfers viel schmaler war, mußten

wir mit zwei Rädern auf dem Mittelstreifen fahren, damit der Wagen nicht aufsetzte. Die Schräglage störte uns wenig; viel schlimmer war der Grasbewuchs, weil wir eventuell im Gras versteckt liegende Steine und Rillen nicht sehen konnten.

Wir erreichten Aketi gegen Mittag und waren von der Größe des Ortes überrascht. Hier konnten wir bestimmt Benzin bekommen. Die Bank hatte allerdings schon geschlossen. Wir fuhren zur Mission und fragen dort, wo wir im Ort Geld tauschen und Benzin bekommen könnten. Der Pater nannte uns den Namen eines Portugiesen.

Das Tankstellennetz war in ganz Nordzaire aufgelöst worden. Stattdessen wurde das Benzin auf düsteren Hinterhöfen kanisterweise aus Fässern abgefüllt. Entweder hing an dem entsprechenden Haus ein kleines, handgeschriebenes Schild "Essence", oder wir mußten uns zu dem ersehnten Gut durchfragen. Natürlich war die Gefahr groß, mit Wasser vermischtes Benzin zu bekommen. Eine Alternative gab es jedoch nicht, also auch keinen Grund, lange darüber nachzudenken.

Bei dem Portugiesen hatten wir Glück. Er tauschte uns Geld zum Bankkurs und verkaufte uns 80 l Benzin. Ein Restaurant gab es auch hier nicht, aber in einem kleinen Laden trieben wir Sardinenbüchsen auf und an einem Straßenstand Weißbrot und eine Ananas. Weiter ging die Fahrt. Unser Picknick nahmen wir mitten auf der einspurigen Piste ein. Mit Gegenverkehr war kaum zu rechnen, denn seit einem Tag waren wir keinem Fahrzeug mehr begegnet.

Unser Stimmungsbarometer stieg wieder ins Plus. Denn schon die kleinsten Erfolge machten uns glücklich. Und volle Benzinkanister waren sogar ein großer Erfolg. Wir wurden übermütig und träumten schon von Bumba, das 221 km von Aketi entfernt ist und das wir vielleicht noch am gleichen Tag erreichen konnten. Warum ich immer noch für Stunden oder gleich Tage im voraus plante, war nach fünf Jahren Afrika eigentlich unverständlich. Aber dafür ist man eben Europäer.

Es kam natürlich alles anders als erhofft. Immer noch fuhren wir in Schräglage - plötzlich rutschte das Fahrzeug jedoch ab und saß fest. Im ersten Moment wußten wir nicht, was passiert war. Wir sahen uns die Bescherung an. Die Lkw-Spuren waren relativ fest, aber der Mittelstreifen und der Böschungsrand bestanden an dieser Stelle aus tiefem, feinem Zuckersand. Was nun? Zunächst gingen wir erst einmal die Strecke ab. Nach ungefähr 50 m wurde der Sand wieder härter. Außerdem inspizierten wir die Böschung:

Zwischen Dschungel und Straße lag ein 50 cm breiter Streifen, der mit meterhohem Gras bewachsen war. Hier war der Untergrund befahrbar. Mit zwei Rädern mußten wir unser Auto auf diese "Spur" bringen. Thorsten schaufelte den Käfer frei, dann legten wir Sandbleche aus.

Aus einem nahegelegenen Dorf kamen Leute und halfen uns, den Wagen mit zwei Rädern auf die Böschung zu hieven. Mit der anderen Seite stand er nun auf der festen Lkw-Spur. Thorsten ging die Strecke noch einmal ab, um eventuelle Löcher oder Steine auf der Böschung ausfindig zu machen, denn das hohe Gras versperrte mir die Sicht.

Vorsichtig gab ich Gas, während die anderen anschoben. Die Räder griffen, und ich konnte bis zum Ende des Sandfeldes fahren. Dabei rannte Thorsten neben mir her und rief mir zu, ob ich mich mehr links oder rechts halten mußte. Wenn das Auto etwas Schwung hatte, mußte ich in den Sandfeldern so zügig wie möglich weiterfahren, denn einmal Anhalten hätte wieder eine gute halbe Stunde Schaufeln bedeutet.

Nach wenigen Kilometern fester Piste sahen wir das nächste Sandfeld. Sobald der Grasbewuchs des Mittelstreifens fehlte, hieß es anhalten. Nur gut, daß die Gegend dicht besiedelt war und uns immer wieder Männer halfen. Bei einer dieser Aktionen bekam ich mehr Schwung als erwartet und fuhr über den inspizierten und zur Fahrt freigegebenen Streckenabschnitt hinaus. Plötzlich sah ich nur noch ungefähr 50 cm von den linken Rädern entfernt einen gut zwei Meter tiefen Graben auf meiner Seite. Zum Anhalten war es zu spät.

In solchen Situationen gibt es nur noch eine Möglichkeit: Weiterfahren und hoffen, daß es gut geht. Es ging gut, aber weiche Knie hatte ich hinterher doch. Zu nah war das Ende der Fahrt gewesen.

Dann wurde es dunkel. Die Leute in den Dörfern gingen schlafen. Wir steckten nun allein in diesem schrecklichen Dschungel. Thorsten und ich waren zwar völlig erschöpft, aber wir entschieden uns trotzdem zur Weiterfahrt. Eine Entscheidung, die ich im nachhinein für sehr leichtsinnig und unüberlegt halte und wohl nur aus der Situation und unserem einzigen Gedanken, endlich aus diesem Urwald herauszukommen, zu erklären ist. Wir dachten nämlich weder an die wilden Tiere, die überall dort leben und vor allem nachts aktiv werden, noch an mögliche Überfälle. Vernünftig wäre es gewesen, bei Einbruch der Dunkelheit in einem der kleinen Dörfer nach einem Übernachtungsplatz für uns und einer Parkmöglichkeit für das Auto zu fragen.

Dies taten wir aber nicht, sondern montierten die Zusatzscheinwerfer an und leuchteten mit ihnen das nächste Sandfeld aus. Dummerweise hatten wir dafür den Motor ausgestellt. Als wir ihn wieder starten wollten, war die Batterie zu schwach. Was tun? Wir "saßen" mitten auf der Straße, und das Auto war in dem tiefen Sand ohne Motorkraft nicht einen Zentimeter zu bewegen. Wir versuchten das Problem auf afrikanische Art zu lösen: mit Abwarten. Nach zehn Minuten sagte Thorsten: "Versuch noch einmal, den Motor zu starten." Wie durch ein Wunder sprang der Wagen an.

Eineinhalb Stunden lang kämpften wir uns zentimeterweise mit Sandblechen und Schaufel durch das ungefähr 100 m lange Sandfeld. Dabei erreichten wir unsere "Rekordgeschwindigkeit" von 66,66 m/h. Kurz bevor wir es geschafft hatten, fragte ich Thorsten: "Ist der Spaten auf dem Dachgepäckträger?" Seine Antwort war ziemlich gereizt: "Natürlich!" Als wir die Sandbleche und den Spaten wieder festmachen wollten, war der Spaten weg. 50 m vorher hatten wir ihn noch gehabt. Thorsten ging den kurzen Weg zurück, um ihn zu suchen. Doch der Spaten blieb verschwunden. Mit einem Buschmesser bewaffnet, suchten wir anschließend auch gemeinsam vergeblich nach dem Spaten.

Schon bei Tag bedrückend, wirkte der Dschungel bei Nacht durch die vielen Geräusche, das Schreien der Affen und der Nachttiere noch unheimlicher. Hinzu kam die Sache mit dem verschwundenen Spaten. Wenn man einmal von der Möglichkeit des "weggezauberten Spatens" absah, konnte er eigentlich nur gestohlen worden sein. Das hieß aber auch, daß die Gegend nicht ganz ungefährlich war.

Ohne Spaten blieb uns nichts anderes übrig, als an Ort und Stelle zu übernachten, weil das nächste Sandfeld schon im Scheinwerferlicht zu sehen war. Wir fuhren das Auto so gut es ging an den Straßenrand, kurbelten trotz der selbst bei Nacht unerträglichen Hitze die Fenster hoch und legten das Buschmesser griffbereit. Wenn ich jemals wirklich Angst gehabt habe, dann in dieser Situation.

Bei Tagesanbruch suchten wir noch einmal nach dem Spaten. Er blieb verschwunden. Wir gingen ins nächste Dorf und kauften einem Bauern, der uns völlig verständnislos anblickte, nach langem Verhandeln ein spatenähnliches Gerät ab. Es diente uns mehr zur seelischen Beruhigung. Denn mit einer Schaufelfläche von ca. 150 qcm war es für größere Einsätze kaum geeignet. Glücklicherweise benötigten wir es im weiteren Verlauf der Fahrt nicht, so daß dieses Werkzeug unser Talisman wurde.

Der Sand war am frühen Morgen noch feucht und daher besser befahrbar. Nur einmal blieben wir stecken. Kurz zuvor hatten wir in einem Dorf einen LKW überholt, der nun hinter uns anhalten mußte. Mindestens 25 Männer sprangen ab und waren für ein paar Zigaretten bereit, uns zu helfen. Glücklicherweise hatte ich in Aketi zwei Stangen gekauft. Wie immer saß ich am Steuer, da Thorsten im Aufspüren des möglichen Fahrtweges und im Zeichengeben einfach unschlagbar war.

Der Lastwagenfahrer forderte mich auf, auszusteigen. Ich dachte, er meine, ohne mein Gewicht ließe sich das Auto leichter schieben. Doch weit gefehlt. Er traute einer Frau nicht zu, ein Auto durch das Sandfeld zu fahren, und wollte sich selber ans Steuer setzen. Das ließ ich jedoch nicht zu. Denn die Gefahr, bei einer dieser Aktionen den Käfer "in den Sand zu setzen" war groß. Und wenn schon, dann wollte ich es jedenfalls selber tun. Eher mißmutig schob er mit an, war aber hinterher sichtlich von meinen Fahrkünsten beeindruckt.

Im Bewältigen ebenerdiger Sandstrecken hatten wir nun langsam Übung. Da mußte ein neuer Schwierigkeitsgrad hinzukommen: versandete Piste bergauf. Wir hatten bemerkt, daß viel Schwung notwendig war, um Tiefsandfelder zu überwinden. Für schnelle Bergauffahrten waren die 34 PS des Käfers allerdings nicht stark genug. Zudem war diesmal weit und breit keine Menschenseele zu sehen. Da kam Thorsten auf die Idee: "Wir fahren rückwärts und haben dadurch Vorderradantrieb." Gesagt, getan. Es klappte tatsächlich.

Der Dschungel lichtet sich

Gegen Mittag erreichten wir Bumba. Das einzig bewohnbare Hotel war belegt, die anderen wirklich unzumutbar. Das Fehlen eines Restaurants erstaunte uns schon nicht mehr. Da wir dringend Trinkwasser brauchten, fuhren wir zur Mission. "Für solche wie Sie gibt es irgendwo im Dorf einen Wasserhahn", entgegnete der belgische Missionar auf unsere Bitte und machte eine abfällige Handbewegung. Das war unverschämt, weil es in Afrika ein ungeschriebenes Gesetz gibt, daß niemandem Trinkwasser verwehrt werden darf, sofern man selber welches hat. Alle Afrikaner halten sich an diese Regel, nicht jedoch alle weißen katholischen Missionare.

In einem Lebensmittelgeschäft, das von einem Griechen geführt wurde, fragten wir nach einer Unterkunft. Er bot uns seinen Hof zum Zelten an, da er kein zusätzliches Zimmer hatte. Aber seine Dusche durften wir benutzen. Das war mehr, als wir erhofft hatten. Unser Gastgeber, der vor 25 Jahren mit seinen Eltern in den Kongo gekommen war, erzählte uns von der Entwicklung des Landes.

Der Kongo erlebte als belgische Kolonie in der ersten Hälfte dieses Jahrhunderts eine rasche wirtschaftliche Entwicklung, denn die Europäer hatten ein großes Interesse an den Bodenschätzen Kupfer, Diamanten, Kobald, Uran und anderen Edelmetallen, die hauptsächlich in einem etwa 300 km breiten Gürtel in der südlichen Provinz Shaba liegen. Das führte zur Konzentration der Bevölkerung in diesem Gebiet. Das riesige Landesinnere, das hauptsächlich aus Dschungel bestand, blieb bis heute praktisch unbesiedelt.

Mit 2.344.885 qkm ist Zaire nach dem Sudan und Algerien das drittgrößte afrikanische Land. Die natürlichen Bedingungen für eine gute Wirtschaftsentwicklung sind günstig. Hohe Niederschlagsmengen, Flüsse und Seen versorgen das Land reichlich mit Wasser und ermöglichen einen umfangreichen Fischfang. Darüber hinaus kann das Wasser zur Gewinnung elektrischer Energie genutzt werden.

Nach der Unabhängigkeit 1960 herrschten drei Jahre lang schwere Unruhen, die das Land ins Chaos stürzten. Sie führten schließlich sogar zum Eingreifen von UN-Streitkräften. Für die westlichen Industrienationen ist Zaire wegen seiner geographischen Lage im Herzen Afrikas von wichtiger strategischer Bedeutung. Außerdem spielen wirtschaftliche Interessen an den Bodenschätzen eine große Rolle.

1965 übernahm Generalleutnant Mobutu Sésé-Séko die Macht und ernannte sich zum Staatspräsidenten. Der diktatorisch regierende Mobutu legte den Schwerpunkt der wirtschaftlichen Entwicklung auf die weitere Erschließung der Bodenschätze und vernachlässigte die Förderung der Landwirtschaft und die Versorgung der Massen völlig.

Die riesigen Waldgebiete sind nur zu einem geringen Teil erschlossen, Raubbau herrscht vor, Wiederaufforstung wird praktisch nicht betrieben. Die Plantagenwirtschaft (Kaffee, Kakao, Ölpalmen, Kautschuk, Baumwolle, Tee, Zucker, Reis, Erdnüsse) wurde in den 60er Jahren völlig aufgegeben. Wie in Uganda produzieren die Bauern hauptsächlich für den Eigenbedarf. Dadurch müssen immer mehr Lebensmittel eingeführt werden. Die Verarmung der Bevölkerung schreitet voran; Mobutu jedoch gehört zu den reichsten Männern der Welt.

Ich verglich die Schilderungen unseres griechischen Gastgebers mit unseren Erfahrungen. Obwohl ich wirklich kein Neuling mehr war und Tanzania ebenfalls zu den wirtschaftlich ruinierten Ländern Afrikas gehört, begriff ich erst nach der Dschungeldurchquerung, was "...abgeschnitten von der Zivilisation, Zusammenbruch des Wirtschafts-, Verkehrs- und Versorgungsnetzes" in letzter Konsequenz für ein Land und dessen Bevölkerung bedeutet.

Die 2.500 km lange Dschungelpiste war die einzige damals befahrbare Landverbindung zwischen Ost- und Westafrika, da die sudanesischen Grenzen wegen Unruhen geschlossen waren und die Strecke über Bukavu nach Kisangani schon seit Monaten für alle Fahrzeuge gesperrt war. Dies erfuhren wir allerdings auch erst hier in Bumba. Wenn dann noch, wie in unserem Fall, eine eingestürzte Brücke den Weg per Schiff auf dem Zaire abschnitt, gab es in der Regenzeit keinen Überlandweg mehr.

Die Lkw, denen wir begegnet waren, konnten wir an zwei Händen abzählen. Kein einziges Mal hatten wir einen Bus gesehen. Wer es sich leisten kann, nimmt das Flugzeug. Die Landbevölkerung jedoch hat kaum eine Möglichkeit, von einer Stadt in die andere zu gelangen, es sei denn, auf dem Zaire, zu Fuß oder mit dem Fahrrad. Um so erstaunlicher, daß uns die Einheimischen auf die Frage, wieweit es zum nächsten Ort sei, immer genaue Kilometerangaben machen konnten.

Sicherlich hätten wir uns mit einem Geländefahrzeug mit Schlafmöglichkeit und ausreichender Verpflegung viele Strapazen erspart und wären einfach an den Problemen vorbeigerauscht, aber so hatten wir am eigenen Leib verspürt, was Dschungel heißt. Es war eine harte Erfahrung, aber wir waren froh, sie gemacht zu haben.

Nach Bumba wurde die Piste etwas besser, der Dschungel lichtete sich. Wir atmeten auf. Auch die Stadt Lisala lud nicht zum Bleiben ein. Die verfallenen, grauen Fassaden der Häuser aus der Kolonialzeit wirkten gespenstisch, und die Promenade am Ufer des Zaire sah trotz einiger Meter Asphaltstraße traurig und verlassen aus. Mit viel Phantasie konnten wir uns vorstellen, was für eine schöne Stadt Lisala einst gewesen sein mußte. Wie groß unsere Freude beim Erreichen des Grenzortes Gbadolite war, brauche ich wohl nicht zu beschreiben.

Allerdings bekamen wir hier noch einmal einen "Schock", weil wir 10 km vor Gbadolite eine ausgezeichnete Asphaltstraße vor uns sahen. Phantasierten wir schon? Der Ort selbst war hochmodern, einer europäischen Kleinstadt verlgleichbar. Wir waren sprachlos.

Aber irgendwie paßte auch das zu diesem verrückten Land. Wir erfuhren nämlich, daß Mobutu hier geboren wurde und die Hälfte des Jahres in dieser Stadt verbringt. Er hat sich eine Prunkstadt gebaut; der Großteil der Bevölkerung lebt dagegen unter ärmlichsten Bedingungen im Dschungel.

Unser Geld hatten wir diesmal genau gezählt, denn der Schreck von der Einreise saß uns noch in den Knochen. Doch zunächst einmal kostete es uns ziemliche Mühe, die Grenzstation überhaupt zu finden. Dieser kleine Grenzübergang wird nämlich kaum benutzt, da Waren fast ausschließlich auf dem Zaire transportiert werden und die wenigen Lastwagen die Grenzstationen Bangassou oder Zongo benutzen. Letztere liegt direkt gegenüber von Bangui, der Hauptstadt der ZAR (Zentralafrikan ische Republik), am linken Ufer des Ubangui. Wegen hoher Kriminalität hatte man uns von Zongo abgeraten. Außerdem sollte die Fähre über einen der zahlreichen Flüsse auf dieser Strecke außer Betrieb sein.

Nachdem wir mehrmals durch das ganze Dorf geirrt waren, ohne die Grenzstation zu entdecken, fragten wir. Man verwies uns auf eine klapprige Bretterbude. Die Beamten interessierten sich weder für unser Geld noch für die Devisenerklärung. Bereits nach zehn Minuten hatten wir alle Formalitäten erledigt und fuhren zum Ubangui, dem Grenzfluß zwischen Zaire und der ZAR. Mit einer Fähre setzten wir über. 50 DM für knapp zehn Minuten Fahrt war eine astronomische Summe. Die Fährmänner wußten ihre Monopolstellung auszunutzen.

Von Zentralafrika in den Sahel

Die Zentralafrikanische Republik

In einer winzigen Holzhütte saß ein Mann in Uniform. Er sah sich unsere Pässe an und gab sie uns zurück. Wir fragten ihn nach dem Immigration Office und der Zollstelle, wo wir unser Carnet abstempeln lassen mußten. Er zeigte auf eine weitere Bretterbude.

Wir gingen dort hin und standen vor verschlossenen Türen. Wir sagten dem Beamten, daß dort niemand sei, worauf er ganz ungerührt antwortete: "Heute ist Sonntag. Deshalb ist der Zöllner wohl nicht da. Den Einreisestempel bekommen Sie bei der Polizei im Dorf, für den Zoll müssen Sie morgen wiederkommen." Über solche Kleinigkeiten regten wir uns schon lange nicht mehr auf.

Wir fuhren erst einmal zur Polizei. Die Beamten waren sehr freundlich, konnten uns jedoch nicht helfen: "Der Officer mit dem Stempel ist nicht da, er kommt aber wohl gegen 12 Uhr. Ob er dann arbeiten wird, wissen wir nicht."

Wir hatten keinen Pfennig in der Landeswährung CFA (Zentralafrikanische Franc) und konnten uns nicht einmal einen Tee kaufen. Zairisches Geld oder Dollar wollte niemand tauschen. Es war doch immer wieder dasselbe. Entweder erreichten wir ein Land sonntags oder so spät abends, daß alle Banken geschlossen waren. Im besten Hotel einer größeren Stadt oder an einem internationalen Flughafen konnte man zwar auch sonntags und abends Geld wechseln, doch waren diese Plätze oft sehr weit vom Grenzort entfernt.

Im Ort gab es eine katholische Missionsstation. Wir fuhren dorthin, um Informationen über den Zustand der Straße Richtung Bangui einzuholen. Kurz vor 12 Uhr kehrten wir zur Polizei zurück. "Ja, der Immigration Officer war da, aber er arbeitet am Sonntag nicht. Sie können die Visa in Alindao, das 100 km von hier entfernt auf der Strecke nach Bangui liegt, bekommen", sagte uns ein Polizist. Wir trauten dem Frieden nicht und ließen uns vom ranghöchsten Beamten einen Brief mitgeben, in dem stand, daß wir uns bei der Polizei gemeldet und eine Einreisegenehmigung erhalten hatten. Das war sehr wichtig, denn ohne Visum im Paß hielten wir uns illegal im Land auf und hätten bei Polizeikontrollen in Schwierigkeiten geraten können.

In der Mission hatte man uns eindringlich davor gewarnt, ohne abgestempeltes Carnet weiterzufahren. Kurz vor Bangui sei nämlich ein ständiger Polizeiposten. Spätestens dort würden wir ohne ordnungsgemäß ausgefüllte Papiere unter Garantic zur

Grenze zurückgeschickt werden. Deshalb hatten wir uns bei der Polizei nach dem Wohnhaus des Zöllners erkundigt. Es stand neben der Bretterbude am Fähranleger.

Also zurück zum Fluß. Das Büro war nach wie vor geschlossen. Ich ging zum Haus. Nach mehrmaligem Rufen erschien der Beamte in Unterhemd und kurzer Hose. Er forderte uns auf, zu warten. Schließlich kam er - wir erhielten unsere Stempel. An das "Theater" an den Grenzen hatten wir uns inzwischen gewöhnt. Unter vier Stunden waren die Formalitäten selten zu erledigen. Und selbst dann mußten wir froh sein, daß es so schnell ging. "Es ist alles eine Frage der Zeit, und der Organisation."

Erneut änderte sich die Landschaft schlagartig. Wir fuhren durch hügeliges Buschland. Wieder in die Ferne blicken zu können, war eine richtige Erholung nach der grünen Mauer des zairischen Dschungels. Auch die Piste wurde entschieden besser. Bestanden in Zaire die Dörfer zum großen Teil aus viereckigen Hütten, so herrschte hier die Rundhüttenbauweise vor. Die Dörfer waren größer, die Menschen besser gekleidet. Auch versetzte sie unser Erscheinen nicht in so großes Erstaunen wie im Nachbarland. Ein bißchen vermißten wir die winkenden Leute am Straßenrand.

In Alindao bekamen wir die Visa. Allerdings konnten wir die Gebühren nicht in CFA bezahlen. Da die Polizisten bei ihrer Behauptung blieben, sie könnten auf unsere französischen Francs (FF), die sie gern nahmen, kein Wechselgeld herausgeben, überließen wir ihnen nach längerer Diskussion den Rest der 50 FF als Trinkgeld. Denn wir wollten unbedingt an dem Tag noch bis nach Bangui kommen.

Doch schon kurz hinter Alindao bekamen wir zum erstenmal Probleme mit dem Käfer. Der Motor fing an zu stottern. Wir wechselten den Filter, den wir wegen des häufig stark verschmutzten Benzins in den Benzinschlauch eingebaut hatten. Dann reinigten wir notdürftig den Luftfilter und Vergaser. Der ganze Motor war durch Schlamm und Staub verschmutzt. Ich redete "Käferchen" gut zu, es doch bitte bis Bangui zu schaffen. Als Belohnung versprach ich ihm einige Tage "Urlaub" und eine gründliche Motorreinigung.

Aufgrund der Zwangspause mußten wir in Bambari übernachten und erreichten die Hauptstadt Bangui erst am darauffolgenden Nachmittag. Hier blieben wir vier Tage, weil der Käfer den versprochenen "Urlaub" brauchte - und einer Grundreinigung bedurfte; nicht nur er, sondern auch wir und unsere gesamte Wäsche. Außerdem hatten wir uns hier mit Klaus und Hans Jürgen

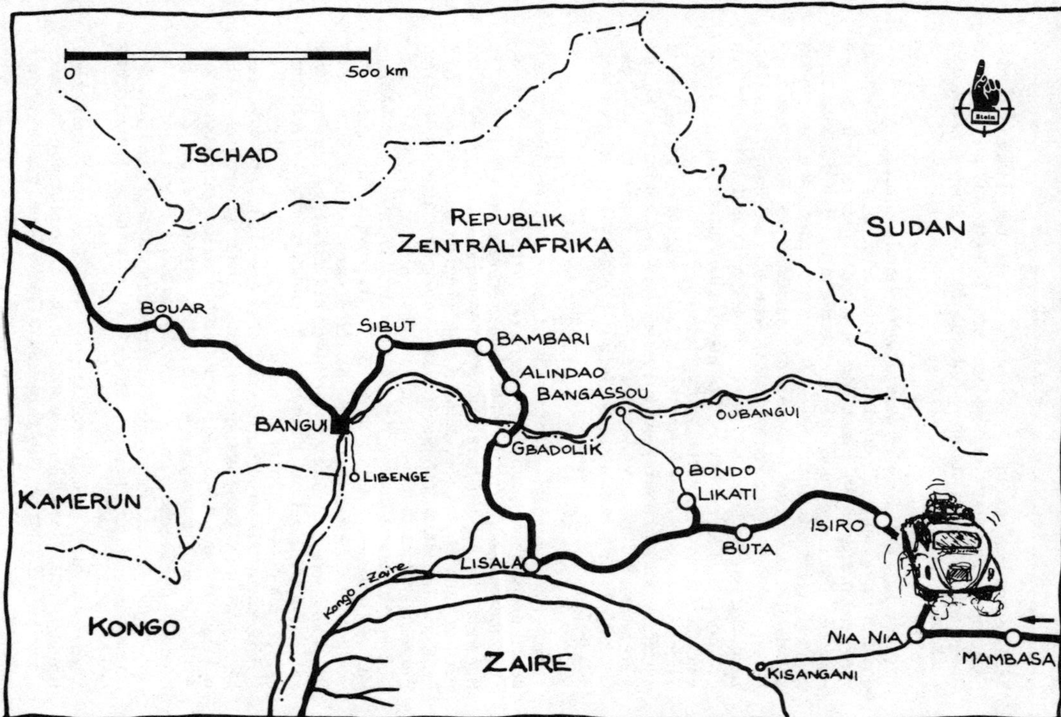
0
500 km
TSCHAD
REPUBLIK
ZENTRALAFRIKA
SUDAN
BOUAR
SIBUT
BAMBARI
ALINDAO
BANGASSOU
OUBANGUI
BANGUI
GBADOLIK
LIBENGE
BONDO
LIKATI
ISIRO
BUTA
KAMERUN
LISALA
Kongo - Zaire
KONGO
ZAIRE
NIA NIA
MAMBASA
KISANGANI

verabredet. Sie waren aber noch nicht in der Stadt. Bei der Deutschen Botschaft lag jedoch ein Telegramm für uns aus Kisangani, auf dem sie ihre Ankunft für den übernächsten Tag ankündigten.

Gemütlich auf der Terrasse unseres Hotels sitzend, mit Blick auf den ruhig dahin fließenden Ubangui, erholten wir uns langsam von den Strapazen in Zaire. Mit Schaudern dachten wir an den endlosen Dschungel und die fürchterlichen Pisten zurück. Jetzt gestanden wir uns auch unsere Angst ein: Jeder hatte insgeheim auf das Schlammloch gewartet, das das Ende der Fahrt bedeutet hätte, oder auf einen von uns nicht behebbaren Schaden am Fahrzeug. Wir waren stolz auf unser kleines Auto und verliehen ihm den Ehrentitel "L'elephant de la piste", eine Aufschrift, die uns an den klapprigen Lastwagen so gut gefallen hatte.

Unsere Freude über gutes Essen und ein bißchen Luxus wurde durch die schwindelerregenden Preise stark gedämpft. Die Supermärkte waren zwar voller Waren, aber es handelte sich ausschließlich um Lebensmittel, die aus Frankreicheingeflogen worden waren.

Seit 1894 war das Gebiet der heutigen ZAR fester Bestandteil des französischen Kolonialreiches. 1958 erreichte es die Autonomie innerhalb der Französischen Gemeinschaft, und der Priester B. Boganda, der zu den herausragenden politischen Persönlichkeiten Afrikas gehört, wurde zum ersten Regierungschef der ZAR ernannt. Im darauffolgenden Jahr verunglückte er bei einem Flugzeugabsturz tödlich.

Zum Staatspräsidenten des im August 1960 in die Unabhängigkeit entlassenen Landes wurde David Dacko gewählt. Unter ihm wurde in der ZAR das erste Einparteiensystem Afrikas eingeführt. Die Landwirtschaft blieb unterentwickelt, nennenswerte Industrie gab es nicht. Das Land konnte seine Abhängigkeit vom Auslandskapital bis heute nicht beseitigen.

Mit einem Militärputsch begann 1966 die 14jährige Schreckensherrschaft des Generalstabschefs der Streitkräfte Jean Bedel Bokassa. Bokassa übte eine von Grausamkeiten gekennzeichnete Willkürherrschaft aus. Im Dezember 1976 erklärte er die ZAR zum "Zentralafrikanischen Kaiserreich" und krönte sich ein Jahr später selbst zum Kaiser. Frankreich unterstützte Bokassa zunächst. Der Hauptgrund dafür lag in strategischen und wirtschaftlichen Interessen.

Als sich aber die Terroraktionen Bokassas, vor allem auch Kindermorde, ausweiteten, wurde er mit Unterstützung französischer Fallschirmjäger 1979 gestürzt. Dacko kam wieder an die

Macht. 1981 übernahm General André Kolingba nach einem Staatsstreich die Führung. Der gesamte Exportmarkt wird von französischen Handelsgesellschaften kontrolliert. Zwar wird die Produktionssteigerung des Hauptausfuhrgutes Baumwolle gefördert, aber andere Exportprodukte wie Kaffee, Tabak, Holz und Diamanten haben sich von den Produktionsrückgängen der letzten Jahre nicht erholen können.

Nachdem wir auch mehrmals französische Soldaten in Uniform in der Stadt gesehen hatten, bekamen wir den Eindruck, in einer französischen Kolonie zu sein. Einige Tage später hatten wir in Bouar, einem Ort in der Nähe der Grenze zu Kamerun, ein sehr informatives Gespräch mit zwei französischen Soldaten. Sie berichteten, daß ihre Truppen in einer Stärke von etwa 1.500 Mann permanent in der ZAR stationiert seien. Ihre Zahl war zum Zeitpunkt unserer Reise allerdings vorübergehend verdoppelt worden, weil libysche Truppen in den Tschad einmarschiert waren. Die Franzosen warteten in der ZAR auf einen möglichen Einsatz im "Tschad-Krieg".

In Bangui hatten wir unser erstes unangenehmes Zusammentreffen mit der Polizei. Als wir aus einer Seiten- auf die Hauptstraße abbogen, stand dort eine Polizistin, die den Verkehr regelte. Sie fuchtelte mit ihrer Hand wild und unverständlich in der Luft herum. Wir entschieden uns für die Auslegung "Weiterfahrt". Kurz darauf hielten Thorsten und ich vor einem Café in derselben Straße an.

Plötzlich kam die Polizistin völlig aufgeregt zu uns und beschimpfte uns fürchterlich: "Sie sind in der falschen Richtung aus der Einbahnstraße herausgekommen und haben mein Zeichen zum Anhalten mißachtet." Führerschein und Pässe, die sicher im Hotel-Safe lagen, wollte sie auch sehen. Umgerechnet 100 DM sollten wir für unser Vergehen zahlen. Nach einem heftigen Wortgefecht in mehreren Sprachen weigerten wir uns strikt, ihrer Forderung nachzukommen, worauf sie fluchend abzog. Ein Schild "Einbahnstraße" hatten wir wirklich nicht gesehen, und sicherlich gab es auch keines.

Wir kehrten zum Hotel zurück, um die Papiere zu holen. Auf dem Weg dorthin kamen uns zwei bekannte "Helme" entgegen: Es waren Klaus und Hans Jürgen. Sie berichteten uns begeistert von der Flußfahrt auf dem Zaire, womit sie sich 1.000 km Horrorstrecke erspart hatten.

Am Nachmittag fuhren wir noch einmal in die Stadt. Den Vorfall mit der Polizei hatten wir inzwischen vergessen. Ich wartete im Auto vor der Post, als ein Polizist zielstrebig auf mich zukam. "Sie sollen zum Polizeipräsidenten kommen, weil Sie vorhin in einer Einbahnstraße in die verkehrte Richtung gefahren sind und keine Papiere bei sich hatten." Ich tat so, als verstünde ich nichts und lächelte den Beamten nur freundlich an. Je nach Lage verstanden wir französisch oder auch überhaupt nichts.

Als Thorsten zurückkam, erzählte ich ihm, was los sei. Er sprach mit dem Polizisten. Dieser zeigte auf die vor uns liegende Straße und sagte: "Hier sind Sie vorhin falsch gefahren." Mit gutem Gewissen konnte Thorsten das verneinen, da es eine andere Straße gewesen war. Der Polizist entschuldigte sich freundlich und verabschiedete sich mit den Worten: "Dann hat sich mein Chef wohl geirrt." Hoffentlich war nun Ruhe. Es gab so wenige Autos in Bangui und so viele Polizisten, daß wir den Käfer beim besten Willen nicht verstecken konnten. Aber wieder einmal hatten wir Glück.

Außer guten Pisten hatte die ZAR wirklich wenig zu bieten. Die gesamte Strecke bis zur Grenze führte durch Buschland, unterbrochen von kleinen Dörfern, einigen Maniok- und Baumwollfeldern. Die Boali-Wasserfälle in der Nähe von Bangui, die in der Regenzeit sehr eindrucksvoll sind, führten kaum Wasser. Dort trafen wir ein englisches Paar mit einem alten VW-Bus, mit denen wir Informationen austauschten.

Schnell hatten wir allerdings gelernt, daß die Erfahrungen anderer nicht immer der Wirklichkeit aus der "Sicht" eines Käfers entsprachen. Oft wunderten wir uns, wie das möglich war. Aber es ist schon ein Unterschied, ob man Pisten mit einem Geländewagen oder Lastwagen oder mit einem Käfer bereist. Für viele war es auch die erste Reise nach Afrika, und keiner war bislang durch Zaire gefahren. So bezeichneten andere Reisende Pisten als sehr schlecht, die wir nach Zaire für gut hielten.

An der Grenze nach Kamerun gab es keine Probleme. In den meisten ehemaligen französischen Kolonien ist die Währung der CFA. Dieser ist frei konvertierbar. Daher gibt es in diesen Ländern keinen Devisenschwarzmarkt, weshalb wir auch keine Devisenerklärung brauchten. Das war sehr angenehm.

Kamerun

Auf der Berliner Konferenz von 1884 wurde Kamerun dem deutschen Kaiserreich zugesprochen. Während des Ersten Weltkrieges besetzten Briten und Franzosen das Land. So entstanden aus der ehemaligen deutschen Kolonie ein britisches (20% des Landes) und ein französisches Mandatsgebiet. Frankreichs Teil von Kamerun wurde 1960 unabhängig, im englischen Treuhandgebiet wurde 1961 eine Volksbefragung durchgeführt, wobei sich der Norden für den Anschluß an Nigeria und der südliche Teil für Kamerun entschied.

Neben den Folgen der kolonialen Ausbeutung und Unterdrückung wurden Probleme wie Unterentwicklung der Industrie und Landwirtschaft, fehlende Infrastruktur, Analphabetentum etc. zusätzlich durch Integrationsschwierigkeiten der beiden Bundesstaaten verstärkt, denn das Gefälle zwischen dem unterentwickelten Norden und dem recht gut entwickelten Süden ist groß. Zudem gibt es in Kamerun über 200 ethnische Gruppen.

1972 wurde die Bundesrepublik Kamerun aufgelöst und ein Einheitsstaat mit einem Präsidialregime geschaffen. So konnten wesentliche - auf dem Stammesbewußtsein beruhende und daher regionale - Differenzen zurückgedrängt und Spannungen zwischen dem englisch- und dem französischsprechenden Teil verringert werden. Diese Politik sicherte in den siebziger Jahren eine relativ stabile ökonomische und politische Entwicklung.

Das französische Kapital verfügt immer noch über wichtige Positionen in der Wirtschaft. Frankreich blieb wichtigster Handelspartner und Kreditgeber. Durch einen Ausbau der Wirtschaftsbeziehungen zu anderen Ländern versucht die Regierung, größere Unabhängigkeit von den Franzosen zu erreichen. Heute ist Kamerun ein entwickeltes Agrarland mit einer relativ gut ausgebauten Verarbeitungsindustrie. Die reichen Rohstoffreserven wie Bauxit, Erdöl und Gold werden zunehmend abgebaut und verarbeitet.

Die Regierung unter Präsident Paul Biya ist bemüht, eine ausgewogene Förderung der einzelnen Wirtschaftszweige vorzunehmen. Besonderes Gewicht wird nach wie vor auf die Entwicklung der Landwirtschaft gelegt. Der Anteil der Exportkulturen wie Kaffee, Kakao, Baumwolle, Bananen und Holz soll erhöht, die Selbstversorgung mit Hirse, Maniok, Weizen und Mais sichergestellt werden. Auch bei der Industrialisierung hat Kamerun sichtbare Erfolge erzielt. 25 % des Bruttoinlandsprodukts (BIP) werden bereits vom industriellen Sektor produziert.

Die vielfältigen sozialen Probleme bleiben jedoch bestehen. Trotz permanenten Wachstums des BIP sinkt das Realeinkommen der Bevölkerung. Landflucht und Arbeitslosigkeit sind die Folge. Dennoch hatten wir in Kamerun zum ersten Mal seit Kenya wieder das Gefühl, daß sich etwas bewegte, die Entwicklung voranging und nicht rückwärts.

Feierlich nahmen wir die Michelin-Karte von West- und Nordafrika in Gebrauch. Genau einen Monat waren wir nun unterwegs, und 5.186 km lagen schon hinter uns. Über eine sehr staubige

"Wellblech"-Piste fuhren wir durch Nordkamerun. Diese Pisten sind ausgesprochen unangenehm. Der Sand hat durch das Befahren von Lastwagen Wellen gebildet, die steinhart sind und einem Waschbrett oder eben Wellblech ähneln. Dadurch vibriert das gesamte Fahrzeug fürchterlich und droht auseinanderzufallen.

Bei jedem Erfahrungsaustausch mit anderen Reisenden ging es unweigerlich um die Frage: "Ist das Wellblech bei niedriger oder bei hoher Geschwindigkeit erträglicher?" Bei schneller Fahrt "fliegt" man praktisch über die Wellen. Das ist zwar vergleichsweise angenehm, belastet jedoch das Fahrzeug sehr stark und birgt die Gefahr des Schleuderns in sich. Bei 20-30 km/h nimmt man jede Welle mit und fühlt sich wie eine Schnecke.

Wir hatten keine festen Regeln. Kleine Wellen nahmen wir im Flug, große fuhren wir aus, und wenn wir ungeduldig wurden, erzählte Thorsten immer die Geschichte eines Bekannten, der vor einigen Jahren eine Saharadurchquerung abgebrochen hatte, "weil das Fahrzeug nicht auf die richtige Frequenz gekommen war". Langsam hatten wir für jede Situation den richtigen Spruch.

Kurz nach Einbruch der Dunkelheit erreichten wir Ngaoundéré. Hier herrschte Hochbetrieb auf den Straßen. Alle Geschäfte und kleinen Verkaufsstände am Straßenrand, die mit ihren Kerosinleuchten sehr malerisch wirkten, waren geöffnet. Weil 45% der Bevölkerung Moslems sind - sie wohnen hauptsächlich im Norden des Landes - wirkte auch das Stadtbild von Ngaoundéré sehr islamisch. Die Männer trugen weite, lange Gewänder und die typischen, reich bestickten, moslemischen Kappen auf dem Kopf.

Wie überall in Afrika spielte sich auch hier das Geschäftsleben hauptsächlich auf der Straße ab. Wir schlenderten über den Markt. In den engen Gassen reihte sich ein Verkaufsstand an den anderen.

Auf dem Weg nach Norden wurde die Vegetation zusehends karger. Das Thermometer kletterte wieder über 40 Grad; im Gegensatz zu Zaire war es aber eine sehr trockene Hitze. Besonders begeisterten uns die Dörfer in der alten kamerunischen Bauweise, die es nur hier im Norden gibt. Jede Großfamilie hat ihr eigenes, aus mehreren Rundhütten bestehendes kleines Dorf. Der ganze Komplex ist mit geflochtenen Strohmatten oder Lehmmauern eingegrenzt, so daß nur die Dachspitzen zu sehen sind. Überall stehen große Getreidespeicher aus Strohmatten oder Lehm, die mit einem Deckel verschlossen werden.

In diesen regenarmen Regionen werden vorwiegend Hirsesorten angebaut, denn lange Trockenperioden, die hier nicht ungewöhnlich sind, schaden der Hirse kaum. Mais dagegen braucht regelmäßigere Regenzeiten, um zu gedeihen. Die großen Speicher sind

0
500 km
Stolz
NDJAMENA
WAZA
NAT. PARK
KAPSIKI-GEBIRGE
ROUMSIKI
MAROUA
GUIDER
GAROUA
NIGERIA
TSCHAD
BENOUE
NATIONAL-
PARK
NGAOUNDÉRÉ
MEIGANGA
TIBATI
BOUAR
BAMENDA
MAMFÉ
BAFOUSSAM
BAFIA
NTUI
REPUBLIK
ZENTRAL-
AFRIKA
YAOUNDÉ
KAMERUN
ATLANTISCHER
OZEAN
GUINEA
GABUN
KONGO

so konstruiert, daß die Ernte bis zu drei Jahren darin aufbewahrt werden kann, ohne zu verrotten.

Die Freundlichkeit der Kameruner erinnerte mich an die der Tanzanier. Als wir dem Kellner in einem kleinen Dorfrestaurant ein Trinkgeld gaben, wollte er es uns zurückgeben. Wir erklärten ihm, es sei ein Dank für das gute Essen. Da behielt er es gern.

Beim Durchfahren des nächsten Dorfes sahen wir hochgewachsene, schlanke Männer in langen bunten Gewändern, die merkwürdige Bällchen auf dem Kopf trugen. Bevor wir anhalten konnten, waren sie hinter einem Haus verschwunden. Wir fragten einen Dorfbewohner, zu welchem Stamm sie gehörten. "Es sind Bororo, die mit ihren Viehherden hier im Busch leben", antwortete er uns. Wir bedankten uns für die Auskunft und fuhren weiter.

Ein paar Kilometer entfernt stand eine weitere Gruppe Nomaden am Straßenrand. Kunstvollere und raffiniertere Frisuren hatte ich noch nie gesehen. Das lange krause Haar war in der Mitte gescheitelt. Auf der Stirn und an der einen Kopfhälfte war es zu Pompons unterschiedlicher Größe zusammengebunden. Die Haarspitzen steckten in kleinen glänzenden Metallröhrchen. Ob es Pfeilspitzen waren, konnte ich nicht genau erkennen. Unzählige kleine Zöpfchen, in die bunte Bänder eingeflochten waren, bildeten das Gegengewicht zu den "Bommeln".

Dieses Grundmuster wiederholte sich bei den Frisuren aller Männer. Einer hatte als zusätzliche Verzierung noch Federn ins Haar gesteckt, ein anderer jeden Zopf mit einer "Pfeilspitze" geschmückt. Es war ein so großartiger Anblick, daß ich ein Foto machen wollte. Von der unverschämten Methode "Draufhalten - losknipsen - weiterfahren", die ich leider oft bei Touristen beobachtet hatte, halte ich überhaupt nichts. Nach Möglichkeit bat ich daher die Leute vorher um Genehmigung. Auf Märkten war es natürlich unmöglich, jeden einzelnen zu fragen. In solchen Situationen suchte ich mir ein ruhiges Plätzchen, setzte mich erst einmal eine Weile dorthin und benutzte dann ein Teleobjektiv. Sehr oft verzichtete ich auch auf ein Bild, weil ich das Zücken des Fotoapparates in dem Moment für unangebracht hielt.

Mit einer Polaroidkamera hatte ich in Tanzania sehr gute Erfahrungen gemacht, weshalb ich sie auf die Reise mitgenommen hatte. Wir holten sie aus dem Gepäck und sprachen die Männer an. Sofort bildete sich ein Menschenpulk um uns. Ein für die ländliche Gegend viel zu vornehm gekleideter Kameruner drängte sich zwischen Thorsten und die Nomaden und übernahm die "Preisverhandlungen". Umgerechnet 30 DM sollten wir für ein Foto bezahlen. Wir waren uns ziemlich sicher, daß er das Geld einstecken wollte und die Bororo das Nachsehen hätten, ließen ihn einfach stehen und fuhren weiter. Am Ende des Dorfes standen wieder Bororo. Wir hielten an, die Nomaden bekamen ein Polaroidbild und wir unsere Fotos. Sie freuten sich sehr über das Bild.

Unser nächstes Ziel war Garoua, eine moderne Industriestadt in Nordkamerun, die 1896 von Deutschen gegründet worden war. Hierher waren wir von einem Kollegen unserer Entwicklungshilfeorganisation eingeladen worden. Wir waren froh über diese Anlaufstelle. Herr Scheckenbach gab uns den Tip, einen Abstecher ins Kapsiki-Gebirge zu machen, und half uns bei der Beschaffung einiger Ersatzteile. Zwei Reifen waren unterwegs von Steinen zerfetzt worden und mußten ersetzt werden, denn ohne Reserveräder war die Weiterfahrt zu riskant. Fast 400 DM zahlte ich dafür und konnte noch froh sein, sie überhaupt aufgetrieben zu haben, da sie aus Europa eingeführt werden mußten, weil es im Land keine Reifenproduktion gibt.

Auf dem Weg ins Kapsiki-Gebirge überquerten wir riesige ausgetrocknete Flußbetten, in denen Einheimische nach Wasser gruben. In der Regenzeit verwandeln sich diese Täler in reißende Flüsse, aber jetzt war die Gegend trocken und öde. Wir waren bereits am Rand der Sahelzone angelangt. Zwischen gewaltigen Geröllbergen tauchten immer wieder Hütten auf. Im Schatten ihrer Strohdächer saßen Männer und spannen Baumwollgarn. Als wir in dem kleinen Dorf Romsiki anhielten, wurden wir sofort von Kindern umringt, die sich als Führer anboten. Auch hier ist der Tourismus nicht mehr unbekannt.

Wir wählten einen der Jungen als Führer, einem zweiten vertrauten wir unser Auto an. Diese Methode funktionierte immer. Wir machten dem Jungen vorher in aller Deutlichkeit klar, daß nur er allein für die Sicherheit des Fahrzeugs verantwortlich sei. Dann merkten wir uns sein Gesicht und seine Kleidung. Anderenfalls stehen hinterher viele kleine "Bewacher" da und wollen Geld haben, und man weiß nicht mehr, wem man es geben muß. Im Schlepptau etwa 20 Kinder, von denen jedes uns etwas verkaufen wollte, gingen wir dann durch das Dorf.

Von einem Aussichtspunkt blickten wir auf die bizarren Felsformationen des Gebirges, dessen Gipfel, von Regen und Wind ausgewaschen, aus den Steinmassen herausragten. Der kleine Führer brachte uns auch zu einem Medizinmann, dem wir gegen ein geringes Entgelt, das wir vorher vereinbarten, eine Frage stellen konnten. Natürlich fragten wir nach dem Ausgang der Reise. In einer Tonschale, die mit Sand gefüllt war, breitete er einige Tonscherben aus und setzte einen Krebs hinein. Dann nahm der Zauberer ein Zupfinstrument und begann, eine Zaubermelodie zu spielen. Als er den Deckel wieder abnahm, lagen die Scherben anders da als vorher.

Aus der Lage der Tonstücke und den Spuren des Krebses las der Medizinmann das Ergebnis ab: "Die Reise wird erfolgreich verlaufen. Außer einigen platten Reifen und etwas Kopf- und Magenschmerzen ist nichts zu befürchten", verkündete er uns. Er sollte recht behalten. Wir fragten den Jungen, ob dieser Medizinmann nur für Touristen die Zukunft vorhersage. "Nein, hauptsächlich kommen Einheimische, um ihn um Rat zu bitten", erzählte er uns. Der Unterschied besteht wohl hauptsächlich im Preis für die Antwort und im Glauben daran.

Magie, Zauberei, Geisterbeschwörung und Verhexung spielen noch heute eine zentrale Rolle im Leben der Afrikaner, vor allem in Schwarzafrika. Diese Welt bleibt jedoch Europäern selbst nach jahrelangem Aufenthalt auf diesem Kontinent in ihrem gesamten Ausmaß verschlossen.

Nach unserem Abstecher in den Norden fuhren wir weiter in Richtung Westkamerun. Kurz nach Einbruch der Dunkelheit erreichten wir den kleinen Ort Tibati. Die Motorradfahrer waren kurz vor uns angekommen und unterhielten sich mit Atze und Ferdinand, zwei Deutschen, die in Kamerun leben und die sie in einem Restaurant getroffen hatten.

Beim Anblick des Käfers gaben sie uns den Tip, nicht direkt über Banyo nach Bamenda, unserem nächsten Ziel, zu fahren, sondern lieber den relativ großen Umweg über Ntui, kurz vor der Hauptstadt Yaoundé, und Bafia in Kauf zu nehmen. Auf der direkten Strecke würde der Käfer nämlich wegen der fürchterlichen Wellblechpiste arge Probleme bekommen, meinten sie. Wieder einmal hatten wir über dieselbe Route zwei völlig verschiedene Meinungen gehört. Eine Entscheidung fiel schwer. In diesem Fall vertrauten wir Atze, zumal er Automechaniker war und deshalb vielleicht die Fähigkeiten des Käfers ganz gut beurteilen konnte. Außerdem wollten wir das Fahrzeug so wenig wie möglich belasten.

Beim Abendessen in einem kleinen Restaurant sprach uns ein Einheimischer in fließendem Deutsch an. Wir waren reichlich erstaunt. Er erzählte uns, daß er Medizin studiere und zur Zeit in Deutschland lebe. Mit seiner deutschen Frau, einer Ärztin, plane er, nach Beendigung seines Studiums nach Tibati zurückzukommen, um dort eine Praxis zu eröffnen. Wir unterhielten uns mit ihm angeregt und verbrachten einen netten Abend miteinander.

Es ist durchaus keine Seltenheit, deutschsprechende Schwarzafrikaner zu treffen. Die Zusammenarbeit vieler afrikanischer Regierungen mit den beiden deutschen Regierungen in Bonn und Ostberlin im Bereich der Ausbildung ist recht weit entwickelt, so daß jedes Jahr Afrikaner zum Studium oder zu Fortbildungskursen an Universitäten und Institute der BR Deutschland und der DDR gehen. Deshalb sollte man nie im Beisein von Afrikanern, vor allem nicht an Grenzen, über sie oder die Regierungen schimpfen, weil das unter Umständen unangenehme Folgen haben kann.

Die Nacht verbrachten wir in der Mission Tibatis, weil das einzige Hotel keinen bewachten Parkplatz hatte und Atze uns dringend davon abgeraten hatte, das Auto vor der Tür stehenzulassen. Er kannte den Missionar und begleitete uns. Wir wurden freundlich empfangen und konnten in der Mission übernachten.

Landschaftlich lohnte sich der Umweg über Ntui. Es wurde wieder tropischer und grüner; die Strecke war recht hügelig, so daß wir einen herrlichen Blick auf die weiten Waldflächen hatten. Große Teakbaumplantagen säumten den Weg. Der tropische Regenwald kurz vor Yaoundé erinnerte uns an den Dschungel in Zaire, auch wenn er längst nicht so dicht und bedrohlich war. Ein melodisches Konzert unzähliger Vogelstimmen und viele bunte Schmetterlinge begleiteten uns.

Mit den Motorradfahrern hatten wir uns für den Abend im besten Hotel von Obala kurz vor Yaoundé verabredet. Wir waren vor ihnen in Tibati aufgebrochen und wunderten uns, daß sie uns nicht eingeholt hatten. Denn in der Regel waren sie schneller als wir.

Kurz vor Anbruch der Dunkelheit erreichten wir Ntui. Hier mußten wir, um in das noch 40 km entfernte Obala zu gelangen, mit einer Fähre über den Fluß setzen. Im Ort wurden wir von einem Polizisten gestoppt, der sagte, die letzte Fähre ginge um 18 Uhr. Wir rasten zum Fluß, weil es zehn Minuten vor sechs war. Es fuhr jedoch keine Fähre, da sie seit einigen Stunden wegen Motorschadens außer Betrieb war. "Morgen früh ist das Boot wieder in Ordnung", erklärte uns der Fährmann.

Dieser Auskunft trauten wir zu Recht nicht. Also fragten wir mehrere Leute, ob es einen anderen Weg gäbe, auf dem wir noch am gleichen Tag Obala erreichen könnten. Von allen erhielten wir dieselbe Antwort: "Unmöglich. Das geht nur über Bafia und das sind 200 km." Selbst bei "günstigsten" Straßenbedingungen würden wir bei Dunkelheit sicher fünf Stunden brauchen, und "günstigste Bedingungen" gab es nie.

Zwangsläufig mußten wir in Ntui bleiben. Dies war nicht ganz unproblematisch, weil es kein Hotel gab. In solchen Situationen wünschten wir uns immer ein größeres Auto mit Schlafmöglichkeit. Wir hatten bei der Fahrt durch das Dorf ein Schild "Katholische Mission" gesehen und fuhren dorthin. Eine weiße Ordensschwester begrüßte uns sehr freundlich. Wir bekamen ein schönes Zimmer, Tee und etwas zu essen. Das Auto durften wir in der Garage parken. Alle Schwestern waren sehr nett, und wir unterhielten uns eine Weile mit ihnen über Kamerun und ihre Arbeit. Anschließend gingen wir noch einmal in den Ort, um nach den Motorradfahrern Ausschau zu halten. Niemand hatte sie gesehen. Wir hinterließen Nachrichten bei der Polizeistation und in zwei kleinen Läden an der Hauptstraße, die bis spät in die Nacht geöffnet hatten.

Am nächsten Morgen fuhren wir nach einem guten Frühstück in der Mission sofort nach Ntui: von den "Pikis" - den Motorradfahrern - keine Spur. Wir fuhren zur Fähre weiter, die natürlich nicht in Betrieb war und hinterließen auch hier eine Nachricht. So ein Mist. Wo waren unsere Freunde nur? Wir machten uns schnell auf den Weg, um sie vielleicht noch in Obala am verabredeten Ort zu treffen.

Kurz vor Bafia hörten wir plötzlich ein dumpfes Klackern am Auto. Zuerst konnten wir nichts feststellen, aber es klang nicht gut. Bei der zweiten Inspektion entdeckten wir, daß die rechte hintere Stoßdämpferaufhängung gerissen war. Der Stoßdämpfer berührte bei jeder kleinen Bodenwelle die Erde. Weil es bis Bafia nicht mehr weit war, fuhren wir vorsichtig weiter. An einer Tankstelle im Ort montierte Thorsten über einer Grube den Stoßdämpfer aus. Eine Reparatur war nicht möglich, da es in ganz Bafia kein Schweißgerät gab.

Was tun? Wir wußten mit Sicherheit, daß die Straße bis Bamenda asphaltiert war. Dagegen hatten wir über die Strecke Bafia-Obala keine genauen Angaben. Sollten wir den Umweg mit dem Risiko machen, am Ende in Obala unsere Freunde nicht zu treffen, oder sollten wir direkt nach Bamenda fahren? Warteten Klaus und Hans Jürgen doch in Obala und machten sich Sorgen? Aber warum waren wir ihnen dann nicht begegnet? Den Ausschlag, nach Bamenda zu fahren, gab die Information von Atze, daß es dort die einzige Autowerkstatt in Kamerun gebe, die mit Sicherheit Ersatzteile für VW-Käfer und viel Erfahrung mit diesem Fahrzeugtyp habe.

Bevor wir aber weiterkamen, hatten wir noch ein recht aufregendes Erlebnis mit der Polizei. Um nach einem Restaurant zu fragen, hielten wir an einer Kreuzung in Bafia, als wild hupend ein Zivilfahrzeug von hinten angerast kam. Thorsten winkte es ziemlich energisch vorbei. Das Auto stoppte, wir sahen einen Mann in Uniform. Dummerweise hatten wir den Polizeikommandeur der Stadt erwischt. Er schimpfte und tobte fürchterlich, alarmierte über Sprechfunk zwei Polizisten und ließ uns, ohne daß wir eine Erklärung abgeben konnten, ins Polizeirevier abführen, das gleich auf der anderen Straßenseite lag.

Hier wurden uns die Pässe abgenommen, und es passierte drei Stunden lang gar nichts. Uns war recht mulmig zumute. Über afrikanische Polizeistationen und vor allem über die Gefängnisse hatten wir nichts Gutes gehört. Aus eigener Erfahrung wußten wir zudem, wie willkürlich das Recht ausgelegt wird. Das Schlimmste war jedoch, daß kein Mensch wußte, wo wir waren. Unter dem Vorwand, frische Luft zu schnappen, verließ ich das Gebäude und stellte ich mich an die Straße, in der Hoffnung, daß Hans Jürgen und Klaus oder andere Europäer vorbeifahren würden. Doch niemand kam vorbei.

Um 15 Uhr wurden wir vorgeladen. Zuerst bekamen wir eine gehörige Standpauke, glücklicherweise auf Englisch. "Was fällt Ihnen eigentlich ein, mitten auf der Straße anzuhalten und mit wilden Handbewegungen den Verkehr zu stören", schimpfte der Polizeikommandeur. Er machte unsere Handzeichen nach, indem er die Hand von oben nach unten und umgekehrt bewegte. Das ist in Afrika das Zeichen für "Anhalten", beispielsweise beim Trampen. Diese Geste hatten wir zwar nicht benutzt, aber jetzt sahen wir eine Möglichkeit für eine Ausrede.

Ich erklärte ihm, wir hätten ihn anhalten wollen, um nach einem Restaurant zu fragen. Als er weiterfuhr, hätten wir ihn vorbeigewinkt, wie das in Deutschland üblich sei. Ob er uns diese Geschichte glauben würde?

Plötzlich wurde er sehr freundlich. "Dann liegt wohl ein Mißverständnis vor", meint er. Wir unterhielten uns über das leider oft schlechte Verständnis und die Kulturunterschiede zwischen den Afrikanern und Europäern. Dann rief er einen Polizisten herein und schickte ihn mit uns zum besten Restaurant der Stadt. Von dieser Geste waren wir sehr beeindruckt. Allerdings war dieses Verhalten für einen afrikanischen Beamten sehr untypisch und darf auf keinen Fall zu der Auffassung verleiten, überall gehe es in ähnlichen Situationen so glimpflich ab.

Sehr vorsichtig fuhren wir in Richtung Bamenda weiter. Das Fehlen des Stoßdämpfers machte sich vor allem in den Kurven bemerkbar, doch glücklicherweise war die Asphaltstraße in einem sehr guten Zustand.

In Bamenda fuhren wir die zahlreichen guten Hotels der Reihe nach ab und erhielten erfolglos nach zwei Motorrädern Ausschau. Am nächsten Morgen machten wir uns auf den Weg zum Büro eines Projekts unserer Organisation. Auch hier hatten sich die beiden nicht gemeldet. Der deutsche Kollege war gerade nicht da. Deshalb fuhren wir erst einmal zur katholischen Mission, deren Autowerkstatt sehr modern eingerichtet war. Bruder Hans besah sich das Auto und versprach, alles zu reparieren. Es werde allerdings ein bis zwei Tage dauern. Das machte uns nichts aus, da wir sowieso etwas verschnaufen wollten.

Wieder beim Büro des Projekts angekommen, trafen wir Klaus, den deutschen Kollegen. Er kam gerade aus Yaoundé zurück und hatte dort die "Pikis" getroffen. Noch am gleichen oder am nächsten Tag würden sie in Bamenda eintreffen. Wir waren einigermaßen beruhigt. Klaus hatte für uns auch eine Unterkunft organisiert, und wir zogen für einige Tage in ein schönes, ruhiges Haus.

Am nächsten Morgen kamen Hans Jürgen und Klaus. Sie hatten sich ebenfalls Sorgen gemacht und uns überall gesucht. Im Gespräch stellte sich heraus, daß sie gar nicht über Ntui gefahren waren. Kurz vor dem Ort hatte es über eine Brücke eine Verbindung nach Obala gegeben, was ihnen auf dem Weg gesagt worden war. Deshalb konnten sie auch unsere Nachrichten nicht erhalten. Wir vereinbarten für die Zukunft genauere Abmachungen, falls ein Fahrzeug den Treffpunkt nicht erreichten sollte.

Nachdem unser Auto repariert worden war, machten wir einen Abstecher nach Foumban, dem Zentrum des traditionellen Kunsthandwerks in Westkamerun. Im Palast des Sultans ist ein kleines, sehr interessantes Museum mit Holzmasken, traditionellen Gewändern, Kopfschmuck, Speeren, Bronzefiguren und Glücksbringern eingerichtet. Schaudernd standen wir vor einem Trinkgefäß, das mit den Gebissen der besiegten Feinde geschmückt war. Wir fanden auch einen Helm aus Kaiser Wilhelms Zeiten.

Im Viertel der Kunsthandwerker schauten zu, wie Bronze- und Holzmasken hergestellt wurden. Die Künstler freuten sich über unseren Besuch und ließen uns gern einen Blick in ihre Werkstätten werfen. Den Rückweg nach Bamenda nahmen wir über einen Teil der sogenannten "Ringroad", einem landschaftlich sehr reizvollen Weg durch das Massif du Mbam. Von Klaus, dem deutschen Kollegen hatten wir den Tip bekommen, in Babungo zum Palast des Stammeshäuptlings (Fon) zu fahren. Dieser habe eine fantastische Maskensammlung, und mit etwas Glück würden wir eine Audienz bei ihm erhalten.

Die Zaubermasken des Fon Zofoa II
Auf dem großen Platz vor dem Palast waren Tische und Stühle für eine Versammlung aufgebaut. Einige ältere Männer, wohl die Honoratioren des Ortes, saßen in herrlich buntbestickten, traditionellen Gewändern, die langen Hemden glichen, und mit gestrickten Mützen schon dort.

Wir baten um eine Audienz beim Fon. Während wir auf die Antwort warteten, hatten wir Gelegenheit, uns den Palast von außen zu betrachten. Er ähnelte einem normalen Haus, war zwar größer als die anderen im Dorf, aber nicht etwa pompös, wie der Palast in Foumban. Besonders schön empfanden Thorsten und ich die holzgeschnitzten Türrahmen.

Dann durften wir eintreten. Durch einen schmalen, dunklen Flur gelangten wir in den Innenhof. Auf einer überdachten Terrasse stand der Fon, ein großgewachsener, etwa 45jähriger Mann, auch er im traditionellen Gewand, das bis auf die Erde reichte. Er begrüßte uns sehr freundlich und fragte uns, woher wir kämen und wie uns Kamerun gefalle.

Wir konnten uns kaum auf das Gespräch konzentrieren, weil unsere Blicke immer wieder zu den Tanzmasken wanderten, die die Terrassenrückwand und alle Pfeiler bedeckten. An die 500 waren es. Verstaubt, mit Spinnweben behangen, starrten sie uns an: fratzenschneidende Teufel, Dämonen und Geister; Elefantenköpfe, Clowns und Zauberer. Sie schienen hämisch zu grinsen und uns zu verspotten, diese Boten aus einer fremden Welt. Darunter saßen würdevoll die Fons vergangener Zeiten, in Holz verewigt. Und dazwischen hingen Kalenderbilder, Silbergirlanden, ein Gummiball, ein paar Fotos und Gemälde - und in einer Ecke unter einer bestickten Decke zeichneten sich die Formen eines Fernsehers ab.

Eine für europäische Vorstellungen unmögliche Zusammenstellung, aber hier störte sie nicht. Denn diese Masken gehören genau so zum täglichen Leben des Fons wie die Errungenschaften der Zivilisation. Und gerade deshalb wirkten sie so echt und packend. In einem Museum, säuberlich geputzt, ordentlich aufgereiht und mit Erläuterungen versehen, wären sie zu Ausstellungsstücken ohne Leben degradiert. So hatte ich jedoch das Gefühl, sie könnten jeden Augenblick von der Wand springen und zu tanzen beginnen.

Der Fon, der zu Recht sehr stolz auf seine außergewöhnliche Sammlung war, stammt aus einem alten Herrschergeschlecht; schon seine Vorfahren hatten mit dem Sammeln begonnen. Sie waren, wie er selbst auch, Holzschnitzer gewesen. Viele der Skulpturen waren von seinem Urgroßvater, Großvater und Vater geschnitzt worden.

Eine Frau brachte uns Stühle, einen Tisch und etwas zu trinken. "Mein Großvater war ein Verehrer Bismarcks, er hat die Deutschen sehr geschätzt", erzählte der Fon. Wir fragten ihn nach seiner Familie: "Ich habe 50 Frauen und 150 Kinder, die alle hier im Palast wohnen." Das war sicherlich keine Übertreibung, denn schon im Museum in Foumban hatten wir gehört, daß das bei den Fons und Sultanen üblich sei. Der Fon stellte uns seine Lieblingsfrau vor, die ihn in sehr unterwürfiger Haltung bediente. Sobald er allerdings nicht hinsah, flirtete sie kokett mit Thorsten.

Dann führte der Fon uns in eine kleine, völlig dunkle Kammer. Hier bewahrte er die kostbarsten Skulpturen auf. Was im Schein einer Petroleumlampe zum Vorschein kam - elektrisches Licht gab es im Palast nicht - war einfach unglaublich. Lebensgroße Figuren, über und über mit bunten Perlen, glitzernden Steinen und Kaurimuscheln besetzt, standen dort. Wahrhaft majestätisch waren die Bildnisse der großen Herrscher vergangener Tage.

Eine große Freude bereiteten wir unserem Gastgeber mit einigen Polaroidbildern, die wir von ihm, seiner Frau und den Skulpturen seiner Vorfahren machten. Wir betrachteten dann noch in aller Ruhe die Tanzmasken auf der Terrasse. Jede Menge Fragen hätten wir stellen mögen, aber die Verständigung war nicht einfach. Der Fon sprach Pidgin-Englisch, ein teilweise vereinfachtes, in Wortschatz und Grammatik verändertes und der Stammessprache angeglichenes Englisch, das man nicht ohne weiteres verstehen und sprechen kann. Wir trugen uns ins Gästebuch ein, bedankten uns herzlich und verließen den Palast.

Der große Platz war mit Menschen gefüllt. Ein wunderschönes buntes Bild, wie Männer und Frauen in den Trachten dort saßen. Aus großen Kalebassen wurde ein selbstgebrautes alkoholisches Getränk ausgeschenkt. Viele tranken es aus geschwungenen Trinkhörnern.

Auf unsere Frage nach dem Grund der Versammlung sagte uns einer der Männer: "Heute ist das Treffen des lokalen Entwicklungskomitees. Wir beraten, welche Maßnahmen für die Entwicklung unserer Region notwendig sind. Es geht vor allem um den Bau weiterer Trinkwasserbrunnen." Sehr höflich fügte er hinzu: "Es wird auch Geld dafür gesammelt."

Wir spendeten und konnten uns so indirekt für die herzliche Aufnahme im Palast bedanken. Nach kurzer Zeit erschien der Fon, die Versammlung begann. Man hatte gewartet, bis wir unseren Besuch beendet hatten. Wieder wurde mir der große Unterschied zu Deutschland bewußt: Zeit spielt keine Rolle; Gastfreundschaft steht an oberster Stelle.

 Perlenbesetze Holzstatuen aus der Sammlung des Fon ⇨

Durch das bizarre, rauhe Sabka-Gebirge fuhren wir zurück nach Bamenda, immer noch tief beeindruckt von dem Erlebnis im Palast des Fons.

Unser Aufenthalt in Kamerun ging zu Ende. Als wir uns auf den Weg zur nigerianischen Grenze machen mußten, war ich traurig, denn Kamerun hatte mir von allen bereisten Ländern am besten gefallen: die abwechslungsreiche Natur vom kargen, steinigen Norden über den dichten Urwald bis hin zur Atlantikküste; die freundlichen Menschen; die interessanten Dörfer und Märkte; vor allem die Kunst und Kultur.

Besonders beeindruckten uns auch die Frauen. Wie in allen westafrikanischen Ländern betreiben sie den Handel und verfügen so über eigene Einnahmen. Viel selbstbewußter als in Ostafrika treten sie in der Öffentlichkeit auf. Oft trafen wir Gruppen von sechs bis acht Kamerunerinnen, die sich nach Einbruch der Dunkelheit noch in einem Restaurant auf ein Glas Bier trafen und fröhlich lachend zusammensaßen. In Ostafrika würde das keine "anständige" Frau wagen.

Bevor wir nach Nigeria fuhren, berieten wir lange über den besten Weg. Wir hatten nur Schauermärchen über dieses Land gehört: Einbrüche, Diebstähle, bewaffnete Überfälle, Mord und Totschlag. Ständig müsse man die Polizisten und Beamten bestechen. Vor allem vor Südnigeria und Lagos waren wir gewarnt worden.

Zuerst wollten wir einen Umweg über Nordnigeria nach Benin machen, dann entschieden wir uns aber doch für Lagos. In der nigerianischen Hauptstadt gibt es nämlich ein VW-Montagewerk. Dort wollten wir unser Fahrzeug für die Saharafahrt noch einmal genau untersuchen lassen, weil es unter den Strapazen der bisherigen Reise erheblich gelitten hatte und eine Saharadurchquerung kein Kinderspiel ist. Irgendwie reizte uns natürlich auch die "gefährlichste Stadt des Kontinents". Wir beschlossen aber, mit den Motorradfahrern im Konvoi auf Sichtkontakt und ausschließlich tagsüber zu fahren.

Im Grenzort Ekok wollten wir noch schnell eine Cola trinken, bevor wir zur Zollstation fuhren. Ein Zöllner kam zu uns an den Tisch gestürmt und plusterte sich fürchterlich auf: "Was fällt Ihnen ein, sich hier etwas zu trinken zu kaufen und nicht sofort zum Zoll zu kommen!" Wir sahen uns erstaunt an. Bisher war es uns nirgendwo untersagt worden, vor der Ausreise noch etwas zu essen oder zu trinken. Auf eine Diskussion ließen wir uns aber gar nicht erst ein, weil das sicherlich wieder stundenlanges Warten an der

Grenze nach sich gezogen hätte. Also ließen wir die Getränke stehen und fuhren die wenigen Meter bis zur Grenzstation. Hier gab es keine weiteren Probleme, so daß wir schnell auf der nigerianischen Seite waren.

Nigeria

Am Grenzposten mußten wir zunächst lange warten. Dann bekamen wir eine zehnminütige Belehrung über absolutes Fotografierverbot im Land ohne schriftliche Genehmigung einer Behörde in Lagos. Anschließend wurde jeder einzelne weitere zehn Minuten über Zweck der Reise, Aufenthaltsdauer und Ort befragt und erneut über das Fotografierverbot belehrt. Glücklicherweise erhielten wir auch den Stempel und ein Visum für sieben Tage.

Schon ab dem 5. Jh. v. Chr. war Nigeria ein Zentrum großer afrikanischer Kulturen und Königreiche. Von Norden her breitete sich der Einfluß des Islam ab dem 9. Jh. n. Chr. stark aus. Bedeutende Emirate entstanden im nördlichen Teil des Landes. 1914 wurde es britische Kolonie und Protektorat. Die Kolonialverwaltung nutzte die bereits bestehenden Unterschiede und Konflikte zwischen der verschiedenen Stämmen geschickt aus und trat nur indirekt als Herrscher auf. Der Gegensatz zwischen dem Norden und Süden wurde so noch weiter vertieft.

1960 erhielt Nigeria die politische Unabhängigkeit und wurde Republik. Sie brach jedoch 1966 durch die sich immer weiter verschärfenden innenpolitischen Spannungen zwischen den verschiedenen an der Regierung beteiligten Volksgruppen zusammen. In den darauffolgenden 13 Jahren löste ein Militärregime das nächste ab. Die politische Stabilität, die für die wirtschaftliche Entwicklung eines Landes notwendig ist, wurde nicht erreicht.

Als Staatschef General Gowon im Sommer 1966 den von seinen Vorgängern proklamierten Einheitsstaat wieder auflöste und ein in zwölf Bundesstaaten gegliedertes föderalistisches System einführte, brach in der Ostregion Biafra ein Aufstand aus. Mit ihm wollten die in Biafra dominierenden Ibos die Abspaltung des Gebietes von Nigeria erreichen. Dies führte zu einem drei Jahre dauernden Bürgerkrieg, der schließlich 1970 von Regierungstruppen niedergeschlagen wurde.

Nach 1976 wurde mit einer schrittweisen Redemokratisierung begonnen. 1979 gab es erstmals wieder eine Zivilregierung, die Ende 1983 durch einen Militärputsch gestürzt wurde. Heute ist das Land eine "Präsidiale Republik" unter Armeechef Generalmajor Ibrahim Babangida. Die Verfassung ist außer Kraft gesetzt,

Parteien sind verboten. Es gibt 19 Bundesstaaten mit eigenen Parlamenten.

Das Erdöl ist Nigerias wichtigster Devisenbringer. Bis 1980 verfügte der Staat dadurch über hohe Handelsbilanzüberschüsse, die hauptsächlich in kapitalintensive Industrieprojekte und in den Ausbau der Infrastruktur angelegt wurden.

Obwohl ungefähr zwei Drittel der nigerianischen Bevölkerung (Gesamtbevölkerung 1985: über 90 Mio.) von der Landwirtschaft lebt, unternimmt die Regierung bislang zur Förderung dieses Bereiches nur wenig. Die Agrarproduktion sank in den 70er Jahren gewaltig. Während Mitte der 60er Jahre die Exporterlöse aus Landwirtschaftsprodukten, vor allem Baumwolle, Erdnüsse, Kautschuk, Kakao und Holz 60 % der Gesamteinnahmen betrugen, lag ihr Anteil zwischen 1978 und 1980 nur noch bei ungefähr 5 %.

Vor allem junge Leute wandern aus den ländlichen Gebieten in die großen Städte ab. Der Lebensmittelbedarf der ständig wachsenden städtischen Bevölkerung muß in immer größerem Maße durch Importe gedeckt werden. Sowohl in den Städten als auch auf dem Land verschlechtern sich die Lebensbedingungen für die Bevölkerung immer mehr. Anstieg der Korruption, Gewalttätigkeiten, politische und religiöse Unruhen und Unzufriedenheit sind die Folgen.

An den zahlreichen Polizeisperren auf dem Weg nach Enugu wurden wir sehr freundlich behandelt, "schmieren" mußten wir nie. Das lag sicherlich auch an den Motorrädern. Die Polizisten waren so begeistert von den "heißen Öfen", daß sie vergaßen, die "Gebühren" zu erheben. Der Käfer im Schlepptau fiel gar nicht auf. Vielleicht sind sie aber auch gar nicht so schlimm, wie immer erzählt wird? Sie fragten wohl: "Was haben Sie uns als Geschenk mitgebracht?", blieben aber sehr freundlich, wenn wir ihnen versprachen, auf der Rückreise etwas mitzubringen.

Ein Beamter wollte unbedingt ein T-Shirt von mir. Als ich ihm erklärte, daß ich dann nackt weiterfahren müßte, lachte er nur und ließ uns durch. Ein anderer Polizist, der uns auf einem großen Motorrad entgegenkam, drehte sofort um und stoppte Hans Jürgen und Klaus, um einen kurzen Erfahrungsaustausch mit ihnen zu halten.

Von nigerianischen Straßenbelägen hatten wir nur Gutes gehört. Das bestätigte sich jedoch nur teilweise. Ganz unvermittelt tauchten nämlich immer wieder riesige Schlaglöcher auf, oder der Asphalt verschwand für einige Meter. Lustigerweise waren viele Gefahrenstellen mit weißer Farbe markiert. In derselben Zeit hätte man auch die Löcher zuschütten können.

Wir erreichten Enugu in der Abenddämmerung. An einer Tankstelle trafen wir einen Schweizer, der im Ort wohnte. Wir fragten ihn nach einem sicheren Hotel. Er lud uns in das Camp der Firma ein, für die er tätig war. Es bestand aus Containern, die zu Wohnungen umgebaut waren. Da in allen Städten Afrikas akute Wohnungsknappheit besteht und europäische Firmen oft nur einen bestimmten zeitlich begrenzten Auftrag in einer Stadt durchführen, ist dies die einfachste und billigste Möglichkeit, vorübergehend Unterkünfte zu schaffen. Wir bezogen die beiden Gästecontainer, die zufällig frei waren.

Am Abend bekam Thorsten Magenschmerzen, Durchfall und Fieber. Am nächsten Morgen ging es auch mir sehr schlecht. Wir erinnerten uns plötzlich daran, das das Essen in Mamfé, dem letzten Ort vor der nigerianischen Grenze, nicht besonders gut geschmeckt hatte. Unsere Gastgeber schickten uns in ein Hospital, in dem ein nigerianischer Arzt arbeitete, der in Deutschland studiert hatte. Er diagnostizierte eine leichte Lebensmittelvergiftung und gab uns Medikamente.

Die für den nächsten Tag geplante Abreise mußten wir allerdings verschieben. Thorsten erholte sich schnell, aber mir ging es am darauffolgenden Tag noch schlechter. Da ich sehr viel Flüssigkeit verloren hatte, bestand der Arzt darauf, mich an den Tropf zu legen. Nach zwei Tagen war ich wieder auf den Beinen, sodaß wir weiterfahren konnten. Glücklicherweise blieb dies die einzige Erkrankung auf der Tour.

Südnigeria mit seinem zum großen Teil kultivierten Buschland beeindruckte uns landschaftlich nicht sehr. Daher fuhren wir ohne größere Pause direkt nach Lagos weiter. Durch den Zwangsaufenthalt in Enugu erreichten wir die Stadt erst am Freitagnachmittag.

Plötzlich hörten wir ein Klackern am Fahrzeug, das sich gefährlich nach einem ausgeschlagenen Radlager anhörte. Nun hatten wir einen konkreten Grund, den Käfer im VW-Montagewerk überprüfen zu lassen. In Enugu hatten wir erfahren, daß alle deutschen Werksangehörigen in einer Siedlung in einem Vorort von Lagos wohnen. Wir hatten auch die Adresse bekommen und fanden den Stadtteil schnell. Der Werkstattleiter versprach, sich das Fahrzeug anzusehen. Allerdings war dies erst am Montag möglich, da die Werkstatt bereits geschlossen war.

Im Gästehaus auf dem Gelände durften wir wohnen. So waren vor allen Dingen die Fahrzeuge sicher. Frau Raad und Frau Okere, zwei Deutsche, die schon seit Jahren in Lagos leben, warnten uns ebenfalls eindringlich vor Nachtfahrten. Beide umsorgten uns

 Honoratioren aus Babungo in traditionellen Gewändern⇨

während unseres Aufenthaltes in der Stadt rührend. Sie freuten sich sichtlich über ein paar neue Gesichter und Geschichten.

Geld, Wertsachen und Kameras ließen wir im Gästehaus und machten uns am nächsten Morgen auf, die City von Lagos zu erkunden. Ein großzügig angelegtes, mehrspuriges Ringstraßennetz führt um die Stadt. Überall am Fahrbahnrand türmten sich Autowracks. Unzählige Laternenmasten lagen wie abgeknickte Bäume auf dem Grünstreifen zwischen den Fahrbahnen. Wir fragten uns, wie das bei diesen breiten Straßen möglich war.

Die Antwort bekamen wir eine halbe Stunde später, kurz bevor wir die Innenstadt erreichten. Plötzlich steckten wir in einem unbeschreiblichen Chaos. Auf allen vier Spuren fuhren die Autos Stoßstange an Stoßstange kreuz und quer durcheinander. Statt den Blinker zu setzen und zuvor in den Spiegel zu schauen, drückten die Fahrer auf die Hupe und wechselten im gleichen Moment ohne Rücksicht auf Verluste die Spur, und das bei einer Durchschnittsgeschwindigkeit von 60 oder 70 km/h. Wer eine Abfahrt vom Highway verpaßt hatte, raste im Rückwärtsgang zu dieser zurück, wendete mitten auf der Fahrbahn oder donnerte über den Grünstreifen auf die andere Straßenseite.

Daß es keine Massenkarambolage gab, blieb für mich ein Wunder; ebenso, mit welcher Ruhe und Souveränität Thorsten das Auto durch dieses Gewirr manövrierte, ohne daß es auch nur den kleinsten Kratzer bekam. Dann gerieten wir auch noch in eine Paßkontrolle. Alle Ausweise und Wagenpapiere lagen sicher im Gästehaus. Wir hatten nur die Identitiy Cards der Deutschen Botschaft aus Kampala dabei. Mit einer eleganten Handbewegung reichten wir sie aus dem Fenster und sagten: "Member of the German Embassy on Transit through Nigeria". Mit der Diplomaten gebührenden Höflichkeit winkte uns der Polizist vorbei.

Wolkenkratzer und moderne Geschäfte bestimmen das Stadtbild. Trotzdem haben sich die kleinen Händler nicht verdrängen lassen. Ein großer Markt erstreckt sich über mehrere Straßen: ein buntes Gemisch aus afrikanischer Tradition und europäischem Einfluß.

Lange saßen wir auf der Terrasse des "Federal Palast Hotels" und genossen den herrlichen Blick auf den Hafen, die Schiffe und die Lagune. Frau Raad lud uns für den Sonntag zu einer "Strandpartie" ein. Wir machten einen Picknickkorb zurecht und fuhren zu einem der schönen weißen Sandstrände vor den Toren der Stadt. In den riesigen Brandungswellen des Atlantik tobten wir stundenlang.

Montagmorgen fuhren wir mit dem Werkstattleiter ins Montagewerk und überließen ihm das Auto zur Untersuchung. Am späten

Nachmittag sollten wir es wieder abholen. Gegen Mittag begann es kräftig zu regnen, die Straßen verwandelten sich blitzschnell in Flüsse und Seen, so daß der Verkehr für Stunden völlig zusammenbrach. Deshalb hatten wir große Schwierigkeiten, einen Taxifahrer zu finden, der uns ins Werk brachte. Wir mußten schließlich den doppelten Preis bieten, um überhaupt dorthin zu kommen. Wie immer, wenn wir auf Taxis angewiesen waren, hatten wir uns vorher erkundigt, wieviel man als im Land lebender Europäer bezahlt. Denn Touristen werden grundsätzlich übers Ohr gehauen, wenn sie die Tarife nicht kennen.

Schließlich saßen wir doch im Taxi. Obwohl im täglichen Wechsel zu den Hauptverkehrszeiten nur die Fahrzeuge mit gerader beziehungsweise mit ungerader Kennzeichennummer in die Innenstadt fahren dürfen, waren die Highways hoffnungslos verstopft. (Ob diese Regelung auch für ausländische Fahrzeuge gilt, konnten wir nicht in Erfahrung bringen. Wir waren sowohl an einem "geraden" wie auch an einem "ungeraden" Tag im Zentrum, und kein Polizist hielt uns deshalb an.) Der Regen vergrößerte das Chaos noch. Plötzlich hielt unser Fahrer auf der rechten Spur an. Seelenruhig stellte er den Motor aus und öffnete die Tür, um auszusteigen. Die hinter uns wild hupenden Fahrzeuge ließen ihn völlig kalt. "Sorry, I have to piss." Gesagt, getan. Natürlich wurde dies ein Spruch der Reise.

Daß wir das Montagewerk noch vor Arbeitsschluß erreichten, grenzte an Hexerei. Das Ergebnis der "Käfer-Generaluntersuchung" war alles andere als beruhigend. "Das Auto ist nicht mehr betriebssicher, ich kann keine Garantie dafür übernehmen, daß Sie damit noch nach Deutschland kommen", begrüßte uns der Werkstattleiter und überreichte uns eine lange Ersatzteilliste, die fast ein neues Auto umfaßte. Da VW in Nigeria nie Käfer des Typs 1303 hergestellt hat, gab es im Werk auch keine Ersatzteile.

Anfangs war das ein ganz schöner Schock für uns. Dann fragten wir den Mechaniker eindringlich, welche Teile er für unbedingt erforderlich halte. Es war vor allem die rechte vordere Bremstrommel. Sie hatte ganz feine Haarrisse, die zum Ausschlagen des Kugellagers geführt hatten. Mit bloßem Auge waren die Risse kaum zu erkennen. Alle Achtung für diese Leistung beim Durchchecken des Wagens, zumal es auch für ihn, einen Kfz.-Meister mit jahrzehntelanger Erfahrung, die erste in dieser Art lädierte Bremstrommel war, die er zu Gesicht bekommen hatte. Er erklärte uns, daß dieser Schaden bei der Weiterfahrt irgendwann zum Ablaufen des Rades führen werde.

Wir brauchten also unbedingt Ersatz. Trotz der nicht gerade erfreulichen Nachricht waren wir dem Werkstattleiter sehr dankbar für das Aufdecken dieses Defekts. In der Sahara hätte er sehr unangenehm werden können. Von der langen Liste strichen wir dann rigoros alle Teile bis auf die Bremstrommel und zwei vordere Stoßdämpfer. Ich hatte damit gerechnet, daß sie nicht bis Deutschland halten würden, konnte aber vorher in Tanzania keine neuen mehr beschaffen, weil die Zeit zu knapp war.

Ob wir die Teile in Lagos bekommen würden, war allerdings ungewiß. Denn Fahrzeuge unseres Typs waren nur sehr kurze Zeit eingeführt worden. Zwar war jedes zweite Auto in Nigeria ein VW-Käfer, aber einen "1303" hatten wir noch nicht gesehen. Der Mechaniker nannte uns die Adresse von mehreren VW-Ersatzteillagern in der Stadt. Da es bereits nach 17 Uhr war, mußten wir die Suche auf den nächsten Tag verschieben. Zu allem Unglück lief unser Visum ab. Nach Auskunft des Immigration-Officers durfte man den Aufenthalt im Land um einen Tag ohne Verlängerung überziehen - das hatten Klaus und Hans Jürgen mit Hilfe von Frau Raad am Nachmittag für uns herausgefunden. Eine Verlängerung würde - wenn sie überhaupt erteilt wird - mehrere Tage dauern. Den Antrag hätten wir außerdem vor Ablauf der gültigen Aufenthaltsgenehmigung stellen müssen.

Also blieb uns nur ein halber Tag für die Ersatzteilbeschaffung. Wenn wir die Teile nicht bekommen konnten, stand uns nur noch die Möglichkeit offen, eine Bremstrommel telefonisch in Deutschland zu bestellen und per Luftfracht nach Benin schicken zu lassen. Das hätte zwar zwei bis vier Wochen Wartezeit bedeutet, aber so war die Weiterfahrt lebensgefährlich. Es bestand auch nicht die geringste Aussicht, in einem unserer nächsten Reiseländer vor der Sahara eine Bremstrommel zu bekommen. Nur in Nigeria gab es so viele VW-Käfer und wenn man überhaupt irgendwo fast alle Ersatzteile bekam, dann hier. Wir versuchten uns damit zu beruhigen, daß es in Afrika eine Lösung für jedes Problem gibt, aber etwas nervös waren wir doch.

Am nächsten Morgen machten wir uns früh auf die Suche nach den Ersatzteilen. Es gab zwei riesige Ersatzteilgeschäfte, die deutschen Maßstäben vergleichbar waren, und einige dutzend kleiner Händler. Es war nicht leicht, in Lagos eine bestimmte Straße zu finden. Es gab keinen Stadtplan, und die Beschreibungen, in welchem Stadtteil sich das entsprechende Geschäft befand, waren vage.

Den ersten Laden erreichten wir relativ schnell und waren überrascht, wie gut das Lager organisiert war. Hier fanden wir tatsächlich die Stoßdämpfer, d.h. den schriftlichen Vermerk über sie in der Kartei. Laut Verkäufer befanden sie sich irgendwo in einer Kiste in einem anderen Lager. Er versprach, sie uns bis zum

Mittag zu besorgen, nachdem wir ihm die Dringlichkeit der Angelegenheit klargemacht hatten. Ein kleiner Lichtblick, aber kein Grund zur Freude. Dazu kannte ich afrikanische Buchführung, Lager und Zeitangaben zu gut, auch die europäisch anmutende Genauigkeit der Angaben überzeugte mich nicht. Deshalb strichen wir die Stoßdämpfer noch nicht von der Liste.

Noch hatten wir den Kampf gegen die Uhr nicht gewonnen. Nach längerem Suchen fanden wir das zweite Ersatzteilgeschäft, das der Werkstattleiter uns empfohlen hatte und das am anderen Ende von Lagos lag. Der Verkäufer war sehr nett und hilfsbereit. Er verschwand mit Thorsten im Lager und nach einer bangen Viertelstunde Wartezeit tauchten beide wieder auf. Ein strahlender Thorsten schwenkte die Bremstrommel.

Nun standen wir vor einem weiteren Problem: dem Geld. Da wir keine Vorstellung von den Preisen hatten und auf alle Fälle am gleichen Tag Nigeria verlassen mußten, hatten wir kein zusätzliches Geld getauscht. Denn einmal umgetauschte ausländische Währung kann man in keinem Land Afrikas in Devisen zurückverwandeln. Es war bereits kurz nach 12 Uhr.

Wir hasteten zur nächsten Bank, die allerdings weder Reiseschecks noch Bargeld zum Tausch annahm. Man verwies uns auf die Zentralbank im Zentrum. Weil die Banken gegen 12.30 Uhr schlossen und erst am nächsten Tag wieder öffneten (Ausnahme Wechselstuben auf einigen internationalen Flughäfen), wir aber mindestens eine halbe Stunde bis in die Innenstadt brauchten, standen wir ziemlich ratlos da. Auch zum Flugplatz war es viel zu weit.

Gut war, daß wir für solche Notfälle "schwarze Dollars" in der Tasche hatten. Da es in Nigeria keinen Devisenschwarzmarkt mehr gab und daher das Interesse an harter Währung nicht groß war, hatten wir es schließlich dem hilfbereiten Verkäufer in dem Geschäft zu verdanken, daß wir die Bremstrommel doch noch bekamen. Er überredete einen Freund, der in der Nähe einen Laden hatte, uns Dollar in Naira einzutauschen. Zwar war der Kurs etwas schlechter als bei der Bank, aber wir bekamen Geld und damit die heißersehnte Bremstrommel. Nun fehlten uns nur noch die Stoßdämpfer, aber notfalls ging es auch ohne sie.

Wir rasten zum anderen Geschäft zurück, das allerdings Mittagspause hatte. Da es von da aus zum Gästehaus nicht weit war, fuhren wir dorthin und präsentierten den anderen stolz wie die Könige unseren Fund. Dann wurde das Auto reisefertig gemacht. Auf dem Weg zur Grenze hielten wir noch einmal bei dem Geschäft. In dem Laden hatte sich erwartungsgemäß gar nichts getan.

Ich wurde sehr massiv, verlangte den Geschäftsführer und beschwerte mich. Nach einer guten Stunde Wartezeit lagen die zwei Stoßdämpfer neben der Bremstrommel im Käfer. Wir hatten wieder einmal mehr Glück als Verstand gehabt. Und natürlich war es auch "eine Frage der Zeit und der Organisation" gewesen.

Die Grenzstation nach Benin lag nur eineinhalb Stunden von Lagos entfernt. In Afrika werden Entfernungen übrigens in den meisten Fällen in Stunden oder Tagen angegeben, da eine Kilometerangabe nichts über den Zustand der Strecke aussagt und daher wertlos ist. Wir erreichten den Grenzort gegen Abend. Bei der Ausreise murrte der Beamte zwar über das abgelaufene Visum, ließ uns dann aber ohne Probleme weiterreisen. Nach kurzer Fahrt erreichten wir Cotonou.

Benin

Im 17. Jh. entstand im Süden des heutigen Benin das Königreich Dahomey mit der Hauptstadt Abomey. Zur gleichen Zeit errichteten die europäischen Kolonialmächte Portugal und Frankreich Stützpunkte an der Küste, über die der Sklavenhandel abgewickelt wurde. In langen Kriegen eroberte Frankreich im 19. Jh. Dahomey, das 1960 die Unabhängigkeit erreichte.

Das erste Jahrzehnt der Unabhängigkeit war von politischen Wirren gekennzeichnet. Zehn verschiedene Regierungen, mehrere gelungene oder gescheiterte Militärputsche verhinderten einen Aufbau des Landes. Seit 1973 traten Dürreperioden häufiger auf. Weniger Regen fiel, und der Zeitpunkt der Regenzeit verschob sich. Niederschläge nach der Aussaat fehlten und die Ernteerträge zurückgingen. Die Erdölkrise und der Preisverfall von Exportgütern verschlechterten die Wirtschaftssituation zusätzlich.

So zählt Benin heute zu den ärmsten Ländern der Welt. Die Bevölkerung (1987 ca. 4,35 Mio.) ist sehr ungleich verteilt. Im Süden leben rund zwei Drittel der Beniner auf 15% der Staatsfläche. Benin ist heute ein Einheitsstaat unter Führung des Brigadegenerals Mathien Kérékou. Im Unterschied zu Nigeria erkannte die Regierung, daß die Förderung der Landwirtschaft der einzige Weg zur Verbesserung der Lebensbedingungen der Bevölkerung und der Entwicklung des Landes ist. Das läßt sich nur durch eine aktive Beteiligung der Landbevölkerung am Entwicklungsprozeß erreichen. Deshalb wurden fachliche Dienste gegründet, die auf Dorf- und Distriktebene mit den Produktionsgenossenschaften und individuellen Bauerngruppen zusammenarbeiten und sie beraten.

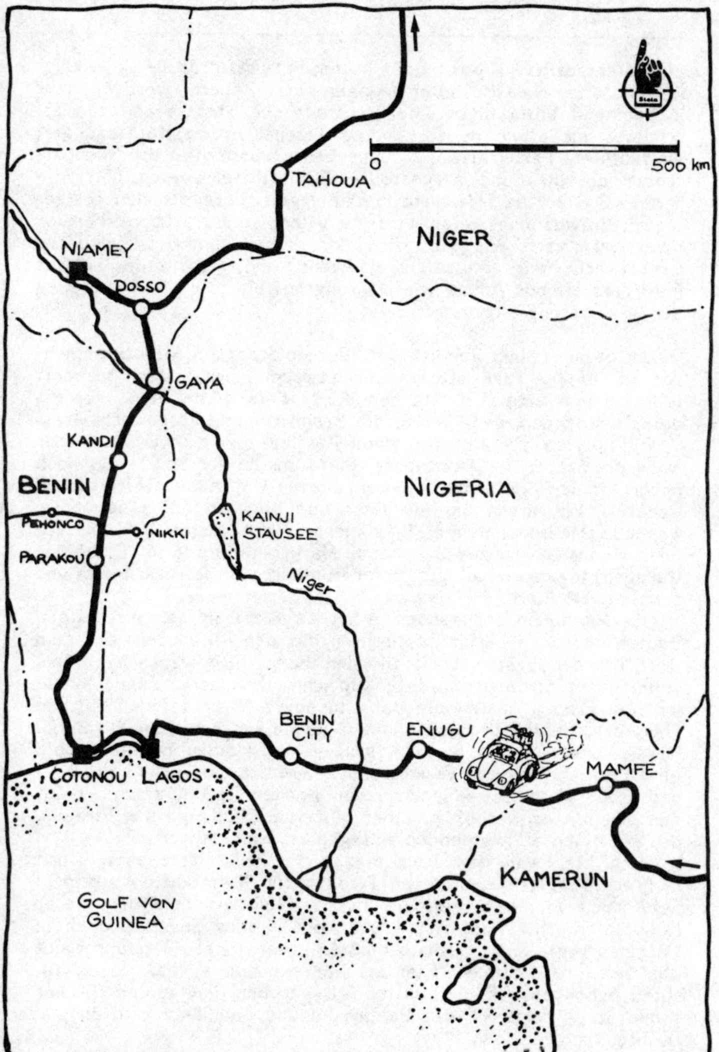

0
500 km
TAHOUA
NIGER
NIAMEY
DOSSO
GAYA
KANDI
BENIN
NIGERIA
PEHONCO
NIKKI
KAINJI
STAUSEE
PARAKOU
Niger
BENIN
CITY
ENUGU
MAMFÉ
COTONOU
LAGOS
KAMERUN
GOLF VON
GUINEA

Dieser positive Ansatz stößt in der Praxis auf große Schwierigkeiten. Die Selbsthilfebemühungen der Bauern werden nicht ausreichend unterstützt. Die Mehrheit der Staatsbeamten wirtschaftet vor allem in die eigene Tasche. Universitätsabgänger, ausgebildete Fachkräfte und junge Leute wandern in die Nachbarländer ab. Im Land hergestellte Erzeugnisse werden über die "grüne Grenze" nach Nigeria geschmuggelt. Entgegen den festgelegten Entwicklungszielen wird vor allem im Infrastrukturbereich investiert. Nach wie vor wird der Anbau landwirtschaftlicher Exportwaren wie Palmöl, Palmkerne und Baumwolle stärker gefördert als der Anbau von Nahrungsmitteln, die die Versorgung der Bevölkerung sicherstellen.

In Cotonou, einer gemütlichen kleinen Stadt am Atlantik, machten wir einige Tage Station bei unserem Freund Uwe, der dort lebte. Zuerst einmal mußte der "Elefant der Piste" neue Vorderbeine bekommen, dann wurde die Bremstrommel ausgewechselt.

Wir nutzten die Zeit für einen Ausflug zum Nokwe-See in der Nähe der Stadt. Der Taxifahrer setzte uns an der Straße ab. Noch bevor wir den See sehen konnten, hörten wir lautes Geschrei und Gezeter. Wir bogen um die Ecke und blickten auf eine bunte, wogende Menschenmenge. Es dauerte einen Augenblick, bis ich mich an das Gewirr gewöhnt hatte: Markttag, 50 oder 60 Einbäume (Pirogen) lagen am Anleger, beladen mit großen Plastikfässern und Schalen voll Fisch.

Die Händlerinnen standen dicht an dicht in den wackeligen Booten und am Ufer und feilschten mit den Aufkäufern aus dem Dorf um den besten Preis für den Fang. Ihre wagenradgroßen, tellerrunden Strohhüte bildeten ein schwankendes Sonnendach. Die meisten Frauen hatten ein Baby in einem Tuch auf den Rücken gebunden. In den Pirogen und auf dem Land wuselten unzählige Kinder zwischen den Fischen, Körben und Netzen herum. Sobald eine Frau ihre Fische verkauft hatte, setzte sie sich in ihr Boot und steuerte es mit einem runden, flachen Paddel geschickt auf den See hinaus, vorbei an einer hölzernen Schlange aus Pirogen, die auf einen freiwerdenden Anlegeplatz warteten.

Auch hier war der Tourismus nicht mehr unbekannt. Denn mehrere Fischer vermieteten Pirogen für Rundfahrten auf dem See. Nach längeren Verhandlungen saßen wir in einer dieser Nußschalen. Das Boot hatte zwar ein kleines Segel, aber kein Lüftchen regte sich. Deshalb mußten unsere zwei Bootsführer auf den See hinaus staken. Hier erlebten wir ein einmaliges Schauspiel: Schon am Anleger hatten wir gesehen, daß einige Fischer große Stapel vertrocknete Palmwedel und Baumäste kauften und in ihre Pirogen luden.

Wir hatten uns gefragt, wozu sie das Material benötigten. Jetzt sahen wir es. Bis zum Oberkörper standen die Männer im seichten Wasser und steckten mit dem Holz große, rechteckige Parzellen ab oder besserten schadhafte Stellen in den bereits bestehenden Umzäunungen aus. Ein Junge reichte die Äste aus der Piroge an. Ich blickte über den See. Die ganze Wasserfläche bestand aus diesen Einteilungen; dazwischen waren schmale Fahrrinnen freigelassen worden.

Vor den Umzäunungen tauchten Fischer kurz auf und verschwanden dann wieder unter Wasser. Andere standen in den Booten und hielten große Netze in der Hand, die an den Enden an langen Bambusstangen befestigt waren. Während ein Fischer die Stange in den Grund des Sees steckte, nahm der zweite das gebündelte Netz, tauchte damit unter und befestigte die untere Seite an den Umzäunungen. Auf diese Weise wurde eine Parzelle nach der anderen mit Netzen umwickelt.

Wir sahen unseren Begleiter fragend an, und er erklärte uns die ausgeklügelte Fangmethode der Fischer des Nokwe-Sees: "Die Rechtecke, die wir Acadja Parcs nennen, gehören einzelnen Fischern. In diesen Acadjas sammeln sich die kleineren Fische. Die Umzäunung ist ein Schutz vor Raubfischen, außerdem zersetzen sich die Äste nach und nach und liefern zusätzlich Nahrung. Hier haben die Fische gutes Futter und eine sichere Brutstätte. Sie vermehren sich folglich schnell. Nach neun Monaten Ruhezeit stecken wir Netze um die Parzellen und fischen sie leer. Danach beginnt das Spiel von vorne." Eine phantastische Methode, den Fischreichtum zu erhalten und sich nicht durch Raubbau die Lebensgrundlage zu entziehen.

Mittlerweile waren wir in der Mitte des Sees angelangt, und die beiden Fischer setzten das Segel, da ein leichter Wind blies. Vor uns standen zwei sechs oder sieben Jahre alte Jungen in einer Piroge. Sie rollten gerade ein Netz zusammen und schwangen es dann wie ein Lasso hoch durch die Luft. Bevor es ins Wasser eintauchte, entfaltete es sich wie ein Fallschirm. Dann zogen sie die Schnur stramm und holten die Beute an Bord. Dabei bewegten sie sich so sicher, als hätten sie festen Boden unter den Füßen.

Ich war so begeistert von den verschiedenen Fangtechniken, daß ich unser eigentliches Ziel völlig vergaß. Plötzlich lag das Pfahlbautendorf Ganvie mitten im See vor uns. Was die Fischer vor langer Zeit bewogen hatte auf den See zu ziehen, weiß niemand mehr so genau. Vielleicht waren sie vor den Sklavenjägern geflohen, vielleicht hatten sie aber auch ganz andere Gründe gehabt.

Wir fuhren über die "Hauptstraße" des Dorfes. Auf Plattformen, die auf hohen Pfählen ruhten, waren die Holzhütten errichtet. Auf den überdachten Terrassen kochten die Frauen auf Holzkohlefeuern das Essen. Kinder guckten neugierig aus den Hütten hervor und winkten uns zu. Frauen und Männer in Pirogen begegneten uns.

Da der See einen natürlichen Zugang zum Meer hat, richtet sich der Wasserspiegel nach den Gezeiten. Es war gerade Niedrigwasser, so daß sich auf den wenigen winzigen Inseln Hühner und Ziegen tummelten. Bei Hochwasser werden sie in die Häuser geholt. Vor jeder Hütte lagen zwei oder drei Einbäume. Wer zum Ufer will oder zu einem Nachbarn, muß das Boot benutzen. Einen Landweg gibt es nicht.

Wir betrachteten die Hütten, von denen viele in einem erbärmlichen Zustand waren. Die Pfahlkonstruktionen waren zum Teil vermodert und drohten, jeden Augenblick abzuknicken. Selbst die Strohdächer hatten große Löcher, oft fehlte das halbe Dach. Die Holzwände bogen sich gefährlich zur Seite. So deutlich wie hier hatte ich die Armut in den Dörfern auf dem Land nicht gespürt.

Unser Freund Uwe erklärte uns später den Grund dafür: Durch die natürliche Öffnung des Nokwe-Sees zum Meer fließt Salzwasser in den See. Bei normalen Niederschlägen reicht die Wassermasse des Sees aus, um das Salzwasser ins Meer zurückzudrängen. In den letzten Jahren hat es jedoch zu wenig geregnet, so daß seitdem der Salzgehalt im Brackwasser gestiegen ist. Dadurch siedeln sich Salzwassertiere wie Muscheln und Schnecken an den Umzäunungen an und höhlen das Holz aus.

Statt wie bisher höchstens alle zwei Jahre müssen die Äste jetzt alle sechs Monate erneuert werden. Da Holz sehr teuer ist, können sich viele Fischer die ständigen Ausbesserungen nicht leisten, der Fangertrag sinkt, und sie werden in ihrer Existenz bedroht. Ob die Bewohner des Sees eines Tages gezwungen sein werden, ihre Siedlungen zu verlassen, wenn die baufälligen Hütten einstürzen und das Geld nicht reicht, um die verrotteten Pfähle zu ersetzen, oder ob es eine Lösung dieses ohne ihr Zutun entstandenen Problems geben wird, ist ungewiß.

Mit Cotonou hatten wir den Endpunkt unserer Reise durch Westafrika erreicht. Etwas wehmütig saßen wir am Atlantik und genossen zum letzten Mal auf unbestimmte Zeit ein warmes Meer. Stundenlang konnte ich den vorübergehenden Menschen zuschauen. Daß die Afrikanerinnen schwere Lasten auf dem Kopf transportieren, war für mich schon lange nichts Neues mehr. Aber hier wanderten ganze "Supermärkte" an mir vorbei: große Tabletts mit reichlicher Auswahl an Plastikschuhen, Dosen in allen Größen und Farben, Waschpulver, Seife, Fisch, Tomaten, Getränken, Früchten, Kosmetika und Fettgebäck.

 Straßenverkaufsstand: Hier wird Kernseife angeboten →

Jetzt war auch der Zeitpunkt der Trennung von unseren Freunden Klaus und Hans Jürgen gekommen. Sie wollten noch einen Abstecher nach Togo machen. Ursprünglich hatten wir das auch vorgehabt, aber unsere Zeit reichte dafür nicht mehr aus, da Thorsten Mitte April in Deutschland sein mußte. Also machten wir uns allein auf den Weg durch die Wüste.

Landschaftlich gehört Benin nicht zu den interessantesten der afrikanischen Länder. Die Baumsavanne bot nur wenig Abwechslung. So fuhren wir auf dem schnellsten Wege nach Niamey, der Hauptstadt Nigers. Die Landschaft wurde merklich trockener, das Grün wechselte mehr und mehr in Grau über, die Büsche hatten keine Blätter - Trockenzeit in der Sahelzone.

Durch die Sahara

Niger

An der nigrischen Grenzstation hatten wir keine Probleme, aber kurz vor Niamey mußten wir einen Polizeiposten passieren. Namen und Fahrzeugnummer wurden wie üblich in ein Buch eingetragen. Dann zwangen uns die Polizisten, den gesamten Wagen auszuräumen. Sie hatten sichtlich Langeweile und hofften darauf, etwas abstauben zu können. Unsere Proteste nützten nichts. Die gierigen Blicke auf unsere Kassetten, den Walkmann und die "Spaßmacher" waren nicht zu übersehen. Aber wir blieben hart und packten alles aus. Diesen Leuten wollten wir auf keinen Fall ein "cadeau" (franz.: Geschenk; auch Bestechungsgeld) geben.

Die Fahrt bis Niamey nahm kein Ende. Im Wagen herrschten Temperaturen von über 40 Grad. Wir spürten förmlich das Näherkommen der Wüste. Über der Savanne lag ein schwerer, grauer Dunst, der eine fast gespenstische Stimmung in uns auslöste.

An die Stelle der mit Palm- oder Bananenblättern gedeckten Hütten traten nur viereckige, flache Lehmbauten. Immer wieder begegneten wir kleinen Kamel- und Eselkarawanen. Obwohl die Nigrer eine tiefschwarze Hautfarbe haben, merkten wir am Verhalten und der Kleidung, daß wir in einem arabischen Land waren (95% der Bevölkerung sind Moslems). Zum ersten Mal stellten wir auch die Aufdringlichkeit arabischer Geschäftsleute fest. Sobald wir irgendwo hielten, wurden wir von fliegenden Händlern umringt, die beim besten Willen nicht abzuschütteln waren. Vor allem die Kinder waren sehr lästig und unverschämt, und wir konnten den Wagen nicht eine Minute unbeobachtet lassen.

In Niamey hatten wir ein schwieriges Problem zu lösen: das Visum für Algerien. Wir hatten es in Dar es Salaam nicht bekommen können, da es ab dem Ausstellungsdatum nur für einen Monat gültig ist.

In der Algerischen Botschaft in Dar es Salaam hatten Klaus, Hans Jürgen, Thorsten und ich die Anträge ausgefüllt und einen Brief bekommen, daß das Visum erteilt sei und in Niamey eingestempelt werden solle. Doch wir trauten dem Frieden nicht. Denn wir hatten andere Reisende getroffen, die zwei bis drei Wochen auf das Visum gewartet hatten, oder gar nach Deutschland zurückgeflogen waren, um es sich zu holen.

Mit einem leichten Kribbeln im Magen machten wir uns auf den Weg zur Algerischen Botschaft. Der Beamte war sehr freundlich, konnte aber mit dem Brief nicht viel anfangen. Als er uns dann nochmals die Formulare ausfüllen ließ und weitere vier Paßfotos verlangte, wurde uns doch etwas mulmig. In dem Brief waren neben unseren Namen die von Klaus und Hans Jürgen aufgeführt. Um für sie die Stempel zu holen, hatten wir auch ihre Zweitpässe dabei.

Das klappte aber nicht, weil ihre Unterschriften verlangt wurden. Der Beamte fragte immer wieder, warum die beiden nicht anwesend seien. Ich erklärte ihm, sie hätten Probleme mit ihren Fahrzeugen und säßen in Cotonou fest. Schließlich nahm er Brief, Formulare und Pässe und verschwand. Nach einer Stunde Wartens zogen wir fröhlich mit den Stempeln im Paß weiter. Auch diese Hürde war genommen. Die Pässe für unsere Freunde hinterlegten wir bei der Deutschen Botschaft.

Unser geplanter Nachmittagsspaziergang durch Niamey fiel buchstäblich ins Wasser. Ein für die Jahreszeit ungewöhnlich schweres Gewitter entlud sich stundenlang über der Stadt. Trotzdem ließen wir uns durch Sturm und Stromausfall nicht von der Terrasse des "Grand Hotels" vertreiben, von der aus man einen schönen Ausblick auf den ruhig dahinfließenden Niger hat. Bis vor wenigen Wochen waren hier abends die Kamelkarawanen über die Brücke aus der Stadt gezogen. Leider hatte die Regierung den Aufenthalt von Kamelen in Niamey verboten, so daß wir sie uns dazudenken mußten.

Auf dem Weg von Niamey nach Tahoua in Nordniger wurde die Vegetation immer spärlicher. Wir passierten viele trockene Flußbetten und große abgeerntete Hirsefelder. Bei den zahlreichen Polizeikontrollen hatten wir glücklicherweise keine Probleme. Nach Tahoua, einer kleinen Oasenstadt am Rande der Sahara, waren wir von unserem Freund Ulli, der auch in der Entwicklungshilfe arbeitete, eingeladen worden. Hier erfuhren wir viel über die Probleme des Landes.

Niger hat eine Fläche von 1,3 Mio. qkm, wovon der größte Teil Wüste ist. Von den 12% des Landes, die für den Ackerbau nutzbar sind, wird nur ein Drittel landwirtschaftlich bearbeitet. Die Ernteerträge schwanken in der gesamten Sahelzone wegen der großen Unregelmäßigkeiten der Niederschläge enorm. So richtete die Dürre von 1969 bis 1973 katastrophale Verheerungen an. Viehzucht wird als Risikoausgleich betrieben, was allerdings auch nicht unproblematisch ist, denn durch die Überweidung der Dornbuschsavanne wird die Bodenerosion und das Fortschreiten der Wüste beschleunigt.

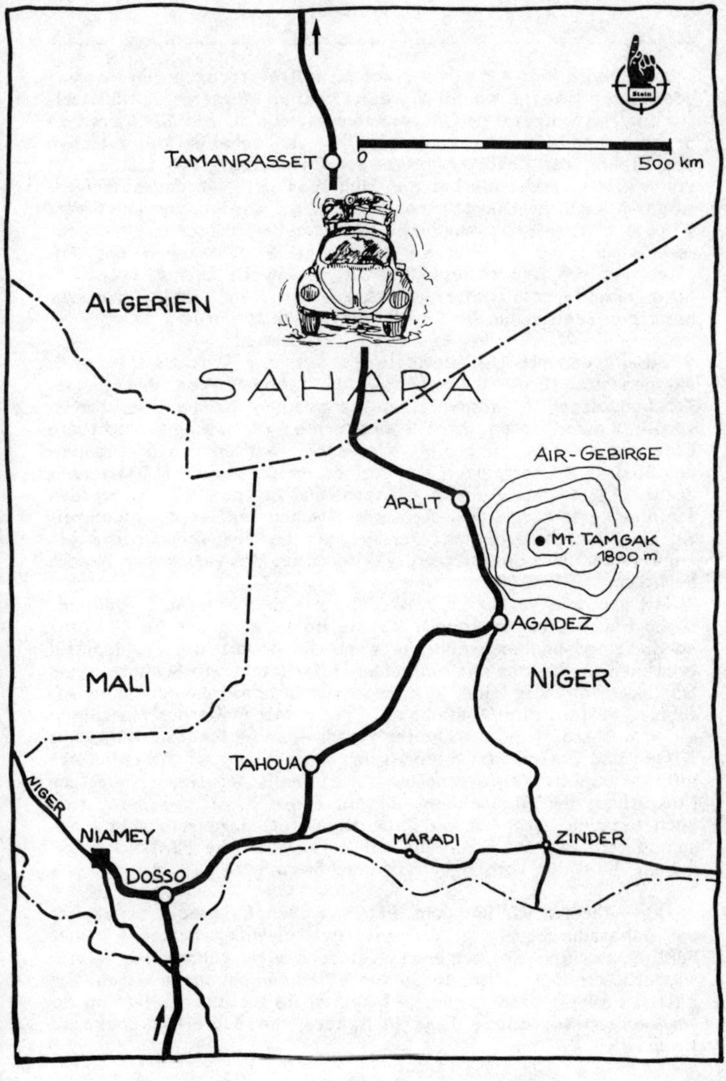
TAMANRASSET
0
500 km
Stein
ALGERIEN
SAHARA
AIR-GEBIRGE
ARLIT
MT. TAMGAK
1800 m
AGADEZ
MALI
NIGER
TAHOUA
NIGER
NIAMEY
DOSSO
MARADI
ZINDER

Niger wird seit 1974 von einer Militärregierung unter Führung von General Seyni Kountché regiert. Eine langsame Entmilitarisierung hat eingesetzt. Die Ministerposten sind von Zivilpersonen besetzt, und die Regierung bemüht sich sehr um eine aktive Beteiligung der Bevölkerung an der Entwicklung des Landes. An erster Stelle steht hierbei die Sicherung der Nahrungsmittelversorgung auch in Dürrezeiten. Statt Mais werden vermehrt verschiedene Hirsesorten angebaut, die schnellwüchsiger und trockenresistenter sind. Bewußt vernachlässigt wird dagegen die Anpflanzung von Exportprodukten wie Baumwolle und Erdnüsse. In Silos eingelagerte Getreidevorräte können im Notfall zu sehr niedrigen Preisen an die Bevölkerung verteilt werden.

Zusammen mit Ulli besichtigten wir die Erosionsschutzmaßnahmen des "Projekt Productive de Tahoua". Von den in der Trockenzeit völlig ausgedörrten Berghängen strömen bei Regen starke Wassermassen ins Tal und reißen die wenige fruchtbare Erde mit sich. In mühevoller Kleinarbeit werden von den Bauern des Bezirks Wassersperren aus Steinen errichtet und mit Maschendraht eingezäunt. An den Hängen und in den Tälern werden Steinbankette aufgebaut, die - mit Büschen bepflanzt - gleichzeitig als Windschutz dienen. Der Präfekt des Bezirks ist selbst ein engagierter Erosionsschützer, was sehr zur Motivation der Bauern beiträgt.

Mit größtem Nachdruck setzen sich die deutschen und einheimischen Fachkräfte im Projekt für die Beteiligung der Bevölkerung an diesen Maßnahmen ein. Nur wenn die Bauern die Problematik erkennen und selber mit einfachen Hilfsmitteln wie Schaufeln und Schubkarren fähig sind, die Erosionsschutzmaßnahmen durchzuführen, besteht eine Aussicht auf Erfolg. Mit modernen Maschinen ginge die Arbeit zwar schneller voran, aber fehlendes technisches Wissen und Ersatzteilmangel würden spätestens nach Abschluß des Entwicklungsprojekts von seiten der europäischen Geberländer zur Einstellung der Maßnahmen führen. Diese Einsicht scheint sich auch bei den europäischen Entwicklungshilfeorganisationen langsam durchzusetzen. Es bleibt zu hoffen, daß die "Entwicklungsruinen" bald der Vergangenheit angehören.

Nun näherten wir uns dem letzten großen Abenteuer der Reise: der Saharadurchquerung. Von anderen Reisenden hatten wir viel Schlimmes über die langen Tiefsandpassagen gehört und immer wieder auch über Leute, die in der Wüste umgekommen waren. Wir hatten deshalb beschlossen, auf keinen Fall allein zu fahren. So verbrachten wir einige Tage in Agadez, um Begleitfahrzeuge zu finden.

In dieser kleinen Oase trafen wir zum ersten Mal auf einen "Touristenfänger". Er lauerte uns im Hotel auf, fragte freundlich, woher wir kämen und wohin wir wollten. Wir erzählten ihm, daß wir Begleitfahrzeuge für die Saharadurchquerung suchten. Natürlich wußte er zufällig einen Franzosen, der am nächsten Tag nach Norden fuhr. Er brachte uns zu dem Hotel: vom Franzosen keine Spur.

Dann schlenderte er mit uns über den Markt und war jedenfalls sehr hilfreich beim Besorgen der letzten Lebensmittel für die Wüste und auch als Stadtführer nützlich. So führte er uns zu den Silberschmiedewerkstätten der Tuaregs. Dann gingen wir noch einmal zum Hotel des Franzosen, aber dieser blieb verschwunden. Unserem "Führer" fiel jedoch sofort etwas Neues ein: "Mein Freund hat einen Lastwagen, er fährt morgen nach Tamanrasset, der ersten Oase in Südalgerien."

Schon auf früheren Reisen hatte ich Erfahrungen mit solchen Leuten gemacht. Deshalb fragten wir den Kellner des Hotels, was er von "unserem Freund" halte. "Gar nichts", antwortete er trocken. Wir sollten ihm auf keinen Fall trauen, und einen Freund mit einem Lkw habe er auch nicht. Er wolle uns nämlich nur ausnehmen.

Das spielte sich dann folgendermaßen ab: Zur verabredeten Zeit erschienen die beiden Männer im Hotel. Wir sagten dem Lastwagenfahrer, daß wir am nächsten Morgen nach Arlit aufbrechen wollten und dorthin zusammen fahren könnten. Der Zeitpunkt der Abreise sagte ihm nicht zu. Statt dessen schlug er vor, sich mit uns am nächsten Abend in einem bestimmten Hotel in Arlit zu treffen. Wir willigten ein, und er ging.

Der "Vermittler" wartete einen Augenblick und meinte dann, bevor er sich verabschiedete, ganz nebenbei, daß er leider am nächsten Morgen nicht im Hotel vorbeikommen könne. Wir würden uns daher nicht mehr wiedersehen. Er wollte also sofort kassieren. Wir gaben ihm eine für die Stadtführung angemessene Summe. Den Lastwagen bekamen wir erwartungsgemäß nie zu Gesicht, unser "Führer" aber auch nicht die erhoffte "Vermittlungsgebühr".

Es war nicht leicht, einen Konvoi zusammenzustellen. Die wenigen Reisenden wollten weiter in den Süden. Wir tauschten mit ihnen Erfahrungen aus. Ein Deutscher betrachtete den Käfer und meinte: "Wenn ihr Zaire geschafft habt, ist die Wüste ein Kinderspiel." Hoffentlich behielt er recht. Wir schoben die Weiterfahrt um einen Tag hinaus und suchten jedes Hotel und die beiden Zeltplätze zweimal am Tag nach möglichen Mitreisenden ab. Dann

beschlossen wir, bis nach Arlit zu fahren. Vielleicht fanden wir dort einen Lkw, der wirklich Richtung "Tam" fuhr.

Rein routinemässig bogen wir noch einmal zum Zeltplatz ab, der auf dem Weg lag. Die meisten Leute kannten wir schon, aber da war noch ein uns nicht bekannter VW-Bus. Ich fragte die drei Männer in französischer Sprache nach ihrem nächsten Reiseziel und erklärte, daß wir ein Begleitfahrzeug für die Saharadurchquerung suchten. Sie berieten auf Deutsch die Lage und mußten lachen, als ich sagte: "Dann können wir ja alle Deutsch sprechen." Durch das tanzanische Kennzeichen erkannte man unsere Nationalität nicht schon am Auto, und ich wiederum hatte das "A" auf dem Bus nicht gesehen.

Wir hatten Glück. Hans, Gerri und Stefan wollten am nächsten Tag Richtung Tammanrasset aufbrechen. Wir beschlossen, zusammen loszufahren und waren sehr erleichtert, das Problem doch noch recht schnell gelöst zu haben.

Da unsere Benzin- und Wasserkanister schon gefüllt waren, blieb nichts zu tun. So legten wir einen Ruhetag auf dem Zeltplatz ein. Abends bekamen wir noch Besuch von einem Schweizer Paar. "Seid ihr die beiden mit dem Käfer?", fragten sie. "Uns wurde in der Stadt gesagt, daß ihr noch Fahrzeuge für einen Konvoi sucht." Die "Buschtrommel" hatte also gut funktioniert.

Zusammen mit Madeleine und Albert waren wir nun sieben Leute, hatten einen Toyota High Lux-Geländewagen, einen VW-Bus und einen Käfer. Da konnte eigentlich nichts mehr schiefgehen. Der Toyota jedenfalls würde keine Probleme haben und konnte die beiden anderen Fahrzeuge notfalls aus dem Sand ziehen oder Hilfe holen. Denn nach den schlimmen Erfahrungen mit dem Tiefsand in Zaire graute uns vor tagelangem Schaufeln. Im Schein der Petroleumlampe saßen wir noch lange auf dem Zeltplatz zusammen und berichteten von unseren, bisherigen Erlebnissen.

Früh am nächsten Morgen brach unsere kleine Karawane auf. Das Thermometer kletterte bald wieder auf über 40 Grad. Um die Mittagszeit erreichten wir die Oase Arlit und damit das Ende der Teerstraße. Nachdem wir die üblichen Formalitäten bei der Polizei erledigt hatten und die größte Hitze vorbei war, machten wir uns auf den Weg. Ich war wahnsinnig aufgeregt und freute mich auf die Wüste. Denn vor fünf Jahren war ich schon einmal mit "öffentlichen Verkehrsmitteln" bis nach Tamanrasset in Südalgerien gefahren, und seitdem hatte mich die Wüste nicht mehr losgelassen.

Die Wüstenquerung

Da lag sie vor uns: ein riesiges gelbes Sandmeer, eine unendliche Weite, von Horizont zu Horizont nicht durch eine einzige Erhebung, einen einzigen Baum unterbrochen. Der Sand war gut befahrbar und wir "fegten" über die Ebene. Ohne die zur Markierung aufgestellten Tonnen hätten wir den Weg wohl nie gefunden. Überall sahen wir Reifenspuren im Sand. Jeder sucht sich in der Wüste seinen eigenen Weg. Für kurze Zeit stieg ich zu den Schweizern in den Toyota, da ich mir den Käfer einmal von weitem ansehen wollte. Richtig verloren und klein wirkte er in dieser grenzenlosen Natur.

Bei Einbruch der Dunkelheit suchten wir uns - nicht weit von einer Markierungstonne, um die Piste nicht zu verlieren - ein Plätzchen zum Übernachten. Nach dem Essen saß ich noch lange da, lauschte in die Stille der Wüstennacht und betrachtete den herrlichen, klaren Sternenhimmel. Selbst in der Finsternis spürte ich die Weite der Wüste.

In der ersten Dämmerung brachen wir auf. Wir wollten die kühlen Morgenstunden nutzen, denn gegen Mittag wird es unerträglich heiß, und der VW-Bus hatte dann Schwierigkeiten, weil bei der Hitze die Öltemperatur zu stark anstieg. Bald erreichten wir die ersten Tiefsandfelder, die sich durch hellgelbe Farbe und tiefe Reifenspuren von dem mehr rötlich gefärbten, mit kleinen Kieselsteinen bedeckten, harten Boden abzeichneten. Die Spannung stieg. Wir nahmen ordentlich "Anlauf", und mit einer Anfangsgeschwindigkeit von ungefähr 80 km/h bewältigten wir das Hindernis problemlos.

Jedesmal versuchten wir, die dunklen Bodenflecken, die wie Inseln in den Tiefsandfeldern lagen, anzusteuern, um dort neuen Schwung zu holen. Oft war es sehr schwer zu entscheiden, welche der vielen Spuren die beste war. Einmal blieben wir stecken, aber für sieben Leute war es einfach, den Käfer wieder auf die "rechte Bahn" zu bringen. Weitaus größere Schwierigkeiten hatte der VW-Bus, weil er sehr schwer beladen war und deshalb nicht auf die nötige Geschwindigkeit kam. Außerdem war er nicht so wendig wie unser Auto und konnte oft nicht rechtzeitig die Spur wechseln. Wir buddelten ihn mit Hilfe von Sandblechen mehrmals frei. Bei einem fremden Fahrzeug machte das viel mehr Spaß als beim eigenen.

Nachdem der "Elefant der Piste" seine Wüstentauglichkeit bewiesen hatte, fuhren wir voraus. Sobald wir ein Sandfeld passierten, daß für die Österreicher schwierig zu werden schien, warnten wir sie mit der Blinkanlage. So erreichten wir relativ problemlos die nigrische Grenze in Assamaka.

Der große Platz vor der Grenzstation war mit Fahrzeugen gefüllt. Viele Leute warteten schon. Es war Mittagszeit, und die Zöllner waren zum Essen gegangen. An einer kleinen baufälligen Hütte hing zwar ein Schild mit der Aufschrift "Restaurant", aber es gab weder etwas zu trinken noch etwas zu essen. Als die Zollbeamten zurück waren, ging die Abfertigung schnell vonstatten, und wir machten uns auf den Weg zur 8 km entfernten algerischen Grenzstation, die aus mehreren Containern mitten in der Wüste bestand. Es dauerte eine halbe Ewigkeit, bis wir an der Reihe waren, obwohl niemand außer uns dort wartete. Als der Beamte die Männer in kurzen Hosen sah, befahl er barsch, sie sollten sich ordentlich anziehen, d.h. lange Hosen tragen.

Endlich wurden wir in einen der Container gerufen und als erstes nach der "carde grise", dem internationalen Kraftfahrzeugschein gefragt. Diese konnten wir ihm allerdings nicht vorweisen, da sie in Tanzania nicht zu bekommen gewesen war. Bislang hatten wir damit noch keine Probleme gehabt. Der Beamte wollte jedoch einfach nicht verstehen, daß wir dieses Papier nicht besaßen. Aus meiner Tasche holte ich alle Dokumente heraus, die ich bei mir hatte, und erklärte ihm immer wieder, daß tanzanische Autos diese Karte nicht benötigen.

Es gab ein Riesentheater. Schließlich nahm er sich doch das Carnet vor, sagte aber: "Sie können nicht einreisen und müssen zurück nach Tanzania." Ich lächelte ihn nur müde an und erwiderte nichts mehr. Es hatte keinen Zweck, mit ihm zu diskutieren. In der Hierarchie ganz unten, war er sich seiner momentanen Machtstellung bewußt und nutzte diese reichlich aus. Nach nochmaligem Zögern stempelte er das Carnet endlich ab.

Dafür mußten wir das ganze Auto auspacken. Der Zöllner schnüffelte zwar überall im Gepäck herum, aber es war wohl eher Neugier. Versteckte Sachen hätte er so nicht gefunden, und unsere Wertgegenstände hatten wir deklariert. Als endlich alle drei Fahrzeuge hinter dem Schlagbaum standen, war es 18.30 Uhr. Auf beiden Seiten der Grenze warteten mehrere Autos, die nicht mehr abgefertigt wurden, denn der Grenzposten schloß um 18 Uhr. In dreieinhalb Stunden drei "bearbeitete" Wagen: "Es ist alles eine Frage der Zeit und der Organisation".

Wir beschlossen, nicht in das 7 km entfernte En Guezzam zu fahren, sondern in der Wüste zu übernachten. Die Strecke sollte sehr sandig sein, und es war schon fast dunkel. So suchten wir uns ein Schlafplätzchen. Bald bekamen wir Besuch von einer kleinen Wüstenmaus, die sich sehr für unsere Teebeutel interessierte, sie aber auch unter größten Anstrengungen nicht wegschaffen konnte. Wovon sie sich wohl in diesen Sandfeldern ernährte?

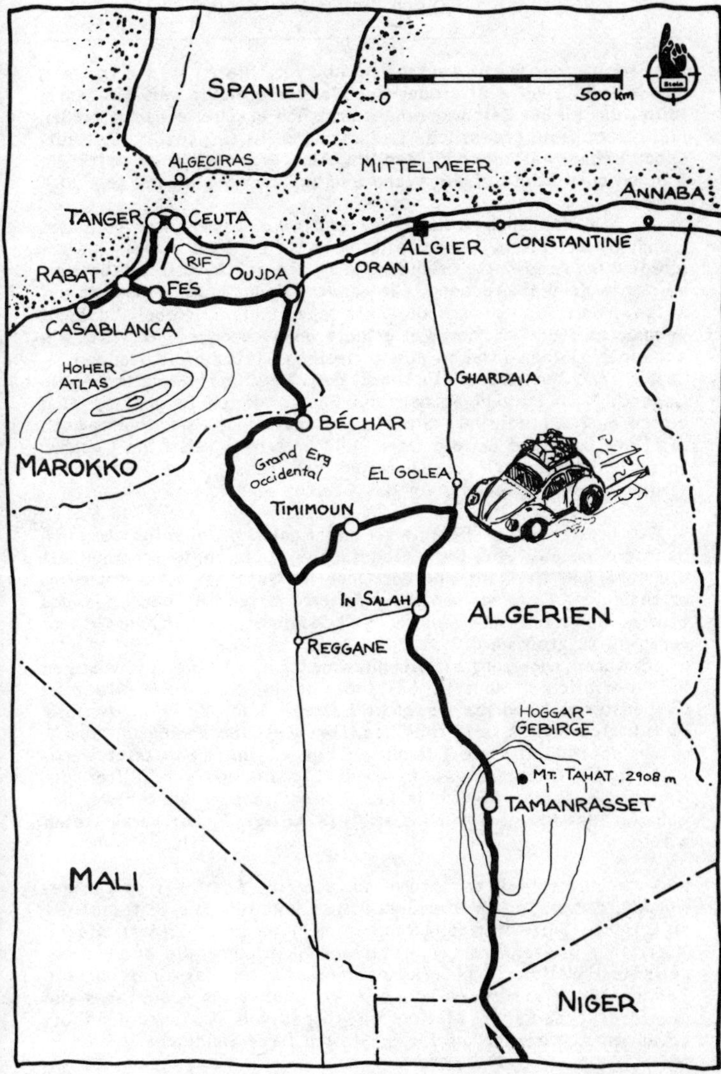

SPANIEN
0
500 km
ALGECIRAS
MITTELMEER
ANNABA
TANGER
CEUTA
RIF
ALGIER
CONSTANTINE
ORAN
RABAT
OUJDA
FES
CASABLANCA
HOHER ATLAS
GHARDAIA
BÉCHAR
MAROKKO
Grand Erg occidental
EL GOLEA
TIMIMOUN
In Salah
ALGERIEN
REGGANE
HOGGAR-GEBIRGE
MT. TAHAT, 2908 m
TAMANRASSET
MALI
NIGER

Mitten in der Nacht wachte ich auf. Verschlafen stellte ich fest, daß ich völlig von flatternder Zeltplane eingehüllt war. Ein Sturm tobte, das kleine Zelt war eingestürzt. Ich krabbelte nach draußen und bekam eine ordentliche Ladung Sand ins Gesicht. An Zeltauf- oder -abbau war nicht zu denken. Also legte ich mich mit dem Rücken zum Wind auf die Plane und zog den Schlafsack fest zu.

Am nächsten Morgen hatte der Sturm keineswegs nachgelassen. Mund, Nase, Ohren, Augen, alles war voller Sand. Selbst im geschlossenen Auto hatten sich kleine Dünen gebildet. Das Frühstück knirschte dementsprechend. Wir konnten kaum etwas sehen, da der aufgewirbelte Sand durch die Luft fegte und wie Nebel die Sicht versperrte. Kurz vor der Weiterfahrt entdeckten wir, daß wir wie auf einer kleinen Insel in einem riesigen Tiefsandfeld standen.

Wir machten uns zu Fuß auf den Weg und inspizierten die Gegend. Nach langem Suchen und Beratschlagen fanden wir eine einigermaßen befahrbare Strecke und markierten sie. Immer noch pfiff uns der Sand um die Ohren und brannte höllisch im Gesicht. Jetzt verstanden wir auch, warum die Tuareg sich meterlange Tücher um den Kopf und vor das Gesicht binden.

Wir bestiegen die Fahrzeuge und kamen problemlos aus dem Sandfeld heraus. Aus der gelbgefärbten Luft ragte schemenhaft die hohe Richtfunkantenne der Oase En Guezzam, an der wir uns orientierten. Ohne diesen "Wegweiser" hätten wir das Ende des Sturms abwarten müssen, da die Gefahr, sich hoffnungslos zu verirren, zu groß war.

So waren wir froh, als wir En Guezzam, das nur aus wenigen halb zerfallenen Häusern bestand und im Sandsturm wie eine Gespensterstadt wirkte, erreicht hatten. Beim Zoll konnten wir eine kleine Menge Geld tauschen. Den Rest des Zwangsumtauschsatzes von 400 DM pro Person mußten wir in Tamanrasset wechseln. In En Guezzam gab es sogar Benzin, und wir füllten die Kanister auf. Man konnte ja nie wissen, wann es wieder welches gab. Auf das faulig riechende schwefelhaltige Wasser verzichteten wir.

Noch immer hielt der Sturm an, aber die Sicht war so gut geworden, daß wir die Weiterfahrt wagen konnten. Die Piste auf der algerischen Seite war längst nicht mehr so gut markiert wie im Niger. Wir hielten uns genau auf der Hauptpiste, die durch unser geliebtes "Wellblech" unverkennbar und für uns das einzig sichere Zeichen für den richtigen Weg war. Von den vielen Autowracks, die die Strecke säumten, hielten wir respektvoll Abstand, denn oft befanden sich gerade an diesen Stellen tiefe Sandlöcher.

Die Wüste änderte ihr Gesicht: Die weite Ebene hatten wir hinter uns gelassen; schemenhaft konnten wir nun Steine und vereinzelte kleine Dünen erkennen. Zudem ging es leicht bergauf, der Weg wurde steiniger. Das tat unseren Reifen, aus denen wir die Hälfte der Luft rausgelassen hatten, um mit breiterer Auflagefläche leichter durch den Sand zu kommen, nicht gut. Aber wir konnten nicht ständig Luft aufpumpen, um sie nach wenigen Kilometern beim nächsten Sandfeld wieder abzulassen. Einige Steigungen waren stark versandet. Aber der Käfer schaffte es im "Geländegang", wie wir den ersten Gang getauft hatten, da wir ihn nur in besonders tiefem Sand brauchten. Den Bus schaufelten wir wieder frei. Darin hatten wir langsam Übung.

Am Nachmittag legte sich der Sturm, und wir hatten Weitblick. Eine grandiose Felslandschaft breitete sich vor uns aus. Bizarre, von Sand und Wind verwitterte Steinriesen bildeten einen fantastischen Anblick. Wir hatten bereits die Ausläufer des Hoggar-Massivs erreicht. Kurz vor Einbruch der Dunkelheit fuhr sich der VW-Bus total fest. Wir brauchten fast zwei Stunden, um ihn zentimeterweise mit Sandblechen aus dem Sand zu befreien. Ziemlich erschöpft saßen wir dann beim Tee.

Wir waren jetzt kurz vor den "Dünen von Laoni", dem schwierigsten und sandigsten Teil der Strecke. Die Bandbreite der Informationen über diese ca. 60 km lange Dünenpassage reichte von "An eurer Stelle würde ich mich gleich erschießen" über "Da schaufelt ihr mindestens zwei Tage lang" bis:"Es gibt eine gute Umfahrung um die Dünen, die von Norden fast gar nicht zu finden ist, aber von Süden werdet ihr praktisch automatisch dahingeführt."

Die Piste war über weite Strecken überhaupt nicht gekennzeichnet, oder es gingen markierte Fahrwege in zwei oder drei verschiedene Richtungen ab. Oft bestanden die Wegweiser aus zu Türmchen aufgehäuften Steinen, die sich kaum von den natürlichen Steinformationen unterschieden. Deshalb blieb das "Wellblech" über große Entfernungen unsere einzige Orientierungshilfe. Einmal versperrte uns eine Wanderdüne den Weg. Wir machten einen ausgiebigen Spaziergang und kamen zu der Überzeugung: Hier führt kein Weg durch. Wenige Kilometer vorher hatten wir eine Kreuzung passiert, d.h. eine breite Piste war nach Westen abgezweigt.

Wir kehrten um und nahmen die andere Strecke. Diese führte uns sehr weit westlich. Immer wieder durchfuhren wir kleine Sandfelder, aber laut Kilometeranzeige des Tachos mußten wir bereits an den Dünen vorbei sein, obwohl wir sie nicht einmal gesehen hatten. Hatten wir wirklich die Umfahrung gefunden oder uns hoffnungslos verfranzt? Schon seit längerer Zeit war uns kein

Fahrzeug mehr begegnet. Deshalb hielten wir immer wieder an und berieten, welche Richtung wir einschlagen wollten. Da das "Wellblech" uns treu begleitete, fuhren wir darauf weiter. Als uns ein Lastwagen entgegenkam, hielten wir ihn an und fragten den Fahrer. Ja, versicherte er uns, wir seien auf dem Weg nach Tamanrasset. Uns fiel ein Stein vom Herzen.

Die Landschaft wurde zusehends gebirgiger; riesige schwarze Steinhaufen türmten sich entlang des Weges auf. Auf einem Wegweiser stand "Tam 135 km". Wir würden die Oase also bis zum Abend noch erreichen. Kurz vor Sonnenuntergang kamen wir auf die Teerstraße, die 60 km vor der Stadt beginnt. Der Ausbau bis nach Arlit ist geplant. Wir waren jedoch froh, daß die Straße noch nicht fertig war. Denn der besondere Reiz der Sahara besteht für mich darin, hier eines der letzten Fleckchen unbesiegter Natur erleben zu können. Zu gern hätte ich die Wüste abseits der Hauptpiste erforscht, aber dazu war der "Elefant der Piste" nun wirklich nicht das richtige Auto.

Im Abendsonnenlicht fuhren wir durch das fantastische Hoggar-Massiv. Schwarze, zerklüftete Granitfelsen ragten drohend aus den riesigen Steinhaufen hervor. Die Straße führte an einem ausgetrockneten Flußbett, einem sogenannten Wadi, entlang. Immer wieder sahen wir Schirm-Akazien.

Nur selten ist die Wüste völlig pflanzenlos. Die Wüstenflora hat sich den extremen Bedingungen angepaßt. Entweder haben die Pflanzen sehr lange Wurzeln, die bis in Erdschichten vordringen, die Feuchtigkeit führen, oder die Wurzeln liegen breitgefächert an oder direkt unter der Erdoberfläche. Kombinationen beider Wurzelarten treten auf. Außerdem gibt es die sogenannte Regenflora: Knollen, Zwiebeln und Samen überdauern fast unbegrenzt die Trockenzeit. Sobald es regnet, keimen und wachsen sie binnen weniger Tage. Im Hoggar und Tibesti gedeihen auch Bäume, z.B. Akazien, Tamarisken, Feigen, Oleander und Zypressen.

Die Lichter von Tam, wie die Oase allgemein abgekürzt wird, irritierten uns. Schon nach wenigen Tagen in der Wüste fiel es schwer, sich wieder an die Zivilisation zu gewöhnen. Zu großartig waren die Landschaft und das Gefühl absoluter Freiheit gewesen. Natürlich freuten wir uns auch, das schwierigste Stück entgegen allen Voraussagen so problemlos geschafft zu haben.

Wegen seiner zentralen Lage im Maghreb (arabisch: Westen; das ist die Bezeichnung für den westlichen Teil der mohammedanisch-arabischen Welt) wurde Algerien schon früh der französischen

Kolonialherrschaft unterworfen. Die Franzosen landeten bereits 1830 in Algier, um von hier aus den gesamten Maghreb zu erobern. Erst 1962 erreichte Algerien nach einem blutigen Befreiungskrieg die politische Unabhängigkeit.

Die lange Fremdherrschaft zerstörte die Gesellschaftsstrukturen des Landes nachhaltig und führte zur Massenverelendung. Die besten landwirtschaftlichen Flächen wurden von eingewanderten Siedlern monopolisiert, so daß sie zu Großgrundbesitzern aufstiegen. Auch der Arbeitsmarkt wurde zugunsten der städtischen Siedler abgeschottet. Zwei Jahre vor der Unabhängigkeit lebten 312.000 Europäer im Großraum Algier; die Gesamteinwohnerzahl dieses Gebietes betrug ca. 870.000.

Heute ist Algerien eine "Demokratische Volksrepublik" mit dem Islam als Staatsreligion und einem Einparteiensystem unter Staatspräsident Ben Jedid Chadli. Im Rahmen des "Islamischen Sozialismus" wurde die dreifache Revolution proklamiert: Industrialisierung, Agrarreform, Kulturrevolution. Von allen Maghrebstaaten ging Algerien den extremsten Weg zur Beseitigung des Agrarsystems aus der Kolonialzeit.

Zuerst wurden ca. 2,7 Mio. Hektar Landfläche enteignet und in einen staatlich kontrollierten Sektor eingegliedert. Produktionsgenossenschaften wurden gegründet, Verkauf und Verpachtung von Ländereien untersagt, der Privatbesitz an Landwirtschaftsfläche auf eine bestimmte Größe beschränkt. Diese Reform wurde von der Landbevölkerung im großen und ganzen unterstützt, es fehlte aber an Führungskräften. Obwohl noch heute die meisten Selbstverwaltungsbetriebe nicht rentabel arbeiten, ist insgesamt ein Fortschritt sichtbar.

Landwirtschaftliche Hauptausfuhrgüter Algeriens sind Wein, Früchte, Frühgemüse, Halfagras, Kork, Häute und Datteln aus den Oasen. Die riesigen Erdöl- und Gasvorkommen in der Sahara werden zunehmend ausgebeutet. 1987 betrug die Ausfuhr an Erdöl und Erdgas über 75 % des Gesamtexports.

Die Oase Tamanrasset, durch Erdölvorkommen zu einer modernen Stadt geworden, ist ein Haupttreffpunkt für alle Wüstenfahrer (Campingplatz "Oasis") und Ausgangspunkt für Rundfahrten durchs Hoggarmassiv. Auch wir wollten die Assekremtour (Assekrem: einer der höchsten Hoggarberge, Paßhöhe 2.600 m, mit kleiner "Auberge") machen. Allerdings waren weder der Käfer noch der VW-Bus für eine solche Strecke geeignet. Deshalb mieteten wir für zwei Tage ein Geländefahrzeug.

Am Abfahrtstag wachte ich schon sehr früh vom Sandsturm auf. Der Himmel war grau und verhangen. Wir machten uns trotzdem

 Algerien: Dünen des Grand Erg occidental ➾

auf den Weg. Bei diesem Wetter wirkten die riesigen Basalttürme noch viel gespenstischer als bei Sonnenschein. Unser erstes Ziel war die Chapuis-Quelle, aus der klares, perlendes Mineralwasser sprudelt. Nur 12 km von Tam entfernt, ist sie ideal zur Auffrischung der Wasservorräte.

Dann besuchten wir eine gewaltige Felsschlucht. Wenn es regnet, läuft das Wasser stufenförmig über die Felsen und sammelt sich in einem Wadi. Der grüne Oleander mit seinen rosa Blüten erschien uns inmitten der kargen Felsen wie ein Wunder. Weiter ging die Fahrt über eine sehr steinige, steile Piste auf das Hoggar-Hochplateau. Von hier blickten wir auf die unendlichen Steinmassen, aus denen die Basaltsäulen hervorragen. Inmitten dieser Steinwüste gab es immer wieder kleine Wadis, Pflanzen und Zeltdörfer der Tuareg.

Gegen Mittag legten wir in einem der Wadis eine Pause ein. Unser Führer, dessen eine Mutter Tuareg ist, bereitete für uns in einer langen Zeremonie den süßen, starken Pfefferminztee, der überall in Algerien getrunken wird. Staunend saßen wir da und bewunderten die Geschicklichkeit, mit der er den Tee im hohen Bogen schwungvoll von einer Kanne in die andere goß. Die Entfernung der beiden Gefäße zueinander betrug sicherlich 50 cm, aber kein Tropfen Tee ging verloren. Drei Gläschen mußte jeder trinken - so schreibt es der Brauch vor.

Der Assekrem ist besonders berühmt wegen des grandiosen Ausblicks auf die Hoggar-Berge und der einmaligen Sonnenauf- und untergänge. Leider hatten wir Pech. Es begann zu regnen und zu hageln, die Berggipfel waren in Nebel gehüllt. Die Sonne zeigte sich kein einziges Mal. Wir besichtigten noch die Klause des französischen Paters Foucauld, der bis 1916 abwechselnd in Tam oder hier lebte. Er beschäftigte sich eingehend mit den Sitten und Gebräuchen der Tuareg, lernte ihre Sprache und Schrift, gab eine Grammatik und ein Wörterbuch heraus, dokumentierte Lieder, Gedichte und Sagen der Tuareg. Er wollte sie nicht missionieren, sondern ihnen helfen.

Als wir von unserem Spaziergang zurückkamen, war die Auberge zum Bersten voll von Menschen. Eine 60köpfige deutsche Touristengruppe war eingetroffen. Die wenigen Zimmer - einschließlich des Eßraums - waren zu Matratzenlagern umfunktioniert worden. Daß wir so früh angekommen waren und uns Matratzen und ein Schlafplätzchen gesichert hatten, erwies sich als günstig. Irgendwie schafften wir es auch noch, in dem Gedränge unser Abendessen zu kochen, und krochen dann in unsere Schlafsäcke.

Am nächsten Tag wurde das Wetter nicht besser. Auf dem Rückweg nach Tam zeigte uns der Führer einige Felszeichnungen. Obwohl sie nicht zu den berühmtesten der Sahara gehören, beeindruckten sie mich sehr. Besonders interessant fand ich die Abbildung einer Giraffe. Ob diese Tiere wirklich hier gelebt haben? Vorstellen konnte ich es mir schon, denn die flachen Ebenen, die wir jetzt durchquerten, erinnerten mich sehr an die Steppen Ostafrikas.

Am nächsten Morgen verließen wir Tam in Richtung Norden. Von der Asphaltstraße waren nur noch Schlaglöcher übrig; große Strecken waren gesperrt, da die Straße ausgebessert wurde. Wir fuhren auf der nicht gerade guten Piste neben der Fahrbahn. Wieder änderte die Wüste ihr Gesicht. Die schwarzen Felsen des Hoggar verschwanden, weite Ebenen mit hellen Sandsteinformationen traten an ihre Stelle.

Ungefähr 60 km vor dem kleinen Ort Arak liegt das Grabmal (Marabut) für einen Heiligen namens Sidi Moulay Lasehne. Nur wer diesen Marabut dreimal umkreist, kann auf einen glücklichen Ausgang der Wüstendurchquerung hoffen. Natürlich wollten auch wir das Schicksal nicht herausfordern und machten uns auf die Suche nach dem Grabmal. Das war gar nicht so leicht, weil die Angaben auf der Karte ungenau waren und von den Markierungstonnen, die den Weg dorthin anzeigen sollten, keine mehr vorhanden war.

Schließlich fragten wir einen Lastwagenfahrer, der uns die Abzweigung zeigte. Der Abstecher lohnte sich allein schon wegen der herrlichen Landschaft. Wind und Sand hatten hier aus den Felsen wahre Kunstwerke gezaubert: kreisrunde Löcher, Fabelwesen, Elefanten, die Kopf an Kopf dastanden. Vor einer hohen Felswand lag der schneeweiße Marabut und glitzerte in der Sonne. Vor uns umkreiste ein algerisches Fahrzeug das Heiligtum dreimal entgegen dem Uhrzeigersinn. Wir taten es anschließend ebenfalls. Nun konnte uns eigentlich nichts mehr passieren.

Die Fahrt über die "Wellblechpiste" war mühsam. An einer sehr sandigen Passage standen bereits mehrere Lastwagen. Einer steckte schon tief im Sand. Einen Umweg gab es nicht. Wir berieten die Lage und entschlossen uns, es mit viel Schwung zu versuchen. Notfalls waren ja genug Leute da, um den Käfer durch den Sand zu schieben. Bevor der nächste Lastwagen die Spur noch tiefer graben konnte, stellte ich den Käfer in Startposition. Alle blickten gebannt auf das kleine blaue Gefährt. Ich nahm Anlauf und der Käfer "flog" über den Sand. Ein Algerier kam auf mich zu und schüttelte mir anerkennend die Hand. Ich wußte nicht, was ihn mehr beeindruckt hatte; die Tatsache, daß das Auto es geschafft hatte oder daß eine Frau am Steuer saß.

Etwa zehn Kilometer vor Arak war die neu asphaltierte Straße zur Fahrt freigegeben. Wir fuhren auf den Zeltplatz am Rande der gewaltigen Arakschlucht. Hier wollten wir auf die Österreicher warten. Der VW-Bus mußte halbstündlich anhalten und abkühlen. Da uns die Strecke nicht so schwierig erschienen war, hatten wir uns am Mittag getrennt. Jetzt machten wir uns doch Sorgen: die sandigen Passagen waren nicht gerade leicht gewesen. Wir hatten ausgemacht, daß wir Hans und Co. suchen würden, falls sie bis zum Mittag des nächsten Tages nicht in Arak ankamen.

Schon auf der Fahrt merkten wir, daß diese Abmachung unter den gegebenen Umständen völlig unzureichend war. Die gesamte Asphaltstrecke war - entgegen unseren Informationen - wegen Bauarbeiten gesperrt. Wie immer führten verschiedene Pisten rechts und links der Straße entlang, die keineswegs immer parallel und in Sichtweite der Hauptstrecke verliefen. Es wäre also reiner Zufall gewesen, den VW-Bus zu finden. Den Fahrer eines entgegenkommenden Fahrzeuges hatten wir zwar gebeten, auf einen hellen VW-Bus zu achten, und, falls er ihn sehe, den Österreichern auszurichten, daß sie sich im Falle von Schwierigkeiten direkt an die Asphaltstraße stellen sollten, aber wieder einmal merkten wir, wie wichtig es war, ganz klare Abmachungen zu treffen, die möglichst viele Eventualitäten einschließen.

So waren wir alle froh, als am nächsten Morgen um 7.30 Uhr "Fennek" (Wüstenfuchs, Kosename für diesen VW-Bus) mit unseren drei Freunden auf den Zeltplatz rollte. Sie hatten keinen Sand gesehen, denn sie waren stur auf der gesperrten Straße geblieben und hatten sich an einer Polizeikontrolle herausgeredet. Unsere Nachricht hatten sie übrigens auch bekommen. Wieder vollzählig, machten wir uns auf den Weg nach In Salah. Erneut änderte die Wüste ihr Gesicht. Jetzt erreichten wir zum ersten Mal haushohe Sanddünen. Wir hatten schon lange gemerkt, daß die landläufige Vorstellung, die Wüste bestehe nur aus Dünen, völlig falsch war.

Gegen Abend erreichten wir In Salah, die heißeste Oase der algerischen Sahara. Sie war früher der Kreuzungspunkt der Karawanen von Ost nach West und von Süd nach Nord gewesen. Elfenbein, Gold und Salz waren auf diesen Wegen transportiert worden. Die Sklavenhändler hatten jährlich über 1.000 Sklaven auf dieser Route an die Küste gebracht. Uns fiel der hohe Anteil der schwarzen Bevölkerung in In Salah auf. Es sind die Nachkommen der Sklaven, die den durchziehenden Sklavenhändlern abgekauft worden waren, um sie als Arbeitskräfte beim Bau der Foggaras, der unterirdischen Wasserleitungssysteme, einzusetzen.

In Salah ist ständig vom Einsanden bedroht. Große Dünen im Osten der Stadt wandern auf die Stadt zu und sanden die Häuser am Ostrand ein. Dafür bauen die Bewohner am Westrand neue Häuser. So wandert die Stadt im Jahr ca. 30-40 cm nach Westen. Wir bummelten durch die Straßen und über den Markt. Am Abend veranstalteten wir ein kleines Fest anläßlich der gelungenen Wüstendurchquerung, weshalb sich jeder ein Bier zu umgerechnet 10 DM leistete.

In In Salah löste sich unsere kleine Karawane auf. Die Schweizer und Österreicher machten sich auf den Weg nach Tunesien, wir fuhren Richtung Marokko weiter. 170 km nach In Salah war die frisch geteerte Straße zum Befahren freigegeben worden. Erleichterung über die problemlose Saharadurchquerung mischten sich mit dem schmerzlichen Bewußtsein, daß - jedenfalls für diesmal - die großen Abenteuer hinter uns lagen.

In Timimoun, einer wunderschönen Oase am Rande des großen westlichen Ergs, einer riesigen Sanddünenlandschaft, erholten wir uns einige Tage von den Strapazen der Reise. Wir genossen das satte Grün in den schattigen Palmengärten und den Blick auf das Dünenmeer des Grand Erg Occidental. Beeindruckt waren wir von den verzierten Hauswänden. Auf die Mauern, manchmal auch auf Decken, wird eine zusätzliche Gipsschicht aufgetragen, die in Rechtecke unterteilt wird. Die Kunsthandwerker ritzen Ornamente aus abstrakten und geometrischen Formen ein, die sich auf keinem der Rechtecke vollständig wiederholen.

In der Sebkha, einem ausgetrockneten Salzsee, sammelten wir Sandrosen und Gebilde aus kleinen Steinkugeln. Die Kugeln sind miteinander verbunden und erinnerten uns an Molekülmodelle aus dem Chemieunterricht.

Auf der letzten Wüstenetappe durch das Erggebiet zeigte sich die Sahara noch einmal von ihrer garstigen Seite. Kurz nachdem wir aus Timimoun abgefahren waren, kam ein heftiger Sandsturm auf, der den ganzen Tag anhielt. Mit 60 km/h schlichen wir auf der Asphaltstraße entlang. Der Sand vernebelte die Aussicht auf die Dünen. Statt dessen konnten wir das Anwachsen der Sandberge im Auto beobachten. Es wurde merklich frischer. Erstmals seit Nordkenia kletterte das Thermometer nicht mehr über 20 Grad C. Da die Heizung in unserem Auto nicht funktionierte, holte ich meinen Schlafsack heraus und kroch hinein.

Am Abend erreichten wir Bechar, eine moderne Industriestadt, die bereits in der Trockensavanne liegt. Die Wüste hatten wir nun endgültig hinter uns gelassen. Doch erst jetzt sahen wir die Bescherung, die der Sand angerichtet hatte. Die Windschutzscheibe war völlig stumpf geworden, das Scheinwerferglas ebenfalls, das leuchtend rote Nummernschild matt orange, der Lack an vielen Stellen abgeschmirgelt. Ein Sandstrahlgebläse hätte es nicht besser machen können. Vielleicht wäre es doch ratsamer gewesen, das Ende des Sturms in Timimoun abzuwarten. Aber nun war es zu spät, und das Auto mußte auch ja nur noch wenige 1.000 km halten.

Abschied von Afrika

Marokko

Mit etwas gemischten Gefühlen machten wir uns auf den Weg zur marokkanischen Grenze. Nach unseren Informationen sollte sie geöffnet sein. Durch die anhaltenden Grenzstreitigkeiten zwischen Marokko und Algerien konnte sie allerdings von einem auf den anderen Tag geschlossen werden.

Wir hatten Glück. Auf der algerischen Seite verlief die Abfertigung schnell und reibungslos. Wir konnten sogar die Sandrosen und das Benzin - beides darf nicht in größeren Mengen ausgeführt werden - mitnehmen. Wir fuhren die wenigen Meter zum marokkanischen Grenzposten, der aus zwei großen Zelten bestand. Hier bekamen wir wieder ziemliche Schwierigkeiten, da wir keine "carde grise" hatten.

Über eine Stunde mußten wir vor dem Schlagbaum warten. Im Wechsel kamen die beiden diensthabenden Beamten, die sehr freundlich waren, an das Auto und fragten, ob wir denn wirklich dieses Papier nicht hätten."Nous n'avons pas une carde grise, parce que c'est une voiture de Tanzanie, et la-bas pas de carde grise." Diesen Satz radebrechten wir wohl zehnmal nacheinander. Wir merkten ihn uns gut und gebrauchten ihn auf der Weiterfahrt noch häufig. Er wurde auch ein "Spruch der Reise."

Unser Carnet interessierte sie nicht, denn es wird in Marokko nicht anerkannt. Auch die diversen Exportpapiere blieben ohne Beachtung. Per Telefon fragten die Zöllner bei ihrem Vorgesetzten in Figuig, der ersten Stadt auf marokkanischer Seite, um Rat. Das gefiel uns gar nicht, denn bei einer negativen Antwort blieb uns keine Bestechungsmöglichkeit und nur der Weg zur tunesischen Grenze. Aber darüber wollten wir uns erst den Kopf zerbrechen, wenn wir hier nicht passieren durften. Wir warteten. Schließlich kam der Rückruf aus Figuig. Der Vorgesetzte schien zu bestätigen, daß ein Carnet zur Einreise ausreicht, denn nachdem das Telefonat beendet war, wurden wir nach unseren Plänen gefragt.

Bald hatten wir die Stempel im Paß, eine Devisenerklärung mußten wir nicht abgeben. Die ist in Marokko erst bei ausländischer Währung in hohen Beträgen nötig, die wir nicht mehr besaßen. Aber zum ersten Mal mußten wir unseren Zweitpaß deklarieren. Wir fuhren erleichtert nach Figuig. Hier mußten wir uns noch einmal bei der Polizei und beim Zoll melden, bekamen noch einen Stempel und hatten damit alle Formalitäten erledigt.

Durch die weite, grüne Hochebene des Atlasgebirges ging die Reise weiter.

Unser letztes Ziel war Fes, die heilige Stadt Marokkos. Schon auf dem Weg dorthin merkten wir, daß wir Europa näherkamen. Die Lehmhütten fehlten, Kleinstädte, die an Südeuropa erinnerten, traten an ihre Stelle. Rechts und links der Straße erstreckten sich große gepflegte Eukalyptus- und Zitrusfruchtplantagen.

Marokko, in der Antike von selbständigen Berberstämmen besiedelt, wurde ab dem 7. Jh. n. Chr. von den Arabern erobert und islamisiert. Während der Kolonialzeit wurde es in drei Protektoratsgebiete aufgeteilt: Im Norden spanisches Protektorat, die internationale Zone von Tanger, im Süden (größter Teil des Landes) französisches Protektorat. Die formale Souveränität Marokkos blieb während dieser Zeit bestehen, aber der Sultan hatte keinerlei Machtbefugnisse.

In den 20er Jahren bildete sich eine Nationalbewegung, die zuerst von den Protektoratsbehörden erfolgreich unterdrückt wurde. In den 30er Jahren schloß sich der Sultan, Sidi Mohamed Ben Youssef, dieser Bewegung an und wurde ein Symbol nationaler Einheit.

Die Verbannung und Absetzung Mohameds durch die Franzosen im August 1953 trug sehr zu seinem Prestige bei. 1955 entstand eine Befreiungsarmee, die ihren Hauptschwerpunkt auf dem Lande hatte. Vor allem angesichts der sich zuspitzenden Lage in Algerien gab die französische Regierung in Marokko nach. Mohamed kehrte im November 1955 zurück, Marokko wurde als unabhängiger Staat anerkannt. Noch heute ist es eine konstitutionelle Monarchie, Staatsoberhaupt ist König Hassan II.

Mit Erlangung der Unabhängigkeit verfügte Marokko plötzlich über einen modernen Verwaltungsapparat aus der Kolonialzeit. Aber die politische Elite besteht aus einer kleinen Zahl von Männern, die nahezu ausschließlich den oberen Schichten angehören. Persönliche Interessen stehen oft an erster Stelle und die größten Probleme - korrupte Verwaltung, Landflucht, explosionsartiges Bevölkerungswachstum, Arbeitslosigkeit, fallender Lebens- und Bildungsstandard - bleiben ungelöst.

Vor allem die Industrialisierung wird vorangetrieben. Die Kluft in der Landwirtschaft zwischen dem immer noch auf traditionelle Weise geführten Subsistenzsektor und den modernen, vornehmlich für den Export produzierenden Großbetrieben verschärft sich weiter. Die ungleiche Landverteilung wurde im Gegensatz zu Algerien beibehalten.

Die Vernachlässigung des Anbaus von landwirtschaftlichen Erzeugnissen für den Eigenverbrauch und die Konzentration auf Exportgüter wie Bergbauprodukte, Zitrusfrüchte, Baumwolle, Wein,

Gemüse, Häute und Olivenöl, führt zu extremer Abhängigkeit des Landes vom Weltmarkt und wirft für die eigenständige Entwicklung große Probleme auf.

Gegen Mittag erreichten wir Fes. Es teilt sich in drei Stadtteile auf: die Altstadt (Medina), das jüdische Viertel (Fes el Jidd) und die Neustadt (Cité Novelle). Wir nahmen ein Hotel in der Cité Novelle, die mit ihren vielen Straßencafes, breiten Alleen und großzügigen Parkanlagen eine gemütliche südliche Atmosphäre ausstrahlt. Von hier aus unternahmen wir ausgiebige Streifzüge in die engen verwinkelten Gassen von Fes el Jidd und der Medina, die zu den schönsten Nordafrikas gehört.

Wir betraten sie durch eines der berühmten, mit Mosaiken reich verzierten Stadttore. Immer wieder wurden wir in das Labyrinth schmaler und schmaler werdender Gäßchen gezogen. Es war gar nicht leicht, dort allein wieder herauszufinden. Auf diesem riesigen Bazar reihte sich Geschäft an Geschäft. Die größten Sehenswürdigkeiten: Teppichknüpfer bei der Arbeit, die Gassen der Gerber, Wollfärber, Kupfer- und Silberschmiede. Es gibt autorisierte Führer, die die Stadtführung zu einem festgesetzten Preis machen. Das erspart das ständige Abwimmeln ganzer Horden Kinder, die meist von Geschäftsleuten zum Kundenfang angeheuert werden und einen, statt wie versprochen zu den Gerbern, ins nächste Teppichgeschäft führen.

Wir waren überrascht von der Freundlichkeit und Unaufdringlichkeit der Marokkaner. Sie sind - wie alle Araber - geschickte Geschäftsleute und Händler. Bei süßem Pfefferminztee verhandelten sie stundenlang mit uns über Preise für Teppiche und Souvenirs. Auch wenn wir nichts kauften, uns nur die Technik des Teppichknüpfens oder die verschiedenen Teppichqualitäten erklären ließen, blieben sie freundlich.

Das bunte Treiben in den engen Gassen, wo nur Menschen und Esel Platz haben, die verschleierten Frauen, die Männer im traditionellen langen Mantel (Djellaba), das Feilschen und Handeln an allen Ständen, der schwere Duft der Parfüms und Gewürze, die Rufe der Muezzins von den Minarets, all das zog uns in seinen Bann und ließ uns für Stunden die Welt draußen vergessen. Wir waren in einem Märchen aus 1001 Nacht.

Zum hoffentlich letzten Mal mußte der Käfer zum "Doktor". Der Gaszug war vom Sand so verklemmt, daß wir nur noch mit Vollgas fahren konnten. Thorsten hatte eine glänzende Idee: Er zog den Gaszug heraus, band das Ende an eine lange Schnur und legte diese nach vorne. Ich gab mit der Hand Gas, während er fuhr.

Eine etwas ungewöhnliche Konstruktion, sie führte uns aber zur nächsten Werkstatt. Die Automechaniker schauten recht verblüfft. Sie reparierten den Gaszug; die völlig kaputten hinteren Stoßdämpfer konnten nicht ausgetauscht werden. Aber bei vorsichtiger Fahrt ging es auch so, zumal wir jetzt keine Pisten mehr zu bewältigen hatten.

Wir machten noch einen kurzen Abstecher nach Casablanca, um uns vom Atlantik zu verabschieden. Hinter dem romantischen Namen verbirgt sich die größte und modernste Stadt des Maghreb. Über die Küstenstraße, vorbei an weiten, menschenleeren Stränden, machten wir uns auf nach Ceuta, das noch heute zu Spanien gehört. Die letzten Kilometer afrikanischen Bodens lagen vor uns.

Da die spanischen Zöllner ausgerechnet unser Auto nach Rauschgift absuchen mußten, versäumten wir die letzte Fähre des Tages nach Algeciras um zehn Minuten. Wir kauften Tickets für den nächsten Morgen. Bei der Suche nach einem Hotel kamen wir auf eine Rundstraße, die sich in Serpentinen steil auf einen Berg schlängelt. Von hier hatten wir einen herrlichen Blick auf die Lichter des Hafens und der Stadt.

Europa - Wir sind am Ziel

Am nächsten Morgen wurde Käfer auf der Fähre verstaut. Wir waren tatsächlich auf der "Straße von Gibraltar" und konnten Europa schon sehen. Wehmütig schaute ich zurück nach Afrika.

Noch vor drei Monaten war diese Meerenge so fern und unerreichbar gewesen, und nun standen wir auf der Fähre. Ein großartiges Erlebnis lag hinter uns. Obwohl wir sicherlich durch Vorsicht und richtiges Verhalten in den meisten Situationen viel zum Gelingen der Tour beigetragen hatten, war doch auch eine Menge Glück im Spiel gewesen: kein Regen in Zaire, in allen größeren Orten Benzin, keine irreparablen Schäden am Auto, überall offene Grenzen, keine ernsthaften Probleme mit Militär oder Polizei. Wir sind nicht schwerkrank geworden, wurden nicht überfallen und kaum bestohlen. Wir waren uns trotz der beengten Bedingungen fast gar nicht auf die Nerven gegangen. Eine rundherum gelungene Sache.

In Malaga kauften wir einige kleine Dosen Farbe. Thorsten malte eine wunderschöne gelbe Afrikakarte auf die Fahrertür. Ganz genau zeichnete er die Reiseroute in Rot ein. "L'Elefant de la Piste", Käfers Ehrentitel, prangte in großen roten Buchstaben über dem Rückfenster. Jetzt konnten wir es uns leisten, ein bißchen anzugeben.

Die nächsten zweieinhalb Tage entfernten wir uns nur noch zum Schlafen aus dem Auto. Wir wollten nach Hause. Spanien und Frankreich standen nicht auf dem Programm. Als wir die deutsche Grenze erreichten, hatte ich große Bedenken, ob wir mit unserer Klapperkiste überhaupt über die Grenze gelassen würden. Den TÜV-Bedingungen entsprach der "Elefant" nun wirklich nicht. Außer den hinteren Stoßdämpfern hatten sich auch noch die Hupe, die Kilometer- und die Tachoanzeige "verabschiedet". Das "Milchglasfenster" und die stumpfen "Augen", die von Steinen durchlöcherten Kotflügel, die nach oben gebogenen Auspuffrohre und die abgefahrenen Reifen wirkten nicht sehr vertrauenerweckend. Auch die Sandbleche und der Spaten auf dem Dachgepäckträger waren ein für Europa ungewöhnliches Gepäck.

Der Zollbeamte schaute hilflos auf das TX-Kennzeichen, dann auf die Karte an der Tür. "Sie kommen aus T...", stotterte er. "Ja, aus Tanzania." "Sie haben ja gar kein Länderzeichen am Wagen", bemerkte er. Wir erklärten ihm, daß es so etwas dort nicht zu kaufen gebe. "Sie müssen sich hier unbedingt eines drucken lassen, sonst könnte man ja glauben, Sie kämen aus Texas." Wir versicherten ihm, daß wir das sofort tun würden, ließen noch die Standortbescheinigung des Carnets ordnungsgemäß abstempeln und fuhren Richtung Bielefeld.

Nachdem wir unser Ziel erreicht hatten, zitterten wir um die letzten Kilometer. Der "Elefant" enttäuschte uns nicht, obwohl ihm der Asphalt wenig zusagte, was er deutlich durch Nichtanspringen demonstrierte. Also schoben wir ihn an.

In Bielefeld verabschiedete ich mich von Thorsten und fuhr weiter. Es war ein merkwürdiges Gefühl, nach drei Monaten gemeinsamer Tour plötzlich allein im Auto zu sitzen. Dann das Ortsschild "Diepholz": Ich konnte es gar nicht glauben. Hatte ich alles nur geträumt? Ich war zu Hause.

REISE HANDBÜCHER
...für Trekker, Tramps & Traveller
MICHAEL HAAG
ÄGYPTEN Handbuch
REISE HANDBUCH
STEPHEN BEZRUCHKA
NEPAL 1 Trekking-Routen
WANDER HANDBUCH
STEPHEN BEZRUCHKA
NEPAL 2 Trekking Handbuch
WANDER HANDBUCH
ROBERT STRAUSS
MIT DER Transsib
NACH CHINA, JAPAN UND HONGKONG
REISE HANDBUCH
ERICH HOYT
Alle Wale der Welt
THE WHALE WATCHERS HANDBOOK
REISE HANDBUCH
Conrad Stein Verlag
2300 Kiel 1, Burgstraße 4
Tel. 0431/93377

Vorbereitung und Tips

Der praktische Teil dieses Buches umfaßt die Erfahrungen unserer Reise. In "Vorbereitung und Tips" finden Sie Informationen und Ratschläge für die Vorbereitung einer Afrikareise. In der "Streckenbeschreibung" wird die Route länderweise abgehandelt. Sie enthält weitere Informationen, die für eine derartige Tour notwendig werden können, und beinhaltet die Beschreibung der Straßen- bzw. Pistenzustände, wie wir sie zur Zeit unserer Afrikadurchquerung vorgefunden haben.

Die Streckenbeschreibung folgt der Route, die wir auf unserer Fahrt wählten. Sie ist die von Afrika-Fahrern am meisten benutzte Strecke, wenn es daneben auch viele andere Möglichkeiten gibt. Die Kilometer-Angaben können nicht immer genau sein. Wir denken aber, daß die ungefähre Angabe des Streckenabschnittes und des dazugehörigen Zustandes die wichtigen und ausreichenden Angaben sind.

Möglicherweise erscheint Ihnen dieser Teil unseres Buches etwas trocken. Das ist immer ein Problem, wenn es hauptsächlich darauf ankommt, möglichst viele Informationen zu geben.
Wo an einer Stelle erwähnt werden müßte, was an anderer schon abgehandelt worden ist, finden Sie Querverweise in Klammern.

Die Befragung von Menschen, die uns während der Reise begegneten, stellte unsere Hauptinformationsquelle dar. Dabei haben wir gelernt mit den Erfahrungen anderer vorsichtig und überlegt umzugehen. Darum der folgende Satz: Keine Information kann vollständig in die eigene Situation übertragen werden.
Ein Beispiel: Zaire: Zwischen Buta und Aketi treffen wir drei Männer, die in einem Hanomag reisen. Auf unsere Frage, wie es denn weiter in Richtung Aketi mit der Piste aussehe, antworten diese, daß wir mit dem Käfer keine Probleme haben werden. Diese Information wird für uns fast zum Verhängnis. Die drei Männer haben die geringe Bodenfreiheit des Käfers falsch eingeschätzt. So kämpfen wir immer wieder mit tiefen Spurrillen auf weichsandiger Piste.

Uns standen die Karten Nr. 155, 11. Auflage und Nr. 153, 13. Auflage von Michelin zur Verfügung. Michelin weist in Zaire die Route über Bondo nach Zentralafrika als einzige für alle Fahrzeuge passierbare aus. Von diesem Teilstück des "Transafrican Highway" hatten wir immer wieder die größten Schauergeschichten gehört: Die Piste konnte wegen schlechtester Verhältnisse nicht befahren werden, und auch im trockenen Zustand war sie eine

Katastrophe (ausgetrocknete Schlammlöcher mit einer Tiefe bis zu 1,70 m).

Als schließlich die endgültige Entscheidung anstand, fuhren wir nicht über Bondo, sondern über Lisala/Gbadolite nach Zentralafrika. Diese Strecke halten wir als einzige für alle Fahrzeuge passierbare. Deshalb der Hinweis. Lassen Sie sich zunächst nicht von der Klassifizierung der Straßenqualität auf der Karte leiten, sondern entnehmen Sie der Karte eine bestimmte Route für die Sie sich entscheiden, nachdem Sie die Aussagen und Empfehlungen anderer Reisender abgewogen haben.

Die **länderübergreifende Währung** war der **US-Dollar.** Die Umrechnung auf den US-Dollar erfolgte nach dem während der Reise gültigen Weltmarkt-Kurs, der aber nicht immer in den Ländern genau bekannt war, so daß die Dollarnote aufgrund ihres Prestiges häufig einen höheren Wert besaß. Im Frühjahr 1987 wurde der Dollar knapp unter DM 2,- an den internationalen Banken gehandelt.

Der **Stand der Informationen ist vom Frühjahr 1987.** Bei Angabe von Daten aus einem früheren oder späteren Zeitraum ist dies in Klammern angemerkt. Von Änderungen sind vor allem Straßen- bzw. Pistenzustände, Preisniveau, Grenzformalitäten betroffen.

Vorbereitungszeit

Die Vorbereitungszeit hängt von der Länge der geplanten Reise, dem Fahrzeugtyp, der Ausstattung des Fahrzeugs (Ausbau usw.), der persönlichen Ausrüstung und natürlich der Erfahrung aus vorherigen Reisen sowie der Zeit ab, die die Beantragung von Visa in Anspruch nimmt. Mit 3 Monaten war unsere Vorbereitung in Tanzania sehr knapp bemessen. Zu empfehlen ist eine Vorbereitungszeit von 7-8 Monaten.

Unabhängig von diesen Faktoren sind die Vorlaufzeiten gewisser Impfungen (⇨ Gesundheit).

Zeitpunkt der Reise: Klima

In vielen Gebieten Afrikas nimmt das Klima entscheidenden Einfluß auf das tägliche Leben. Zu bedenken sind die **Trocken- und die Regenperioden.** In den tropischen Gebieten kennt man zwei Regenzeiten, in denen die Hauptmenge des Niederschlages fällt: "Die kleinen Regen" in den Wochen zwischen November und Dezember und die "großen Regen" in den Monaten März bis Mai.

So sollte es jedenfalls sein. Jedoch bleibt auch Afrika von den Änderungen des globalen Klimas nicht verschont. Und so kommt es schon seit einigen Jahren immer wieder vor, daß die Regen sehr unregelmäßig fallen.

Der Gesamtniederschlag pro Jahr ist nicht hoch, aber wenn es in den Tropen regnet, dann "schüttet es wie aus Eimern". Im Jahreswechsel schwankt das Tagesklima, ändern sich die Vegetation und der Zustand der Böden. Da die meisten Wege nicht asphaltiert sind, hängt die Qualität der Pisten vom Klima ab. Das bedeutet, daß Sie die jährlichen Klimaschwankungen bei Ihrer Reiseplanung mitberücksichtigen müssen. Das sollte man wissen, weil dies bei einem bevorstehenden Regen die Entscheidung über die Weiterfahrt beeinflußt.

In den Ländern, die innerhalb der Zone des tropischen Regenwaldes liegen, müssen Sie allerdings mit erheblich verlängerten Regenzeiten und mehr Niederschlag rechnen (mit dem Käfer wäre Zaire während der Regenzeit nicht zu durchqueren gewesen). Die genaueren Termine der Regenzeit in den einzelnen Ländern entnehmen Sie am besten aus Niederschlagstabellen. Die in der Einleitung erwähnten Karten enthalten solche Hinweise.

Hitze kann die Reise unerträglich machen, wenn man sich falsch verhält. In den nördlichen Gebieten der Sahelzone lagen die Temperaturen schon Anfang März 87 bei 48 Grad im Schatten. In In Salah, in der algerischen Sahara, werden im Sommer 60 Grad und mehr gemessen. Wenn dann der Wagen wegen Überhitzung oder wegen Motorschadens unwiderruflich liegen bleibt, kann es unter Umständen gefährlich werden.

Mit den Jahreszeiten ändern sich auch die Winde in Richtung und Stärke. Aus diesem Grund treten in der Sahara vor allem im Frühjahr vermehrt **Sandstürme** auf.

Fahrzeug und Ausrüstung

Welches Fahrzeug?

Die Wahl des Fahrzeuges hängt von Reisedauer, - route und Finanzen ab. Die ganze Strecke läßt sich in der Trockenzeit mit einem Käfer befahren. Bequemer und unabhängiger reist man mit Fahrzeugen, die ausreichend Platz zum Schlafen und für Verpflegung bieten. Wer sich abseits der Hauptverkehrswege bewegen will oder Zaire, Uganda und Tanzania in der Regenzeit durchquert, benötigt unbedingt ein geländegängiges Fahrzeug.

Irgendwann beginnt der Punkt, an dem Kompromisse zwischen Gewicht und Volumen und Platz und Tragfähigkeit geschlossen werden müssen. Bei einem Auto wie dem Käfer stößt man sehr schnell an diese Grenze. Aus diesem Grund mußten wir uns sehr einschränken.

Folgende **Ersatzteile** empfehlen wir auf jeden Fall mitzunehmen:
Verteiler
Kontakte
Zündkerzen
Verteilerfinger
Kohlen
Rotator
Birnen
Stoßdämpfer (jeweils für vorne und hinten)
Spurstangenköpfe
Kupplungsseil
Tachokabel
2 Ersatzreifen mit Felgen und Schläuchen
Benzinschlauch
Filter
Dichtungen
Keilriemen
Sicherungen
Ersatzwindschutzscheibe aus Plastik.

Es ist unmöglich, ein zweites Auto in Teilen mitzunehmen. Es gilt, das der Einfallsreichtum darüber entscheidet, ob man weiterkommt. Verzichten Sie deshalb eher auf das eine oder andere aufwendige Ersatzteil und nehmen Sie statt dessen Dinge mit, die vielseitig einsetzbar sind, wie z.B. feuerfestes Gummi, das man passend zurechtschneidet und so daraus eine provisorische Dichtung bastelt. Ebenso Bowdenzüge, die für unterschiedliche Zwecke verwendbar sind. Auch eine feste Plane, Draht und Schrauben können sich lohnen.

Wichtig ist, daß Ihr Fahrzeug **keine** schlauchlosen Reifen hat, damit Sie eine Reifenpanne selbst beheben können. Denken Sie deshalb an die Mitnahme entsprechender Werkzeuge. **Unbedingt erforderlich** sind Flickzeug (Schlauchgummi, Kleber, Schmirgelpapier) Montiereisen, Handpumpe oder Kompressor und Wagenheber.

Grundkenntnisse in Automechanik sollte man sich zulegen. Wir mußten Filter säubern, Zündkerzen wechseln, Kontakte überprüfen, Vergaser reinigen (das schließt beim Käfer An- und Abbau mit

TX 2528

ein), Bremsen lösen und einstellen, Keilriemen wechseln, die Lichtanlage reparieren usw.

Welches Werkzeug Sie benötigen werden, erfahren Sie am einfachsten, indem Sie mögliche Reparaturen und Wartungsarbeiten durchspielen.

Die Ausrüstung hängt sehr von den Bedürfnissen und Möglichkeiten der Reisenden ab. Es gibt jedoch Dinge, die Sie keinesfalls zu Hause lassen sollten.

Folgendes halten wir für unbedingt erforderlich:
Sandbleche
Spaten
langes Abschleppseil
Werkzeuge und Wagenheber
Ersatzreifen mit Felgen
Taschenmesser
Feuerzeuge, Kerzen, Streichhölzer
starke Zusatzscheinwerfer (manchmal sind Nachtfahrten unvermeidlich)
Benzinkanister aus Metall sind in Algerien vorgeschrieben, weil bei Plastikkanistern die Gefahr besteht, daß sie sich bei Hitze aufblähen und platzen)
Benzintrichter
Klebeband
starke Taschenlampe und Ersatzbatterien und/oder Leuchten, die am Fahrzeug angeschlossen werden können
Notration für mindestens 10 Tage. Wir haben diese Notreserve in Tütensuppen, Dosenbrot, Dosenfleisch, Nudeln, Tee, Zucker, Salz angelegt.
Tassen, Teller, Wasserflaschen, Eßbesteck
Taschentücher, Toilettenpapier, Seife
Gas- oder Benzinkocher mit dem nötigen Brennstoff in ausreichender Menge
Wasserkanister (für die Wüstendurchquerung sind 5 l Trinkwasser pro Kopf und Tag absolutes Minimum)
Wasserentkeimungstabletten (Mikropur)
Moskitonetz
kleines Zelt
Isomatten
warme Schlafsäcke

Anmerkung: Sandbleche sind ein hervorragendes Hilfsmittel. Verkaufen Sie sie nicht zu früh, Sie werden Ihnen noch dort unentbehrlich sein, wo manch anderer eine Seilwinde empfiehlt. Nach unseren Erfahrungen sind Seilwinden nur sehr bedingt einsetzbar.

Weiterhin empfehlenswert: Schneeketten, die wir bei der Durchquerung längerer Schlammpassagen aufzogen.
Thermosflasche, Plastikbehälter, Plastiktüten, Müllbeutel
Waschmaschine: Plastikeimer mit dichtem Deckel, in dem die Wäsche während der Fahrt ordentlich durchgeschaukelt wird - Waschpulver nicht vergessen.
"Cadeaux" oder "Bakschisch", kleine Geschenke, die oft ganz nützlich sind, wie Kugelschreiber, Feuerzeuge, Zigaretten, Seife etc.
Vorhängeschlösser (im Hotel und bei Expeditionen haben sie uns ein Gefühl der Sicherheit gegeben)
Geldgürtel
Insektenspray
Erfrischungstücher, um nötigenfalls Wasser zu sparen.
Bettbezug, der als leichter Schlafsack dienen kann
Regenschirm, z.B. um den Wind beim Benzineinfüllen aus Kanistern abzuhalten.
Wischtücher
Stahlketten, um beim Verlassen des Fahrzeuges Gegenstände im Innern zu sichern.
Drahtschloß für Dachgepäckträger
Wüsten- oder Skibrillen (Sandstürme).

Kleidung
Über Geschmack läßt sich streiten, nicht aber über zweckmäßige Kleidung, wenn es um ein Maximum an Funktion und ein Minimum an Gewicht und Volumen geht.
Wählen Sie leichte, helle, locker passende, gut waschbare und möglichst **lange Kleidung** aus Baumwolle. Das Tragen langer Beinkleider wird ohnehin an den Grenzen Marokkos und Algeriens verlangt.

Schuhe sollten so ausgewählt werden, daß sie möglichst vielseitig verwendbar sind, Schutz bieten und Halt geben. Sportschuhe und feste Lederboots sind eine gute Kombination, die für viele Situationen geeignet sind.

Vergessen Sie nicht, auch **warme Kleidung** und Schuhe mitzunehmen. In der Wüste wird es nachts kalt. In den "Mondbergen" oder auf dem Kilimanjaro sinken die Temperaturen bis in den Minusbereich.

Bei der Wahl der Kleidung sollten Sie auch gesundheitliche Aspekte beachten.

Gesundheit und Medikamente

Akklimatisation

Eine Reise durch den afrikanischen Kontinent setzt den Körper ungewohnten klimatischen Bedingungen aus. Es erfordert eine Zeit von etwa 3 Wochen, um sich dem neuen Klima anzupassen. Zeichen des Akklimatisationsprozesses sind Appetitlosigkeit und Gewichtsabnahme. Eventuell bemerken Sie eine besondere innere Abneigung gegenüber fetten und schweren Speisen. Salzen und würzen Sie Speisen mehr, wenn Sie das Bedürfnis dazu verspüren.

Tropenmedizinische Untersuchungen

Lassen Sie sich vor einer Reise nach Afrika tropenmedizinisch untersuchen. Es könnte sein, daß dabei Dinge entdeckt werden, die ihnen bisher nicht aufgefallen waren, die Sie jedoch auf der Reise gefährden können.

Ein Beispiel dafür wäre eine Allergie gegen Insektenstiche, ein weiteres die Neigung zur Bildung von Nierensteinen, die sich dann bei starker Verdunstung infolge großer Hitze manifestieren kann. Viele der Krankheiten, die man sich auf einer Reise in den Tropen einfängt, bleiben einige Zeit unentdeckt oder gehen sogar unbemerkt vorüber.

In einigen Fällen treten erste Anzeichen erst später auf. Sie können dann aber ernste Folgen haben, wie z.B. im Falle der Amöbenruhr. Aus diesem Grund halte ich eine tropenmedizinische Untersuchung nach der Reise ebenfalls für sinnvoll und empfehlenswert.

Wie weit Sie Ihre medizinischen Vorbeugungen ausdehnen wollen oder müssen, hängt von folgenden Faktoren ab:

1. **Wer** reist (Alter, Geschlecht, Gesundheitszustand)
2. **Wie** (Flugzeug, Auto, per Anhalter)
3. **Wohin** (ein oder mehrere Länder)
4. **Wie** lange (Prophylaxe, Impfungen ja oder nein?)
5. **Wozu** (Reise, Arbeit usw.)
6. **Welche Bedingungen?** (sind Ihnen Risiken und Umstände auf Ihrer Reise bekannt?)

Die Tropeninstitute und Gesundheitsämter können Sie in der Einschätzung dieser Fragen beraten.

Wie können Sie sich vor Krankheiten schützen?

Viele Krankheiten sind bei Beachtung einiger Regeln vermeidbar. Um sich über die Übertragungsmechanismen klar zu werden, benötigt man keine medizinische Ausbildung, sondern einen gesunden Menschenverstand.

Speisen und Getränke

Essen Sie nie ungewaschenes und/oder ungeschältes **Obst oder rohes Gemüse,** wie z.B. Pfirsiche, Äpfel, Salat oder Tomaten. Cave: **"peal it, cook it or leave it!"**

Fleisch muß lange genug gebraten, fritiert oder gekocht worden sein und zwar abhängig von seiner Dicke, um es gefahrlos verzehren zu können. Niemals dürfen Sie rohes Fleisch essen, da die Gefahr eines Wurmbefalls besteht. Speisen müssen in Wasser 10 Minuten gekocht, Fleisch mit einer Dicke von 2 cm 10 Minuten gebraten worden sein.

Verzichten Sie auf **Speiseeis,** da immer die Möglichkeit besteht, daß es vor dem Verkauf schon einmal geschmolzen war. Hier kommen hauptsächlich Infektionen mit Salmonellen, Typhuserregern, Lamblien (ein Parasit, der den Dünndarm befällt und Entzündungserscheinungen hervorruft) etc. in Frage.

Trinken Sie nur **Wasser,** das vorher 10 Minuten abgekocht oder in anderer Weise entkeimt wurde. Lassen Sie sich auch nicht vom pompösen Wasserhahn im Hotelzimmer täuschen. Manchmal wird Wasser direkt aus einem Fluß entnommen und speist die Leitung des Hotels, ohne vorher entsprechend behandelt worden zu sein. Denkbar ist auch, daß Abwasser in alte, rissige Leitungen eindringen und so das Leitungswasser verunreinigen kann. Am besten ist es, wenn man immer 5 Liter selbst aufbereitetes Wasser für alle Fälle vorrätig hat (Wasseraufbereitung siehe unten).

Oft stehen in Restaurants und Hotels Karaffen oder Thermoskannen mit Wasser auf den Tischen. Auch diesem Wasser begegnen Sie besser mit Mißtrauen.

Was für Wasser gilt, trifft auch auf alle **kalten Getränke** zu, die nach der Herstellung nicht sofort in ein luftdichtes Gefäß abgefüllt werden bzw. vor Verkauf längere Zeit an freier Luft gestanden haben. Darunter fallen beispielsweise Säfte oder selbstgebraute Getränke wie das ostafrikanische Bananenbier oder der Bananenschnaps oder das Hirsebier in Westafrika und der Palmwein.

Auch **Milch** muß immer abgekocht werden. Bei Milch besteht insbesondere die Gefahr einer Verunreinigung mit Bruzellen (Bakterien, die in Milch- und Milchprodukten (z.B. Frischkäse) vorkommen und verschiedene, leichte und schwere Infektionen auslösen).

Alternativen sind Flaschen- und Dosengetränke wie Coca Cola, Sprite, Bier. Vor allem Bier wird in jedem Land angeboten (Ausnahme ist Algerien, wo es Bier nur in internationalen Hotels oder auf dem Schwarzmarkt gibt). Wenn solche Getränke einen merkwürdigen Beigeschmack haben, dann trinken Sie diese besser nicht. Es kommt vor, daß bei der Abfüllung schädliche Zusätze in Flaschen gelangen oder Flaschen vor ihrer Wiederverwendung nicht gereinigt werden.

Auch **Eiswürfel** in kühlen Getränken sind nicht unbedenklich. Für sie trifft das gleiche wie für Wasser und Speiseeis zu.

Das alles klingt so, als ob man fortan auf einer Reise durch Afrika nur noch von Speisetabletten und destilliertem Wasser leben muß. So schlimm ist es nicht. Zusammenfassend läßt sich sagen, daß Sie grundsätzlich alles essen und trinken können, wenn die Speisen gewaschen oder geschält bzw. gekocht worden sind und Sie sicher sein können, daß Wasser und Getränke nicht verunreinigt bzw. keimverseucht sind.

Wasseraufbereitung: Die einfachste Möglichkeit stellen **Wassertabletten** dar, die Sie in den Reiseausstattungsgeschäften und Apotheken kaufen können, wie z.B. Mikropur. Es gibt sie in verschiedenen Packungsgrößen und Dosierungen (eine Tablette für 1,5 l oder 20 l Flüssigkeit). Sie sind gegen die meisten Keime wirksam und einfach zu handhaben. Nach 2 bis 3 Stunden (solange müssen die Mikropurtabletten im Wasser wirken) ist das Wasser trinkbar. Auf der Packungsbeilage wird die Anwendung der Tabletten genau beschrieben. Filtern Sie trübes Wasser vorher durch einige Lagen Stoff oder Filter, so daß es klar wird.

Wenn Sie Ihr Wasser lieber abkochen, sollte es mindestens 10 Minuten sieden. Jedoch besteht anschließend die Gefahr, daß stehendes Wasser beim Abkühlen wieder mit Keimen besiedelt wird. Hier liegt ein weiterer Vorteil von Wassertabletten.

Anmerkung zum **Abkochen** für den Notfall: Nicht immer sind alle Möglichkeiten gegeben, damit man Wasser wirkungsvoll abkochen kann. Zum einen benötigen Sie eine Energiequelle (Holz, Gas, Benzin), zum anderen können Streichhölzer oder Feuerzeug fehlen.

Dem Wasser-Problem durch Mitnahme eines **Wasserfilters** (z.B. Katadyn) zu begegnen, halte ich für etwas umständlich und platzraubend. Solche Filter bedürfen der Wartung (mechanische Reinigung und Abkochen je nach Grad der Verschmutzung des Rohwassers und der Durchlaufmengen alle 8-14 Tage).

Mechanischer Schutz vor Krankheiten, die durch die Luft, im Waser oder bei Hautkontakt mit dem Boden übertragen werden: Tragen von Kleidung, die den Körper möglichst ganzflächig, aber luftig bedeckt. **Lange Kleidung** wirkt sich vorteilhaft auf die Wärmeregulation des Körpers aus. Sie schützt die Haut vor direkter Sonneneinstrahlung und in gewissem Maße vor Insektenstichen und -bissen. Solche Kleidung kann durchaus luftig sein.

Schuhe, die den Fuß umschließen, beugen in gewissem Maße Insekten- oder Skorpionstichen und Schlangenbissen vor. Schuhe halten auch Sandflöhe ab, die, nachdem sie sich in der Haut meist zwischen den Zehen eingenistet haben, erbsengroße Geschwülste verursachen. Sandalen schützen weder vor Bissen und Stichen noch beim Durchwaten von Schlammlöchern (Bilharziose-Gefahr, s.u.).

Moskitonetze in Räumen und Kabinen (siehe "Malaria").
Insektensprays, wie z.B. "Paral"
Insektenabweisende Flüssigkeiten, sog. "Repellents", die auf die Haut aufgetragen werden, wie z.B. Autan.

Anmerkung: Wenn Ihnen bekannt ist, daß Sie auf Insektenstiche allergisch reagieren, sollten Sie daran denken, sogenannte "Antihistamin-"Tabletten zum Einnehmen und -cremes zur lokalen Anwendung mitzunehmen. Ein Apotheker oder Arzt wird Sie bei der Auswahl entsprechender Medikamente beraten.

Aufenthaltsort der Zwischenwirte mancher Parasiten sind **langsam fließende oder stehende Gewässer.** Hier ist besonders die "Bilharziose" (s.u.) oder auch "Schistosomiasis" zu nennen, deren Zwischenwirt eine Wasserschnecke ist. Von dieser Plage ist der größte Teil der afrikanischen Flüsse und Seen betroffen. Darum ist es schwer, Empfehlungen für die wenigen Plätze zu geben, wo das Baden relativ ungefährlich ist. Hier ist das sicherste Mittel, den Hautkontakt mit Gewässern zu vermeiden. Eine gewisse Sicherheit besteht an Stellen, wo Wasser rasch fließend, gut durchlüftet und vegetationslos ist.

Diesen Tip kann man nicht immer beherzigen, weil es natürlich Situationen gibt, in denen Sie den Kontakt mit eventuell verseuchtem Wasser nicht vermeiden können. Wenn das Fahrzeug bis zur Radnarbe im Schlamm steckt, hilft nur noch "reingreifen, freischaufeln und rausziehen" - mit der Chance, sich eine Bilharziose zuzuziehen, die heutzutage jedoch wirksam behandelt werden kann.

Medizinisch vorbeugende Maßnahmen
Impfungen: Mit den Vorbereitungen zu diesem Thema sollten Sie 4 Monate, im Falle einer Hepatitis B-Impfung 6 Monate vor der Reise beginnen. **Es gibt mehrere Gründe, weshalb Schutzimpfungen notwendig sind:**

Schutz-Impfungen, die Sie schon im europäischen Heimatland gemacht haben, sollten **Tetanus, Polio, Diphterie, Keuchhusten,**

Tuberkulose sein. Diese sind meist schon im Kindesalter erfolgt. Polio und Tetanus müssen nach 10 Jahren wieder aufgefrischt werden. Erkundigen Sie sich, ob noch Impfschutz besteht.

Impfungen als vorbeugender Schutz gegen Krankheiten, für die in den Tropenländern ein spezifisches Erkrankungsrisiko besteht. Dieses betrifft vor allem **Cholera und Gelbfieber.**

Impfungen, die in manchen Ländern vorgeschrieben werden. Diese Bestimmungen ändern sich laufend. Die aktuellen Informationen erhalten Sie bei den Gesundheitsämtern, den Tropeninstituten oder den Botschaften.

Es kann Ihnen passieren, daß man von Ihnen an einer Grenze **eine bestimmte Impfung** verlangt, obwohl diese im Land nicht vorgeschrieben ist. Beispielsweise, wenn die Abschaffung der Vorschrift noch nicht bis an die Grenzen des Landes vorgedrungen ist, oder Sie an einen Beamten geraten, der die gültigen Bestimmungen nicht kennt oder auch nur so tut. Wenn Ihnen in solch einem Fall auch keine Bestechung weiterhilft, dann müssen Sie sich wohl oder übel während der Reise in dem jeweiligen Land impfen lassen. **Vermeiden Sie das unter allen Umständen!** Oftmals sind medizinische Geräte nicht steril - es besteht das Risiko, sich bei solchen Gelegenheiten mit Hepatitis oder Aids zu infizieren.

Auch aus diesem Grund sollten Sie sich dafür entscheiden, sich zu Hause impfen zu lassen. Mit aller Wahrscheinlichkeit wird es sich bei einer Begegnung, wie der gerade beschriebenen, um die gängigen Impfungen wie Gelbfieber und Cholera handeln.

Durchgeführt werden Impfungen von Gesundheitsämtern und Tropeninstituten. Erkundigen Sie sich nach **Dauer des Schutzes,** nach **Nebenwirkungen und eventuellen Überschneidungsrisiken** mit anderen Impfstoffen.

In einigen Fällen raten die Tropeninstitute auch zu "passivem Schutz". Es handelt sich um "Immunglobuline" (Eiweißsubstanzen, die den Körper bei der Infektabwehr unterstützen), die gespritzt werden und die einen begrenzten Schutz gegen bestimmte Infektionen gewährleisten. Die Wirkungsdauer dieser Mittel ist zeitlich begrenzt. Im Fall des "Beriglobin (R)" besteht ein Schutz gegen "Hepatitis A" zwischen zehn und zwölf Wochen. Deshalb werden diese Substanzen erst kurz vor Reisebeginn gespritzt.

Die Impfungen werden von den angeführten Einrichtungen in den "Internationalen Impfausweis" eingetragen. An den Grenzen wird hauptsächlich darauf geachtet, daß in der Spalte der Impfung ein Stempel steht.

Die aktuellen Informationen und gültigen Bestimmungen enthalten die **"Informationsschriften im internationalen Reiseverkehr und Hygieneratschläge für Reisende",** die jedes Jahr von der

Weltgesundheitsorganisation (WHO) in Kopenhagen herausgegeben und beim Covi-Verlag auch in deutscher Sprache verlegt werden.

Weitere medikamentöse vorbeugende Maßnahmen
Wenn Sie in die Länder Afrikas reisen, in denen die Malaria grassiert, ist unbedingt zu einer medikamentösen Prophylaxe zu raten. Dazu mehr im Kapitel "Malaria". Es gibt weitere vorbeugende Medikamente, deren Anwendung aber unterschiedlich sinnvoll ist.

Häufig vorkommende Krankheiten
Es würde den Rahmen dieses Buches sprengen, wenn die in Afrika vorkommenden Tropenkrankheiten hier im einzelnen abgehandelt würden. Im Anschluß folgt eine Aufzählung der wichtigsten Krankheiten, ihrer Überträger und Erreger. Damit soll Ihnen eine Vorstellung davon gegeben werden, wie Sie sich unter Berücksichtigung der oben erwähnten Ratschläge schützen können. Es gibt eine Vielzahl weiterführender Bücher.

Von Insekten übertragene Krankheiten
Malaria (siehe unten)
Leishmaniasen: übertragen durch Sandfliege = Phlebotomen = Schmetterlings- o. Hundsmücke (1 bis 2mm groß!), Erregerreservoir: Mensch, Hund, Katze, Nagetiere. Es gibt zwei Krankheitsformen:
Kala-Azar; Erreger: Leishmania donovani, hauptsächlich in West- und Ostafrika
Orientbeule (kutane Leishmaniase); Erreger Leishmania tropica; Nordafrika, Äthiopien.
Trypanosomiasen: übertragen durch Tsetsefliege (Feuchtgebiete) Erregerreservoir: Mensch, Antilope, Rinder.
Zwei Krankheitsformen:
Schlafkrankheit: Afrika
Chagaskrankheit: Südamerika
Rickettsiosen: erregt durch Rickettsien (Bakterien)
Reservoir u. Überträger: Läuse, Flöhe, Zecken, Milben
Krankheiten:
Läuse-Fleckfieber
Zeckenbißfieber oder "fievre boutonnuese", nicht in Afrika.
Gelbfieber: übertragen durch Stechmücken
Erreger: Gelbfieber-Virus
Vorkommen: West- und Zentralafrika, Südamerika
Prophylaxe: Schutzimpfung
Filarien: Es gibt mehrere Arten von Filarien und dadurch verschiedene Krankheitsformen, die mit Lymphknotenschwellungen und

Hautveränderungen verbunden sind; unter anderem die "Flußblindheit" und die Calabarschwellung, die in West- und Zentralafrika vorkommen.
Überträger: Kriebelmücke (2 bis 4 mm groß!), andere Stechmücken und Stechfliegen in tropischen Waldgebieten Afrikas.
Bilharziose: übertragen durch eine Wasserschnecke, dem Zwischenwirt; ins Wasser ausgeschiedene "Zarkarien" (Vorstufe des Wurmes) bohren sich beim Baden unbemerkt in die Haut.
Krankheitsformen in Afrika:
Blasenbilharziose (Erreger: Schistosoma haematobium),
Darmbilharziose (Erreger: Schistosoma mansoni und Schistosoma intercalatum).

Darmerkrankungen
Amöbenruhr: kontaminierte Lebensmittel bilden das Erregerreservoir.
Infektionsquelle: Wasser, frisches Gemüse
Übertragung: Aufnahme der Speisen; Fliegen und Nagetiere, die den Parasiten auf Speisen ablegen. Nicht jeder Durchfall ist auf eine Amöbenruhr zurückzuführen. Suchen Sie dennoch einen Arzt auf, wenn der Durchfall nach 2 bis 3 Tagen nicht besser wird oder der Stuhlgang Blutauflagerungen zeigt.
Bakterielle Ruhr: Erreger verschiedener Bakterien (Shigellen)
Übertragung: Aufnahme von verseuchten Speisen und Getränken.

Salmonellosen
Typhus, Paratyphus: erregt durch Salmonelle typhi, S. paratyphi
Erregerreservoir: Vögel, Fische, Muscheln, Schweine, Rinder, Schafe
Übertragung: verunreinigtes Wasser (Milch), verseuchte Lebensmittel, die unbehandelt aufgenommen werden. Der Erreger wird u.a. von Fliegen verbreitet.
Vorkommen des Typhus: weltweit, Vorkommen des Paratyphus: Nord-Ostafrika.
Magen-Darmentzündung: als Erregerquellen kommen Menschen, Milch- und Molkereiprodukte, Schalentiere, Eipulver, getrocknete Kokosnuß, Fleisch, Fleischprodukte in Frage.
Gegen den Typhuserreger "Salmonella typhi" gibt es einen Impfstoff, der sich "Typhoral L (R)" nennt. Der Hersteller gibt dem Impfschutz mit einer Sicherheit von 90 % über einen Zeitraum von 12 Monaten an, unter der Voraussetzung, daß der Impfstoff kühl gelagert und korrekt verabreicht wird.

Cholera
Erregerreservoir: Kranke, aber auch gesunde Menschen, die den Erreger ausscheiden.

Übertragung: über verunreinigte Lebensmittel oder kontaminiertes Wasser durch mangelnde Hygiene (Wasserleitungen usw).

Vorkommen: Afrika, Asien. Der Impfschutz ist unvollständig und beträgt sechs Monate.

Malaria

Malaria, die wichtigste aller Tropenkrankheiten, ist in allen tropischen und subtropischen Gebieten verbreitet. Somit betrifft sie praktisch den **gesamten afrikanischen Kontinent.**

Übertragen wird die Krankheit durch die **weibliche Anophelex-Mücke,** die den Malaria-Erreger durch Stich in das menschliche Blut bringt. Es gibt drei Formen der Malaria, die von vier verschiedenen Malaria-Erregern bestimmt werden. Man nennt den Malaria-Erreger auch "Plasmodium".

Erreger	Erzeugte Malaria-Form
1. Plasmodium falciparum	1. Malaria tropica
2. Plasmodium vivax	2. Malaria tertiana
3. Plasmodium ovale	" "
4. Plasmodium malariae	3. Malaria quartana

"Plasmodium falciparum" erzeugt die gefährlichste Form der Malaria, die "tropica". **Sie kann unbehandelt innerhalb weniger Tage zum Tod führen!**

Möglicherweise wird es für Sie wichtig, die genannten Begriffe einordnen zu können, nämlich dann, wenn diese in Informationsblättern oder medikamentösen Beipackzetteln verwendet werden.

Symptome der Malaria: Ein Problem der Malaria ist, daß die Beschwerden, die sie hervorruft, nicht immer eindeutig auf eine Malaria-Erkrankung schließen lassen. Dennoch gibt es einige deutliche Hinweise.

☆ Die Körpertemperatur steigt plötzlich und sehr rasch stark an (innerhalb von 30 bis 120 Minuten auf 39,5 Grad und mehr).

☆ Gewöhnlich plötzlicher Beginn mit Schüttelfrost, Fieber und Schweißausbrüchen. Die Fieberanfälle treten je nach Erreger etwa alle 48 oder 72 Stunden oder bei einer Malaria tropica in unregelmäßigen Abständen auf.

☆ Weitere Zeichen sind Kopfschmerzen, Gliederschmerzen, grippeartige Erscheinungen, Übelkeit und Durchfälle.

☆ Nach längerer Malariaerkrankung können sich Milz und Leber vergrößern. Es kann eine Blutarmut und durch den Blutzerfall eine Gelbsucht entstehen. Anmerkung: Bei einer Gelbsucht beobachtet man eine gelbliche Verfärbung der Bindehaut an den Augen (der weißliche Bereich um die Pupillen).

Wie können Sie sich schützen?
Verringern Sie das **Risiko,** von der Mücke **gestochen zu werden:**
☆ Die Mosquitos stechen vorwiegend nachts, beginnend mit Einbruch der Dämmerung bis zum Morgen. **Lange Kleidung** schützt Sie in dieser Zeit leidlich vor Stichen.
☆ Halten Sie sich aus dem gleichen Grund während der Dunkelheit in "Räumen", auf, die für Mücken möglichst unzugänglich sind.
☆ Verwenden Sie **Moskitonetze,** vor allem in den Schlafräumen.
☆ Setzen Sie **Insektenspray** ein, um Räume von Mücken freizuhalten.

Medikamentöse Vorbeugung: Die medikamentöse Vorbeugung oder "Prophylaxe" ist unbedingt erforderlich, wenn Sie in Länder reisen, in denen das Risiko einer Malaria-Erkrankung besteht. Der Gedanke dabei ist folgender: Sie nehmen ein Medikament ein, daß eigentlich zur Therapie einer Malaria verwendet wird, allerdings in einer wesentlich niedrigeren Dosis, als es im Falle der Erkrankung zur Behandlung notwendig wäre. Auf diese Weise reichern Sie Ihr Blut mit einem geringen Spiegel des "Prophylaxe-Mittels" an, daß der Krankheit in bestimmter Form entgegenwirkt.

Entscheidend ist, daß Sie mit der Einnahme rechtzeitig beginnen, das Mittel regelmäßig einnehmen und nach der Rückkehr nicht zu früh absetzen.

Es gibt allerdings einen Punkt von grundsätzlicher Bedeutung: In vielen Gebieten und Ländern haben die verschiedenen Malaria-Erreger **Resistenzen** gegenüber einigen Prophylaxe-Mitteln entwickelt. Viele dieser Medikamente werden in höherer Dosierung zur Therapie einer bereits bestehenden Malaria angewendet. Erkrankt man also an einer Malaria, deren Erreger gegen das Prophylaxe-Mittel resistent ist, besteht die Gefahr, daß zumindest dieses Medikament auch bei höherer Dosierung nicht wirkt. Für solche Fälle benötigen Sie also ein zweites Mittel, ein Reservemedikament.

Anmerkung: Jährlich sterben an der Malaria in Europa einige hundert Menschen, die sich in Malaria-Gebieten aufgehalten haben, weil sie dort reisten und arbeiteten. Diese Menschen starben aber nicht wegen der bestehenden Resistenzen, sondern in den allermeisten Fällen, weil Sie keine Prophylaxe betrieben haben und/oder zu spät damit begonnen haben!

Welche Mittel zur Prophylaxe und zur Therapie in welchem Land?
Die Situation der Entwicklung von Resistenzen ändert sich ständig. Deshalb erscheint eine Empfehlung konkreter Medikamente hier

nicht sinnvoll. Was Sie also brauchen, sind folgende aktuelle Informationen:

☆ In welchen Ländern sollte ich eine Malaria-Prophylaxe betreiben?
☆ Welche Medikamente empfehlen sich zur Prophylaxe?
☆ Welche sind zur Therapie geeignet?
☆ Wie führe ich die Prophylaxe durch?
☆ Wie kann ich mich oder andere im Notfall behandeln?

Diese Informationen können Sie bei den Gesundheitsämtern oder Tropeninstituten einholen. Hier die vom Tropeninstitut Heidelberg im Oktober 1987 gegebene Empfehlung zur **Grundprophylaxe und Selbstbehandlung:**

Grundprophylaxe mit Resochin (R): 1 x 2 Tabletten Resochin (R) pro Woche, entspricht 300 mg Chloroquin-Base. **Kinder** 5 mg Chloroquin-Base pro kg Körpergewicht 1x pro Woche.

In den ersten zwei Wochen und bei Kurzaufenthalten in Ostafrika ist die Dosis zu verdoppeln: 2 x 2 Tabletten Resochin (R) pro Woche.

Für den Fall, daß Sie eine Malaria trotz Prophylaxe bekommen und ein Arzt nicht sofort erreichbar ist, müssen Sie mit der **Selbstbehandlung** beginnen: 3 Tabletten Fansidar (R) (Sulfadoxin), Kinder: 25 mg Fansidar (R) pro kg Körpergewicht. Bei **Fansidar-Resistenz** oder **Sulfonamidunverträglichkeit:** 6 Tabletten Lariam (R) (Mefloquin): 3 Tabletten sofort, 2 und 1 Tablette nach jeweils sechs Stunden oder Chinin hydrochloricum 0,25 g, 20 Drg. 3 x täglich für 7 Tage.

Nach der Rückkehr: Da die Inkubationszeiten der verschiedenen Malariaerreger bis zu vier Wochen dauern, müssen Sie die Prophylaxe mindestens 4 bis 6 Wochen nach Verlassen des Malariagebietes weiter betreiben.

Sollte sie nach Ihrem Tropenaufenthalt wegen Fieber, grippeähnlicher oder auch anderer Beschwerden (beispielsweise anhaltender Schmerzen im Oberbauch oder Gelbsucht) einen Arzt aufsuchen müssen, teilen Sie ihm immer Ihren Tropenaufenthalt mit. Hinter einer "Grippe" kann sich unter Umständen eine Malaria verbergen.

Aids

Die erworbene Immunschwäche "Aids" stellt zur Zeit eines der größten gesundheitlichen Probleme auf dem afrikanischen Kontinent dar. Das folgende Zitat soll Ihnen eine Vorstellung von der

Verbreitung der Krankheit in Afrika geben. Es ist dem Leitartikel des Januar-Heftes der "Aids-Forschung" von 1987 entnommen. "In den Städten Zentral- und Ostafrikas sind zur Zeit etwa 10-20% der Allgemeinbevölkerung im geschlechtsreifen Alter, bis zu 30% der Geschlechtskranken sowie bis zu 70% der weiblichen Prostituierten mit HIV infiziert."

Die Krankheit wird durch einen Virus, das sogenannte "human immunodeficiency virus" (abgekürzt HIV) verursacht, nachdem es in das menschliche Blut gelangt ist. Es dringt dort in Teile der körpereigenen Immunabwehr ein und legt diese auf Dauer lahm. Die Folge ist, daß sich der Körper vor Infektionen nicht mehr schützen kann und schließlich an ihnen zugrunde geht.

Nachdem das Virus in den Körper gelangt ist, kann es in nahezu allen Körperflüssigkeiten, allerdings in sehr unterschiedlichen Konzentrationen, nachgewiesen werden. Die höchsten Konzentrationen werden im Blut und im Sperma festgestellt. Das heißt, daß die Übertragung der Krankheit mit der Übertragung dieser Körperflüssigkeiten zusammenhängt.

Die Gefahr einer Infektion besteht immer dann, wenn Blut, Sperma und eventuell andere Körperflüssigkeiten **in das Blut gelangen.** Denkbar sind folgende Übertragungswege:

☆ Übertragung durch **Geschlechtsverkehr,** unabhängig davon, ob ein weiblicher oder männlicher Partner infiziert ist.

☆ Durch **Transfusion** wird infiziertes Blut direkt in das Blutsystem übertragen.

☆ Übertragung durch **Blutkontakt mit verunreinigtem Material,** das heißt, Gegenstände (Spritzen, Kanülen, Rasierklingen etc.), an denen sich noch Reste HIV-positiven Blutes befinden, die in das Blut einer nicht infizierten Person gelangen. Zum Beispiel kann Blut eines HIV-Positiven an einer Rasierklinge haftenbleiben und durch eine Verletzung (Schnitt mit dieser Klinge in die Haut) das Virus in die Blutbahn eines anderen Menschen bringen. Dasselbe gilt für Skalpelle, Pinzetten oder Scheren, an denen infiziertes Blut haftet und mit denen man sich verletzt.

☆ Auch die gemeinsame Benutzung von Zahnbürsten kann eine Übertragung durch mikroskopisch feine Risse in der Mundschleimhaut zur Folge haben.

☆ Infektiöses Blut befindet sich auf Nadeln von Spritzen, die beispielsweise von HIV-Infizierten Drogenabhängigen benutzt wurden. Wenn solche Nadeln nicht sterilisiert werden, führt eine Wiederverwendung mit hoher Wahrscheinlichkeit zu einer Infektion mit HIV, denn das Virus wird direkt in die Blutbahn eingebracht.

☆ Übertragung **von der schwangeren HIV-positiven Frau auf ihr Kind** durch Austausch mütterlichen und kindlichen Blutes in der

Plazenta oder unter der Geburt. Die Übertragung über die Muttermilch ist möglich.

Welche Konsequenzen hat das für Sie? Da Sie wissen, auf welchen Wegen eine Übertragung möglich ist, müssen Sie Ihr Verhalten darauf abstimmen. Das betrifft zum einen den **gesundheitlichen Bereich.** Bei dem Zustand des Gesundheitswesens in den afrikanischen Ländern kann man nicht davon ausgehen, daß Blutkonserven bzw. deren Spender auf das Vorhandensein des Aids-Virus überprüft werden. Das bedeutet, es besteht die große Gefahr, durch Gabe einer Blutkonserve infiziert zu werden. Vermeiden Sie deshalb unter allen Umständen, sich im afrikanischen Ausland operieren zu lassen. Brechen Sie im Notfall die Reise besser ab und fliegen Sie nach Hause.

Lassen Sie Ihre **Blutgruppe** und die weiterer Mitreisender **bestimmen,** damit möglicherweise im Notfall eine gegenseitige Transfusion durchgeführt werden kann. Bei längeren Expeditionen empfiehlt es sich, Transfusionsbesteck mitzunehmen.

Ebenso ist nicht gewährleistet, daß infiziertes medizinisches Gerät sterilisiert werden kann. Das betrifft z.B. Spritzen, Kanülen, Skalpelle und anderes Operationsbesteck. Für den Fall, daß Sie sich einmal eine Spritze verabreichen lassen müssen oder Ihnen ein Splitter gezogen werden muß, nehmen Sie die entsprechende Ausrüstung besser selber mit. Sie finden diese in der Medikamenten-Liste aufgeführt. Achten Sie darauf, daß auch tatsächlich Ihre Spritze, Pinzette etc. verwendet und daß die Instrumente nicht gegen andere ausgetauscht werden.

Verhalten während der Reise: Der Umgang mit HIV-infizierten Menschen ist ungefährlich wenn Sie das Folgende beachten. Infektiöses Material dieser Menschen darf nicht in Berührung mit offenen Hautwunden und Läsionen in den Schleimhäuten kommen. Intimkontakte mit Aids-Patienten sollten vermieden werden. Beim Gechlechtsverkehr ist die Infektionswahrscheinlichkeit äußerst hoch. Aus den Zahlen zu Beginn dieses Abschnittes können Sie schließen, wie groß die Gefahr ist.

Bedenken Sie noch eines: Ein **Aids-Test** wird mit großer Wahrscheinlichkeit innerhalb der ersten zwei Monate nach einer Infektion mit HIV negativ sein. Das heißt: Jemand, der nach einem ersten Test die Information erhält, daß dieser Test negativ ausgefallen ist, kann noch nicht davon ausgehen, daß er nicht doch das Virus in seinem Blut trägt. Denn der Test schlägt erst an, wenn der Virus durch Vermehrung eine gewisse Konzentration im Blut erreicht hat. Das ist etwa zwei Monate nach der Übertragung der Fall.

Verhalten bei Krankheit oder Verletzung im afrikanischen Ausland: Suchen Sie **immer einen Arzt auf,** sofern Sie diesen in entsprechender Zeit erreichen können. Im Land lebende Europäer wissen, wo Sie einen guten Arzt finden. Im Notfall müssen Sie die Reise abbrechen und nach Hause fliegen. Für diese Fälle lohnt es sich, eine **Reisekranken- bzw. Rücktransportversicherung** abzuschließen (siehe unter Versicherungen).

Die **medizinische Versorgung** ist in den meisten Ländern Afrikas mangelhaft. Das heißt aber nicht, daß auch das Fachpersonal schlecht ist. Vielmehr bedeutet das, daß es an medizinisch notwendiger Ausrüstung fehlt, auch wenn Medikamente vorhanden sind (die Sie ohnehin bezahlen müssen); z.B. fehlen Spritzen ud Kanülen, sterile Tücher und Binden, ganz zu schweigen von Sterilisationsmitteln.

Für Sie hat das zwei Konsequenzen. Zum einen müssen Sie sich über das hohe Infektionsrisiko klar werden. Das bezieht sich vor allem auf Krankheiten, die durch Blut übertragen werden, wie Hepatitis B und Aids. Zum anderen heißt das, daß sie eine bestimmte medizinische Ausrüstung mitbringen müssen, wenn Sie ds Risiko so gering wie möglich halten wollen. Deshalb sind diese Dinge in der Liste "Medikamente" aufgeführt.

Erste Hilfe
Ist in Notfällen kein Arzt erreichbar, sind Kenntnisse in Erster Hilfe von unschätzbarem Wert.

Medikamente
Sie können nicht jeder Krankheit vorbeugen. Die Erfahrung zeigt, daß man oft das gleiche und dann nicht viel braucht:
☆ Malariatabletten
☆ Mittel gegen Durchfall
☆ Antibiotika (hauptsächlich für Magen- und Darm-Erkrankungen und Infektionen der Atemwege)
☆ Schmerztabletten, Aspirin
☆ antibiotische Augentropfen (ohne Cortison)
☆ antibiotische Wundsalbe (auch als kombinierte Brandsalbe)
☆ starke Sonnencreme
☆ Gel gegen Zahnfleischentzündungen
☆ Insektenstichsalbe/Antihistaminpräparate (siehe oben)
☆ Husten- und Erkältungsmittel
☆ Salbe gegen Pilzbefall
☆ Elektrolytpulver gegen einen zu großen Verlust an lebenswichtigen Mineralien bei starker Hitze (siehe dazu auch "Durchquerung der Sahara") und bei Durchfall
☆ Mittel gegen Sodbrennen

☆ Sportsalbe gegen Schwellungen
☆ Floh-/Läusemittel
☆ Teersalbe, die Eiterherde innerhalb der Haut (Abszesse, Pickel) an die Oberfläche zieht
☆ Desinfektionsmittel für Hände usw. (mindestens einen halben Liter)
☆ Fieberthermometer
☆ Einwegspritzen und -kanülen
☆ Splitterpinzette
☆ Schere
☆ Einmalskalpell
☆ Pflaster
☆ Mullbinden
☆ 2-3 sterile Binden.

Anmerkungen: Erkundigen Sie sich nach den **Nebenwirkungen** der Medikamente. Gerade bei den Antibiotika können insbesondere allergische Reaktionen auftreten. Die "Waschzettel" enthalten diese Hinweise.

Beachten Sie die **Verfallsdaten** der Medikamente. Manche Substanzen entfalten nach einer gewissen Zeit nicht mehr die zu erwartende Wirkung oder haben sogar negative Auswirkungen auf Ihre Gesundheit. "Tetracyclin" (oder verwandte Pharmaka) hat beispielsweise eine Haltbarkeitsdauer von 3 Monaten und kann darüber hinaus giftig wirken. Dennoch ist es in bestimmten Fällen ein äußerst wirksames und unverzichtbares Medikament.

Die Verfallszeiten sind teilweise abhängig von der **Lagerung der Medikamente.** Eine ebenso große Rolle spielt die **Aufbewahrung der Medikamente.** Es gibt z.B. "enzymatisch" wirksame Wundsalben, deren Eiweißbestandteil wirkungslos werden, wenn sie über einen längeren Zeitraum zu warm lagern. Das Einpacken in Alufolie verhindert, daß sich die Medikamente zu stark aufheizen.

Papiere

Reisepaß
Es ist unbedingt zu empfehlen, **einen zweiten** Reisepaß bei sich zu haben. Dafür gibt es mehrere Gründe.

Der Reisepaß ist das Dokument, daß die Identität nachweist und von allen Ländern gleichermaßen anerkannt wird. Bei Verlust eines der beiden Pässe sparen Sie sehr viel Zeit und Ärger. Im schlimmsten Fall müßte man die Reise bei Verlust abbrechen. Die deutschen Botschaften stellen bei Verlust des Reisepasses im

Ausland ein Ersatzdokument aus. Dazu wird die Identität des Betreffenden durch Anfragen bei Behörden in Deutschland überprüft. Die dabei entstehenden Kosten werden in Rechnung gestellt.

Das Beantragen der Visa kann sich schon hier in Deutschland lange hinziehen. So kommt es z.B. durch lange Bearbeitungsfristen dazu, daß die letzten Einreisegenehmigungen eingetragen sind, wenn die ersten schon wieder ihre Gültigkeit verloren haben. Mit einem zusätzlichen Paß läßt sich dieses Problem umgehen.

Wenn ein Visum während der Reise ausläuft, muß es neu beantragt werden. Sie können diesen Neuantrag im Ausland stellen, was oftmals äußerst umständlich und zeitaufwendig ist, oder Sie senden Ihren Zweitpaß an Verwandte oder Bekannte nach Deutschland zurück. Diese können dann erneut das Visum bei der entsprechenden konsularischen Vertretung beantragen (⇔ Visa).

Bei Reisen durch Länder mit politischen Differenzen können Sichtvermerke des anderen Landes im Paß zu Schwierigkeiten führen. (Beispiel: Tanzania - Republik Südafrika, siehe auch die Streckenbeschreibung zu Tanzania).

Interessanterweise fiel nie auf, daß unsere Angaben über die Reiseroute sich nur lückenhaft mit den Eintragungen in den Pässen deckte; z.T. wird das daran gelegen haben, daß die geographischen Kenntnisse der Zöllner nicht besser als unsere vor der Reise waren.

Auf der Fahrt haben wir die **Zweitpässe untereinander ausgetauscht.** Jeder war für den Paß des anderen verantwortlich. Was aber, wenn der zweite Paß entdeckt wird? Als wir in Beni-Ounif die Grenze nach Marokko überschritten, fragte uns der Grenzbeamte völlig überraschend nach unserem zweiten Paß. Ihm war es offenbar nicht unbekannt, daß Reisende durchaus zwei Reisepässe besitzen dürfen. Unsere Paßnummern wurden notiert und damit war die Angelegenheit an der marokkanischen Grenze erledigt.

Weiter im Süden des Kontinents kann das Entdecken eines zweiten Passes einen ganz anderen Ausgang haben. In vielen afrikanischen Ländern ist für die Einheimischen schon der Besitz eines Passes ungewöhnlich, ein zweiter erweckt nur noch Verdacht. Oft helfen dann Erklärungen allein nicht mehr weiter. Es entstehen die Situationen, in denen Sie anfangen müssen, zu tricksen. Eventuell hilft nur noch der Griff ins Portemonnaie.

Carnet de Passages

Bedeutung: Das Carnet de Passages ist ein sehr ernstzunehmendes Dokument. Von einigen afrikanischen Ländern wird es an den

Grenzen verlangt. Das Carnet ist ein Zollpapier, das Sie berechtigt, ein Fahrzeug ohne die Entrichtung einer Zollgebühr durch ein Land zu führen. Mit dem Carnet versichert der Fahrzeughalter (bzw. erklären die Fahrer), daß er nicht beabsichtigt, das Auto oder Motorrad im Ausland zu verkaufen. Nach der Reise gibt der Benutzer das Carnet an den Aussteller zurück.

Nicht jedes afrikanische Land ist Carnet-pflichtig! Der ADAC führt eine Liste Carnet-pflichtiger Länder. Für Reisen nach Zentral- und Ostafrika ist das Dokument in jedem Fall erforderlich.

Beschaffung: Das Carnet kann beim ADAC München, DTV München oder AvD Frankfurt beantragt werden. Sie erhalten die Antragsunterlagen mit einer detaillierten Beschreibung aller Vorgänge. Vier Wochen sind die minimale Antragsfrist in Deutschland. Stellt man den Antrag aus dem Ausland, sollte man einen entsprechenden Vorlauf einplanen.

Gegen Hinterlegung einer Bürgschaft wird das Dokument für ein bestimmtes Fahrzeug ausgestellt. Dazu sind die Angaben der genauen Fahrzeugdaten erforderlich. Sie stehen alle im Fahrzeugschein bzw. im Fahrzeugbrief. Nur die Motornummer ist auf dem Motorblock direkt abzulesen. Nach der Reise erhält man die Kaution zurück, wenn das Carnet korrekt ausgefüllt zurückgegeben wird und klar zu erkennen ist, das das Fahrzeug sich wieder im Land befindet. Das Carnet ist 1 Jahr lang gültig und muß spätestens 4 Wochen nach Ablauf dieser Frist an den Aussteller zurückgegeben werden. Es bleibt während der ganzen Zeit Eigentum des Clubs. Der Autoclub legt den Antragsformularen ein Informationsblatt bei, dem sie alle weiteren Details entnehmen können.

Verwendung: Für jedes Land ist eine Seite im Carnet vorgesehen. Jede Seite enthält drei Längsabschnitte, die voneinander getrennt werden können. Beim Eintritt in ein Land erhalten alle Abschnitte den Einreisestempel der Zollstelle. Der Zollbeamte trennt dann den äußeren Abschnitt (Volet d'Entre) ab, den er behält.

Bei der Ausreise werden der mittlere (Volet de Sortie) sowie der innere Abschnitt (Stammabschnitt) abgestempelt und unterschrieben, wobei der Ausreiseabschnitt an der Grenze verbleibt. Am Ende der Reise enthält das Carnetheft nur noch die Stammabschnitte, die den Beleg für den Fahrzeughalter darstellen, und die "Standortbescheinigung", die bei Ihrer Rückkehr an der Grenze vom deutschen Zoll bearbeitet wird. Es ist deshalb genau darauf zu achten, daß gerade diese Teile korrekt ausgefüllt werden.

Es kam des öfteren vor, daß die Zöllner nicht genau wußten, wie sie das Dokument vorschriftsmäßig ausfüllen sollten. Dann liegt es an Ihnen, mit Einfühlungsvermögen einzugreifen.

Verkauf des Fahrzeugs im Ausland
Wenn Sie Ihr Fahrzeug im Ausland verkaufen, benötigen Sie eine Bescheinigung der dortigen Zollbehörde, daß das Fahrzeug ordnungsgemäß verzollt wurde. Die Beschaffung des Dokumentes sollten Sie unbedingt dem Käufer überlassen, denn er kennt sich in der Bürokratie seines Landes am besten aus.

Internationaler Führerschein
Der Internationale Führerschein ist nur in Verbindung mit dem deutschen gültig. Ausgestellt wird dieses Dokument vom Straßenverkehrsamt und behält für 3 Jahre seine Gültigkeit.

Internationaler Impfpaß
Er wird an manchen Grenzen verlangt und ist dann unbedingt notwendig. Das staatliche Gesundheitsamt gibt Auskunft über die Länder, die den Internationalen Impfpaß verlangen bzw. in welchen Ländern Impfungen vorgeschrieben werden (⇨ Gesundheit).

Internationaler Fahrzeugschein
An den Grenzen in Afrika wird man Sie nach der "Carde grise" fragen. Das in Deutschland ausgestellte Dokument ist ein kleines grünes Heft und stellt eine internationale Zulassung dar.

Grüne Versicherungskarte
Gilt in den EG-Ländern, Österreich, Schweiz und Marokko

Vermögensbescheinigung
Wir haben uns von unseren deutschen Banken die Bestätigung eines finanziellen Rückhaltes in englischer und französischer Sprache ausstellen lassen. Zimbabwe ist ein Beispiel für ein Land, in dem ein solches "Notpolster" vorzuweisen ist.

Kreditkarte
Eine Kreditkarte ist eine gute Sache. Sie stellt bei den verschiedensten Gelegenheiten (internationale Hotels, Flug, Leihwagen) ein praktisches Zahlungsmittel dar. Aber Vorsicht! - nicht in allen Ländern ist der Gebrauch von Kreditkarten geläufig. Auch eine "American-Express-Card" wird nicht überall akzeptiert. Die Geldinstitute in Deutschland können Ihnen in dieser Frage weiterhelfen. Bewahren Sie diese Karte getrennt von anderen Papieren auf.

Offizielle Schreiben
Auf der Reise haben wir immer wieder die Erfahrung gemacht, daß offiziell wirkende Papiere viele Wege öffnen. Es lohnt sich deshalb, soviele davon bei sich zu haben, wie man bekommen kann.

Nachdem Christine an der algerischen Grenze das siebte Papier aus der Tasche gezogen hatte, war dem Zollbeamten "alles klar" - wir konnten die Grenze passieren.

Wichtig sind Briefkopf, Stempel und eine kunstvolle Unterschrift. Ein Dokument, daß uns als Reisende in wichtiger Mission auswies, hat uns im Nigerin Benin gute Dienste erwiesen.

Trickreiche Idee: Uns begegneten Reisende, die das Problem mit den Dokumenten auf ganz andere Weise lösten. Sie hatten sich in einem Spielzeugladen einen Stempelkasten gekauft und druckten fleißig ihre eigenen "offiziellen Papiere". Wo andere Schmiergelder zahlten, winkten sie mit dem "Passierschein" aus dem rollenden Auto.

Internationaler Studentenausweis
Er kann eine gute Hilfe sein. An vielen Stellen erhalten Sie Ermäßigungen, z.B. in Form verbilligter Flüge oder Busfahrten.

Internationaler Jugendherbergsausweis
Nützlich bei Campingaufenthalten oder Übernachtungen in Jugendhotels.

Kopien
Kopien aller Dokumente und Papiere können hilfreich sein, wenn die Originale abhanden gekommen oder gestohlen worden sind. Sie ersetzen zwar nicht die Originale, aber sie zeigen, daß man diese einmal besessen hat. Außerdem sind auch den Kopien die Dokumentennummern und weitere Eintragungen zu entnehmen, wodurch die Wiederbeschaffung beschleunigt und erleichtert werden kann. Diese Erfahrung haben uns andere Reisende immer wieder bestätigt.

Es gibt sogenannte **"Identity cards",** die von den deutschen Botschaften in besonderen Fällen ausgestellt werden. Solch eine Situation ergab sich für uns in Uganda, wo im Norden gerade Unruhen ausgebrochen waren, als wir in das Land einreisten. Die "ID-card" hat uns auch später noch gute Dienste erwiesen.

Visa

Auf unserem Weg brauchten wir Visa für einen Touristenaufenthalt in Zaire, Nigeria und Algerien.

Die aktuellen Bestimmungen ändern sich ständig. Beispielsweise war noch im Oktober 1986 für die Einreise nach Kamerun ein Visum erforderlich, was für uns im Februar 1987 schon nicht mehr galt. Deshalb kann ich an dieser Stelle nur allgemeine Tips zur

To whom it may concern

Letter of confirmation

This is to certify that the Bank ....xyz........... in Diepholz confirms that Ms. Christine Schöttler, born .... 1959 at Diepholz, with residence in Diepholz, has a bank account in our bank of DM 20,000 (approx. US$ 9,900) balance in her favour, which is available any time.

She also has authority to withdraw money from her parents' bank account in our bank.

It ist therefore secure that she disposes of enough money even for emergency situations.

Lettre de confirmation

La présente pour confirmer pour Mme. Christine Schöttler, née à Diepholz, le .... 1959, avec résidence à Diepholz, possède chez la Banque ....xyz.... in Diepholz un compte en banque créditeur de DM 20.000 (c'est US$ 9.900) pui peut être usé n'importe quand.

Elle a aussi le pouvoir de retirer de l'argent du compte de ses parents chez notre banque.

Par conséquence elle possède argent suffisant, aussi pour des situations d'urgence.

On delivre ce document à la demande de l'intéresée pour l'usage demandé de la loi.

Beschaffung von "Sichtvermerken" geben, wie die Visa im Amtsdeutsch genannt werden.

Für einen Touristenaufenthalt bis zu 3 Monaten wird in folgenden afrikanischen Ländern **kein "Sichtvermerk"** verlangt: Benin, Burkina-Faso, Elfenbeinküste, Gabun, Kamerun, Kenya, Kongo, Malawi, Niger, Ruanda, Südafrika, Togo, Uganda, Republik Zentralafrika (Information des Auswärtigen Amtes, Stand Dezember 1987/Januar 1988).

Visa können Sie in Deutschland und im Ausland beantragen.

Beantragung in Deutschland: Zunächst benötigen Sie die Information, welche Länder ein Visum verlangen. Diese Auskunft bekommen Sie vom Auswärtigen Amt in Bonn oder direkt bei den Ländervertretungen. Auf telefonische oder schriftliche Anfrage bei den Botschaften der jeweiligen Länder werden Ihnen die Antragsformulare zugesendet. Sie füllen diese aus und schicken sie mit dem Reisepaß und eventuell zusätzlich verlangten Unterlagen zurück. Die Botschaft bearbeitet den Antrag gegen eine bestimmte Gebühr. Anschließend wird der Paß mit der eingestempelten Einreisegenehmigung an Sie zurückgesendet.

Beantragung im Ausland: Manchmal lohnt sich ein Visumsantrag erst im Ausland. Dieser Fall kann eintreten, wenn Sie ein Land zwei- oder mehrmals bereisen wollen, ihr Visum aber keine Gültigkeit mehr besitzt; oder wenn Sie die Route erst während der Reise festlegen möchten. Vielleicht sehen Sie sich auch aus anderen Gründen (z.B. politischen) gezwungen, den Weg zu ändern.

Holen Sie deshalb auf der ganzen Reise immer wieder Informationen darüber ein, in welchem Land man welches Visum am einfachsten bekommt. Es ist nämlich nicht gesagt, daß das Beantragen eines Visums in Nigeria ebenso einfach und unkompliziert abläuft wie in Benin. Diese Unterschiede können Sie sogar in ein und demselben Land feststellen, wenn es dort neben der Botschaft weitere konsularische Vertretungen gibt, die Einreisegenehmigungen erteilen dürfen: Die eine Stelle stempelt Ihnen Ihr Visum sofort in den Paß, während die andere die Unterlagen erst in die Hauptstadt schickt. Es kann dann Wochen dauern, bis der Antrag bearbeitet ist.

Oft sagt das **Visum** bzw. die Einreisegenehmigung nichts über die **Aufenthaltsdauer** aus, sondern gibt an, innerhalb welchen Zeitraumes man überhaupt einreisen darf (oft 3 Monate). Der Eintrag im Reisepaß gibt also die Erlaubnis, bis zu einem bestimmten Tag in ein Land einzureisen.

Bei meiner Einreise nach Tanzania hatte ich fälschlicherweise angenommen, daß der Eintrag der Tanzanischen Botschaft in Bonn in meinem Paß die Aufenthaltsgenehmigung für 3 Monate sei. Tatsächlich aber war es die Genehmigung der Einreise innerhalb dieses Zeitraumes (was dem Visum entspricht). Meine endgültige Aufenthaltsgenehmigung wurde mir erst auf dem Flughafen in Dar es Salaam von der dortigen Zollbehörde erteilt. Sie galt zunächst für einen Monat.

Anmerkung: Es gibt Visa mit unbeschränkter Einreisedauer, wie das für Zaire. Visa dieser Art sollten Sie sich in jedem Fall im Heimatland beschaffen.

Die Aufenthaltsgenehmigung und ihre Länge wird erst an der Grenze erteilt. In den meisten Fällen wird man Sie dort fragen, wie lange Sie sich im Land aufhalten wollen. Es empfiehlt sich, die Aufenthaltsdauer länger als geplant anzugeben, denn unvorhersehbare Zwischenfälle (Krankheit, Reparaturen) können zwangsläufig zu Verzögerungen führen. Eine Visumverlängerung ist sehr schwierig. Man sollte nie unter einer Woche angeben.

Anmerkungen: Es kann vorkommen, daß man **ein und dasselbe Land** sowohl auf der Hin- als auch auf der Rückreise durchqueren oder aber auch aus anderen Gründen **mehrmals bereisen** möchte. In solchen Fällen können Sie bei manchen Ländervertretungen einen Antrag auf ein Visum stellen, daß für die Hin- und die Rückreise bzw. für mehrmaliges Einreisen gilt. Allerdings besteht auch in diesem Fall eine eingeschränkte Gültigkeitsdauer, die meist bei drei Monaten liegt.

Wird die Gültigkeitsdauer von drei Monaten überschritten, muß die **Einreisegenehmigung ganz neu beantragt** werden. Die Antragstellung bei Botschaften in afrikanischen Ländern ist unverhältnismäßig schwierig und zeitaufwendig. Im schlimmsten Fall mußten Reisende nach Deutschland fliegen, weil sie für eine erneute Durchquerung Algeriens keine Genehmigung erhielten.

In solchen Fällen ist ein **zweiter Reisepaß** (siehe Pässe) notwendig. Man kann ihn an Bekannte oder Verwandte in Deutschland schicken. Die Formulare füllen Sie vorsichtshalber vor Antritt der Reise ohne Angabe des Datums aus. Vergessen Sie die Paßbilder nicht! Ihre Bekannten setzen dann das gewünschte Einreisedatum ein, stellen den Antrag bei der algerischen Botschaft in Bonn und senden das Dokument an die von Ihnen angegebene Adresse in Afrika.

Schicken Sie Ihren Paß nie mit der Post! Wenn Sie keine Bekannten im Ausland haben, suchen Sie Europäer, die nach Deutschland fliegen und denen Sie Ihren Paß mitgeben können. Sie finden solche Reisende in internationalen Hotels, Clubs oder auf den Flughäfen. Gleiche Vorkehrungen sind für den Rücktransport des Dokumentes zu treffen. Deutsche Briefmarken mitnehmen!

Es gibt auch die Möglichkeit, bei den Deutschen Botschaften "einen Antrag auf Mitbenutzung des dienstlichen Kuriers" zu stellen, dem allerdings nicht zwingend stattgegeben werden muß.

Achten Sie darauf, daß Ihre Pässe genug **leere Seiten** haben. Bei der Stempelfreudigkeit der afrikanischen Behörden kann man getrost eine Seite pro Land veranschlagen; vorausgesetzt, daß es sich lediglich um Grenzformalitäten - also Einreise-, Ausreisestempel und Visum - handelt. Hinzu kommen die Länder, in denen an Polizeisperren vor und hinter jeder größeren Stadt weitere Vermerke in den Paß gestempelt werden, wie das in Niger oder Zentralafrika üblich ist. Auf jeden Fall 10 bis 15 **Paßbilder** als Reserve mitnehmen!

In Niger müssen Sie sich in den grenznahen Städten bei der Zollbehörde, in Niamey bei der Polizei an- und abmelden. Das bedeutet einen weiteren Stempel. In der nigerischen Hauptstadt benötigen Sie zwei Paßbilder für diese Aktion.

Die **Bearbeitungszeiten** sind sehr unterschiedlich. Hier ist es von Nutzen, mit zwei Pässen zu arbeiten (siehe Pässe). Das gilt sinngemäß für die Überbrückung der Anreisezeit in ein visumpflichtiges Land.

Geld und Finanzen

Vor der Reise werden Sie sich fragen, wieviel Geld Sie in welcher Form mitnehmen sollen. An den europäischen Banken kann man fast jede ausländische Währung kaufen. Davon raten wir dringend ab, da fast alle afrikanischen Länder die Ein- und Ausfuhr der landeseigenen Währung verbieten und von Touristen Devisen verlangen. Eine Ausnahme ist der CFA (Zentralfrikanischer Franc), der in mehreren Ländern gleichzeitig als Währung anerkannt wird. Gehandelt werden zwei Formen:

☆ Der **CFA-West** gilt in den Ländern Benin, Togo, Niger, Burkina-Faso, Mali, Elfenbeinküste, Senegal und Komoren, also im Bereich der westafrikanischen Länder. Zum Zeitpunkt unserer Reise waren 100 CFA-West etwa 0,65 DM wert.

☆ Der **CFA-Ost** oder CFA-Äquatorial ist die Währung der Länder Kamerun, Tschad, Zentralafrikanische Republik, Guinea Ecuatorial, Gabun und Kongo. In diesen Ländern bekamen wir 100 CFA für umgerechnet etwa 0,70 DM. Für 1 FF (Franc Francais) erhielten wir etwa 50 CFA.

Obwohl in beiden Fällen mehrere Länder dasselbe Währungssystem besitzen, druckt jedes Land seine eigenen Geldscheine. Deshalb sehen die CFA-Noten in den verschiedenen Ländern unterschiedlich aus, können aber in allen Ländern des jeweiligen Geltungsbereiches verwendet werden.

Anmerkung: CFA ist die Abkürzung für "Communaute Financiere Africain". Sie stellt eine an den französischen Franc angeschlossene Währungsgemeinschaft dar. Das Verhältnis CFA zu FF ist auf 50:1 festgelegt worden.

Aus den genannten Gründen stellt sich die Frage nach einer internationalen Währung, die in möglichst vielen Ländern akzeptiert wird. Nach unseren Erfahrungen bietet sich hier der **US-Dollar** an. Der amerikanische Dollar hat überdies den Vorteil, daß er immer noch einen hohen Prestige-Wert besitzt. In Westafrika leistet der **französische Franc** gleiches.

Reiseschecks oder Bargeld?
Schecks sind zwar sicherer als Bargeld und schon deshalb als Reserve notwendig, aber mit ihnen allein kommt man nicht aus. Diese Dinge erfahren Sie, wenn Sie an arbeitsfreien Tagen in ein Land einreisen, alle Banken geschlossen sind und kein Hotel in der Nähe ist.

Ein solches Erlebnis hatten wir, als wir gezwungen waren, an einem Sonntag nach Zentralafrika einzureisen. In Bambari, das wir nur mit Mühe nach mehreren Stunden spät am Abend erreichten, ergab sich endlich eine Möglichkeit, Dollars gegen CFA zu tauschen. Und erst in Bangui, 600 km nach dem Grenzübergang bei Mobaye, fanden wir Banken bzw. Hotels, in denen wir offiziell tauschen konnten.

Bargeld hilft da wesentlich schneller weiter. Oft ist es die einzige Möglichkeit, die landeseigene Währung zu erhalten und das fast zu jeder Tageszeit.

Verhältnis Bargeld/Schecks: Wir haben Bargeld und Schecks im Verhältnis von 50:50 bei uns gehabt. Es ist ungünstig, wenn man dieses Verhältnis zugunsten der Schecks verschiebt. Mehr Bargeld bringt Vorteile.

Kaufen Sie Schecks in einer ausgewogenen Stückelung. Hohe Beträge sind sinnvoll, weil in manchen Hotels Schecks nur ab einer bestimmten Höhe eingetauscht werden, beispielsweise nur 50 oder 100 Dollar-Schecks.

Ebenso werden Sie auch Schecks mit kleinen Beträgen (10 oder 20 Dollar-Schecks) benötigen. Die Banken geben nämlich das Wechselgeld nur in inländischer Währung zurück. Wenn Sie Geld tauschen müssen, weil Sie noch einen Tag länger bleiben wollen, aber nur Schecks in großer Stückelung bei sich haben, bleiben Sie auf der inländischen Währung sitzen. Ebenso verhält es sich mit dem Bargeld. Achten Sie darauf, daß Sie neben landeseigener Währung auch immer ein paar Dollars oder auch französische Francs (in Westafrika) in kleinen Noten in der Tasche haben.

Währungserklärungen und Zwangsumtausch
An vielen Ländergrenzen müssen Sie eine Währungserklärung ("declaration form") ausfüllen. In die Währungserklärung tragen Sie ein, wieviel Geld und in welcher Währung Sie dieses einführen. Wenn Sie anschließend an Banken oder in Hotels im Land tauschen, wird dies in Ihrer Devisenerklärung vermerkt. Bei der Ausreise wird manchmal kontrolliert, ob der Differenzbetrag zwischen eingeführtem und ausgeführtem Geld stimmt. Das geht soweit, daß Sie das Geld vorlegen müssen. Zählen Sie deshalb Ihr Geld genau vorher ab.

Devisenerklärungen mußten wir in Tanzania, Kenya, Uganda, Zaire, Nigeria, Algerien und Marokko ausfüllen. Einige Länder schreiben gleichzeitig einen Zwangsumtausch vor (z.B. Algerien 400 DM pro Person, März 1987). Das heißt, Sie müssen von vornherein einen bestimmten Betrag Ihres Geldes gegen landeseigene Währung tauschen. Auf Ihrer Devisenerklärung wird das vermerkt.

Tauschen Sie auch dann immer einen überzeugenden Betrag bei offiziellen Stellen, wenn kein Zwangsumtausch vorgeschrieben wird und Sie den Großteil Ihres Geldes auf dem Schwarzmarkt wechseln.

In vielen Ländern gibt es einen **Schwarzmarkt,** auf dem die inländische Währung inoffiziell zu einem Kurs getauscht wird, der meist wesentlich günstiger als der offizielle ist. Es wird Ihnen oft passieren, daß Sie auf der Straße angesprochen und gefragt werden, ob Sie Geld wechseln wollen. Seien Sie aber vorsichtig! Es ist nicht nur so, daß Sie fürchten müssen, übervorteilt zu werden, sondern es besteht auch immer die Gefahr, daß der Händler ein Spitzel ist. Wenn Sie "in flagranti" beim Schwarzhandel ertappt werden, kann das außerordentlich unangenehm werden. Es gibt nur den Rat, auf die eigene Menschenkenntnis zu vertrauen.

Geld, das Sie auf dem Schwarzmarkt umsetzen, dürfen Sie nicht in Ihrer Devisenerklärung angegeben haben, denn den inoffiziellen Tausch bekommen Sie natürlich nicht quittiert. Wenn Sie beabsichtigen, Geld auf dem Schwarzmarkt zu tauschen, müssen Sie dieses gut verstecken, da an Grenzen und eventuell bei anderen Kontrollen möglicherweise danach gesucht wird.

Achtung: Nicht deklariertes Geld wird beschlagnahmt. Aber nicht nur das: Man muß mit weiteren Geldstrafen und u.U. mit Gefängnis bzw. Ausweisung oder Einreiseverweigerung rechnen.

Sicherheit

Aus Gründen der Sicherheit vor Diebstahl und Überfällen sollten Sie Ihr Geld verstecken. Es stellt sich die Frage nach dem sichersten Versteck. Wir haben unsere Barschaft immer bei uns gehabt: Christine hatte sich einen Geldgürtel genäht, den sie immer um den Bauch trug, wenn Sie es für erforderlich hielt. Er bot auch Platz für einige Dokumente. Ein Geldgürtel bietet den Vorteil, daß man ihn ständig bei sich behalten kann (ein wasserfester Geldgurt ist sogar beim Duschen tragbar). Er hat den Nachteil, daß man in manchen Situationen nicht an sein Geld und die Dokumente kommt. Wer allein reist, ist mit einem Geldgürtel sicherlich gut beraten.

Ich habe mir Taschen auf der Innenseite meiner Hosen einnähen lassen. Sie hatten das Format eines Reisepasses, so daß ich darin Geld und Dokumente verstauen konnte. Mit einem Griff hinter den Gürtel konnte ich den Inhalt jederzeit erreichen. Beim Duschen oder Baden mußte einer von uns die Sachen immer im Auge behalten.

Ein Brustbeutel wird eher schon einmal vom Hals gerissen. Alle Möglichkeiten bieten bei Überfällen letztendlich keinen Schutz. Ein Allheilmittel gibt es nicht.

Reisekosten

Die Höhe der Reisekosten richtet sich nach den eigenen Ansprüchen. Hohe Ausgaben sind uns entstanden, weil wir aufgrund des Platzmangels im Wagen auf Hotels angewiesen waren (Zelten ist nicht immer möglich und nicht ungefährlich). Dafür haben wir geringere Ausgaben bei der Ausrüstung gehabt.

Planen Sie immer einen "Mehrbetrag" für den Fall ein, daß Sie plötzlich krank werden oder eine Reparatur notwendig wird. Selbst wenn Sie versichert sind, müssen Sie im Krankheitsfall erst einmal alle Kosten vorstrecken, die Ihnen später von der Versicherung zurückerstattet werden.

Wir verbrauchten insgesamt pro Kopf und Tag DM 95, wenn man die gesamten Ausgaben (Unterkunft, Verpflegung, Benzin, Ersatzteile, Reparaturen usw.) mit einbezieht.

Preisniveau
Wir haben die Erfahrung gemacht, daß die frankophonen Länder sehr teuer sind. Reparaturen und Ersatzteile sind kostspielig. Denken Sie auch hier an die unvorhersehbaren Zwischenfälle.

Versicherungen

Reisekrankenversicherung mit Rückflug
Stellen Sie sich vor, Sie bekommen Schwierigkeiten mit dem Blinddarm und müssen innerhalb der nächsten 12 Stunden operiert werden. Ein Arzt befindet sich zwar in der Nähe, kann aber aus den verschiedensten Gründen nicht operieren. In solch einem Fall ist eine Rückflugversicherung lebensrettend.

Diese Versicherungen müssen nicht teuer sein. Sie garantieren den Rücktransport ins Heimatland oder zur nächsten medizinisch erforderlichen Einrichtung per Flugzeug, wenn bestimmte Voraussetzungen erfüllt sind. Ich persönlich empfehle die "Deutsche Rettungsflugwacht e.V." in Stuttgart.

Reisegepäckversicherung
Das Diebstahlsrisiko ist hoch. Deshalb sollten Sie zumindest Teile der Ausrüstung versichern.

ADAC-Auslandsschutzbrief
Krankenrücktransport und Ersatzteilversand sind die Hauptleistungen dieses Versicherungsschutzes. Für Afrika-Reisende besteht allerdings eine wichtige Einschränkung: Der Auslandschutzbrief gilt nur für europäische Länder bzw. in den Mittelmeerstaaten. Bleibt das Auto also hinter der algerischen Grenze in der nigrischen Wüste liegen, besteht kein Versicherungsschutz mehr. Deshalb stellt der Auslandschutzbrief auf solchen Reisen keine Alternative zur Rückflugversicherung dar.

Die Mitgliedschaft im Autoclub ist Voraussetzung.

Grüne Versicherungskarte
Diese Haftpflichtversicherung beschränkt sich auf EG-Länder, Österreich, die Schweiz und Marokko.

Anmerkung: Aus dem Ausland importierte Fahrzeuge dürfen in Deutschland mit dem ausländischen Kennzeichen nur solange ohne deutsche TÜV-Plakette fahren, wie die Versicherung gilt.

 Ngorongoro-Krater, Tanzania: Nashornmutter mit Kind ⇨

Internationale Haftpflichtversicherung
In Algerien müssen Sie eine Versicherung abschließen. Das geschieht an der Grenze oder, wenn Sie durch die Wüste einreisen, in der nächsten Stadt.

Landkarten oder "Die Frage nach dem Weg"

Die Infrastruktur ist ein Hauptproblem in vielen Ländern Afrikas. Ihre Qualität hängt von vielen Faktoren ab, so vom Klima und von der ökonomischen und politischen Situation eines Landes. Vor allem aber ist der Zustand der Verkehrswege nicht einschätzbar. Wo auf einer Karte von 1983 noch eine "gut ausgebaute, asphaltierte Straße" eingezeichnet ist, kann es 1987 schon Schwierigkeiten bereiten, überhaupt eine Piste auszumachen.

Nach tagelanger Pistenfahrt durch Zaire sind die guten Straßen in Nigeria eine Freude. Aber Achtung! Hinter so mancher Kurve befinden sich die "heftigsten" Überaschungen. Deshalb halten wir die Benutzung einer Karte, auf der alle größeren Straßen, Pisten und Wege eingetragen sind, für ausreichend. Dies bieten die drei Michelin-Karten des afrikanischen Kontinents (siehe Einleitung).

Wie schon in der Einleitung erwähnt, sollten Sie bei der Frage nach dem Weg immer bedenken, aus welcher Sicht der Gefragte eine Strecke beurteilt. Es empfiehlt sich immer, sowohl die Strecke bis zum Tagesziel als auch Auskünfte über die Distanz zum Fernziel einzuholen und **jede Aussage** möglichst noch einmal durch eine **weitere Befragung zu überprüfen.**

Ein Beispiel: Schon in Tanga erfuhren wir per Telex aus Zaire, daß - wenn überhaupt - nur eine Strecke von Kampala nach Kisangani passierbar sei, nämlich die über Bukavu/Ruanda. Dennoch fuhren wir über Beni nach Zaire, weil uns zwei dänische Motorradfahrer den Tip der Route über Lisala-Gbadolite gaben. Wir taten gut daran - einige Tage später erfuhren wir, daß die Südroute nach Kisangani für jedes Fahrzeug unpassierbar war. Wir hätten einen Umweg von 1.500 km gemacht und womöglich sogar das Auto verloren.

Es gibt so gut wie keine Kilometerangaben an den Wegen. Sie können sich helfen, indem Sie sich die Kilometerstände notieren, die der Tachometer anzeigt.

Was die Kilometerangaben angeht, können wir eine nette Geschichte aus Uganda erzählen: Während unserer Wanderung durch das Ruwenzori-Gebirge fragte ich völlig durchnäßt und verschlammt unseren Führer, wie weit es denn noch bis zum Gipfel sei, dessen Gletscher ich gerade durch die Zweige moosbehangener Bäume erahnen kann. "600 Kilometer" war die prompte Antwort. Davon ließ er sich auch dann nicht abbringen, als wir ihm erklärten, daß das weiter als von hier bis nach Kampala sei.

Für ausgedehnte Reisen in die Sahara sind Spezialkarten absolut notwendig. (Zum Verhalten in der Sahara bei normaler Durchquerung auf den beiden üblichen Routen (Tanezrouft, Hoggar) finden Sie weitere Ausführungen im Kapitel "Durchquerung der Sahara" und im Teil B bei "Niger" und "Algerien", jeweils unter Punkt 2.).

Sprachen

Die Geschäftssprachen der meisten afrikanischen Länder sind heute die Sprachen der ehemaligen Kolonialmacht. Demnach läßt sich grob sagen, daß in **West- und Nordafrika Französisch, in Ost- und Südafrika Englisch** gesprochen wird. Ausnahmen sind Gambia, Ghana, Guinea-Bissau, Nigeria: In diesen Ländern ist Englisch die Geschäfts- bzw. Amtssprache, in Angola und Mosambik Portugiesisch.

Grundkenntnisse in Französisch und Englisch
sind daher unbedingt erforderlich. Ohne diese Fähigkeiten werden Sie sehr bald vor Problemen stehen; erstens, weil selten jemand zur Stelle ist, der übersetzen kann und zweitens, weil in gewissem Maß erwartet wird, daß man sich verständlich machen kann. Auf Kommunikation ist man angewiesen.

Neben den Amts- und Geschäftssprachen werden in den meisten Ländern mehrere Umgangssprachen gesprochen, die regionale Konzentrierung aufweisen. Sie richten sie nach der ethnischen Verteilung (siehe jeweils Punkt 10 "landeskundliche Daten" bei den Länderhinweisen).

All unsere Sprachkenntnisse halfen uns nichts, als wir den "Fulbe-Männern" in Nord-Kamerun begegneten. Diese Fulbe sprechen weder Englisch noch Französisch. Zum Glück verstanden die übrigen Dorfbewohner Französisch, und so konnten wir mit den "Fulbe" den Preis für ein paar Fotos aushandeln.

Der Kontakt zur Bevölkerung nimmt mit dem Maß der Sprachbeherrschung rapide zu. Nur über die Sprache ist es auf Dauer möglich, aus der Zuschauerrolle auszubrechen und Teil eines

Erlebnisses zu werden. Christines Sprachkenntnisse in Kiswahili waren in Ostafrika eine große Hilfe. Für Reisende, die sich länger in diesem Teil Afrikas aufhalten möchten, empfiehlt sich die Mitnahme eines Kiswahili-Sprachführers.

Buchtip: Verschiedene Kauderwelsch-Sprechführer aus dem Peter Rump-Verlag, Bielefeld (⇔ Literatur).

Fotografieren und Fotoausrüstung

Ausrüstung

An folgende Dinge sollten Sie denken, wenn Sie sich mit dem Gedanken tragen, eine neue Kameraausrüstung anzuschaffen. Bei hoher Luftfeuchtigkeit besteht die Gefahr von Kurzschlüssen durch Kondenswasser. Tiefe Temperaturen können den elektrischen Fluß zum Erliegen bringen. Unsere Kameras sind unter Extrembedingungen eingesetzt worden. Bei -10 Grad in annähernd 6.000 m Höhe auf dem Kilimanjaro; bei 60 Grad unter direkter Sonneneinstrahlung in der Wüste und bei hoher Luftfeuchtigkeit im Dschungel Zaires.

Decken Sie bei der Wahl der **Objektive** einen möglichst großen Brennweitenbereich ab. Wir halten Zoom-Objektive für sehr geeignet. Sie sparen außerdem gegenüber diversen Festobjektiven Platz und Gewicht, und bei der Lichtempfindlichkeit der heutigen Filme spielt der Lichtverlust von Zoom-Objektiven keine entscheidende Rolle mehr. Mit einer großen Brennweite werden Sie viele Situationen fotografieren können, die Ihnen verlorengehen, wenn Sie erst selbst in das Geschehen eingreifen müssen, weil das Objekt zu weit entfernt ist. Ein **Blitzgerät** kann in vielen Fällen z.B. zum Aufhellen von Gesichtern nützlich sein.

Menge und Wahl der Filme

Wieviele Filme man mitnimmt, hängt sehr vom Können und den eigenen Bedürfnissen ab. Planen Sie für eine dreimonatige Reise zwischen 30 und 60 Filme ein. Kaufen Sie die Filme in Deutschland. In einigen Großstädten bekommen Sie zwar Filmmaterial, allerdings ist es sehr teuer und oft überaltert.

Es hat sich immer wieder gezeigt, daß die Ergebnisse einer Filmentwicklung im afrikanischen Ausland sehr unbefriedigend sind. Gerade belichtete Filme überdauern die hohen Temperaturen aber nicht, ohne Schaden zu nehmen. Am besten ist es, wenn Sie die Filme, bald nachdem Sie sie belichtet haben, nach Hause schicken.

Wir haben das folgendermaßen gelöst. Schon in Deutschland kauften wir Diafilme mit Entwicklungstüten. Diese Tüten, mit deutschen Briefmarken frankiert und an ein Fotolabor adressiert, gaben wir Reisenden mit, die gerade nach Deutschland zurückflogen. In Deutschland wurden die Tüten in den Briefkasten geworfen und erreichten so das Fotolabor. Dieses schickte die entwickelten Filme an unsere Heimatadresse. Wichtig: deutsche Briefmarken nicht vergessen.

Fotografiererlaubnis bzw. -verbot
In einigen Ländern ist Fotografieren nur bedingt erlaubt, wenn nicht sogar völlig verboten. Bevor Sie auf den Auslöser drücken, sollten Sie darauf achten, daß Sie folgende Dinge garantiert nicht im Visier haben: Brücken, Eisenbahnen, Flughäfen, öffentliche Gebäude, Militär, Polizei etc. Diese "Objekte" dürfen in keinem afrikanischen Land ohne weiteres fotografiert werden.

In Nigeria sind wir extra auf ein absolutes Fotografierverbot hingewiesen worden. Allerdings werden in Lagos Sondergenehmigungen erteilt.

Verhalten
Schwarz-Afrikaner lassen sich meist nicht gern fotografieren. Eine Ausnahme sind die Nordafrikaner der Sahara. Sicherlich kann man aus dem Auto "einmal so losknipsen", aber man sollte es nicht zur Regel machen, einfach alles und jeden in dieser Weise abzulichten und zu belästigen.

Oft waren die Menschen zu einer Aufnahme bereit, wenn wir sie gefragt haben. Manchmal war ein Preis auszuhandeln. Das hatte den besonderen Reiz, mit den Menschen ins Gespräch zukommen. Mit einer Polaroidkamera haben wir sehr gute Erfahrungen gemacht. Wir gaben den Menschen Aufnahmen, die wir mit der "Polaroid" von ihnen gemacht hatten, und durften dafür weitere Fotos mit unseren anderen Kameras machen.

Wenn Sie versprechen, ein Bild zu schicken, sollten Sie dieses Versprechen auch halten. Jedes Fehlverhalten fällt letztendlich auf andere Europäer zurück.

Anmerkung: Falls Sie sich für die Reise extra eine Kameraausrüstung anschaffen wollen, lohnt es sich, die Ausgabe dafür sorgfältig abzuwägen. Von einer Afrikareise ohne fotografische Eindrücke zurückzukehren, werden Sie früher oder später sicherlich bereuen.

Reisebegleitung

Wenn Sie mit dem eigenen Fahrzeug reisen möchten, empfiehlt es sich, zu zweit zu fahren. Die Schwierigkeit besteht darin, den geeigneten Partner zu finden. Zum einen muß man für die Dauer der Reise miteinander auskommen, zum anderen muß der Partner auch gerade dann Zeit haben, wenn Sie starten wollen.

Ob man sich zutraut, eine derartige Reise allein zu machen, hängt von den jeweiligen Fähigkeiten eines jeden einzelnen ab. Die ganze Tour ist unter den Bedingungen, wie wir sie durchführten, von einer Person kaum allein zu bewältigen.

Eine Alternative stellt das **zeitweilige Zusammenreisen** dar, bei dem man sich nur für einen bestimmten Reiseabschnitt zusammenschließt. Auf diese Weise bleiben Sie unabhängig und können sich jeder Zeit wieder trennen.

Eine solche Reise stellt hohe Anforderungen an die Personen. Deshalb wird man bei der Zusammenstellung der Reisegruppe wahrscheinlich zunächst daran denken, Menschen mitzunehmen, die man gut kennt. Bekannte hatten ihren Reisebegleiter so ausgewählt. Für ihre Saharadurchquerung hatten sie einen Mann gewonnen, der in jeder Situation einen kühlen Kopf bewahren sollte, einen erfahrenen Fallschirmspringer und Höhlentaucher. Kaum in der Wüste, rannte dieser auf den nächsten Lkw zu, mit dem er die sandige Weite wieder verließ.

Dieses Beispiel soll Ihnen verdeutlichen, daß Sie eventuell in Situationen geraten werden, in denen Ihr und das Verhalten anderer Personen nicht mehr vorhersehbar ist. Man sollte sich gut kennen und aufeinander verlassen können. Prüfen Sie sich selbst und versuchen Sie sich vorzustellen, wie Sie in Extremfällen reagieren werden.

Wer darauf angewiesen ist, als **Mitfahrer** zu reisen, der sei an dieser Stelle vor den Leuten gewarnt, die Anhalter nicht nur durch die Wüste mit-, sondern auch schamlos ausnehmen. Da kann es z.B. passieren, daß nach dem Essen im Lokal plötzlich alle aus irgendeinem Grund den Raum verlassen. Schließlich sitzt man mit der unbezahlten Zeche allein am Tisch. Solche Erlebnisse sind uns in unterschiedlicher Ausprägung immer wieder berichtet worden.

Grenzübertritte

An den Grenzen wird Ihre Geduld bis aufs äußerste gefordert. Es gibt eine goldene Regel. **Bleiben Sie ruhig und höflich.** Es wird Ihnen passieren, daß Sie drei oder mehr Stunden an einer Grenze warten, obwohl niemand vor Ihnen ist. Es kommt vor, daß der einzige Beamte, der einen Stempel bedienen kann, gerade zum Gebet ist. Und wenn dieser dann zurück ist, verschwindet genau der, der berechtigt gewesen wäre, die notwendige Unterschrift zu geben usw.

Auch wenn der Grenzbeamte nur ein kleines Licht in der Hierarchie darstellt, so ist er an der Grenze der König. Sie haben gegen ihn keinerlei Handhabe. Im Notfall helfen kleinere Geschenke oder Geld. Eventuell müssen Sie die nächste Ablösung abwarten und es dann noch einmal probieren.

Mit der Bestechung von Beamten müssen Sie vorsichtig sein. Der Spruch "alle afrikanischen Beamten sind bestechlich" ist nur bedingt gültig. Auch hier wird Ihnen Ihr Gefühl und Ihre Geschicklichkeit weiterhelfen müssen.

Bereiten Sie sich auf eine Grenze vor, indem Sie Geld schon vorher abzählen und Ihre Papiere kontrollieren. Bedenken Sie auch, daß sowohl die Mittagszeiten als auch die Sonn- und Feiertage für eine Einreise ungünstig gewählte Zeitpunkte darstellen.

Manchmal müssen Sie einem Beamten beim Ausfüllen der Dokumente helfen. Das verlangt ein wenig Fingerspitzengefühl, denn mancher Zöllner fühlt sich in seiner Autorität angegriffen, wenn er sich von einer Frau erklären lassen muß, das der Name nicht "Diepholz", sondern "Schöttler" lautet. Vielfach sind die Beamten auch sehr nett; in einem solchen Fall macht es dann richtig Spaß. Lassen Sie aber nie durchgehen, daß Ihre Dokumente aus Unwissenheit falsch ausgefüllt werden. Später bei den Kontrollen im Land, wird Ihnen die Entschuldigung, "das haben Ihre Kollegen an der Grenze falsch gemacht", nicht weiterhelfen.

Gefahrensituationen

Mit einer Reise durch Afrika verbinden viele eine nicht abzuschätzende Gefahr. Wir haben schon vor der eigentlichen Durchquerung gelernt, uns in einer Welt zu bewegen, in der ganz andere Gefahren lauern als diejenigen, mit denen wir tagtäglich in Europa konfrontiert werden. Dazu ein Vergleich: In Deutschland dreht man den Wasserhahn auf und trinkt aus der Leitung. In Afrika wird diese Gewohnheit mit aller Wahrscheinlichkeit böse Folgen haben. In Deutschland ist die Überquerung einer Straße ohne Vergewisserung darüber, ob diese Straße frei ist, mit einem hohen Risiko verbunden. Auf afrikanischen Dschungelpisten wird kaum einer nach entgegenkommenden Autos Ausschau halten, sondern eher nach anderen Gefahren.

Dies will sagen, daß man sich als Reisender zunächst an vieles gewöhnen muß. In der Tat hängt eine Menge mit dieser Gewöhnung zusammen.

Es gibt keinen Schutz gegen alle Eventualitäten. Trotz Vorbereitung und ausgeklügelter Pläne geht wahrscheinlich viel schief. Man braucht vor allem unendliche Geduld und gute Nerven. Ein Zitat von Christine: "In all den Jahren in Afrika habe ich immer wieder gemerkt: Irgendwie geht es, nur vielleicht nicht gerade so, wie ich es wollte und vielleicht nicht in zwei, sondern erst in zwölf Stunden.

Verhalten in Gefahrensituationen

Bis zu einem gewissen Grad lassen sich mißliche oder sogar gefährliche Situationen vermeiden. Die Erfahrung zeigt, daß tatsächlich viel passiert, weil bestimmte Regeln nicht beachtet werden. Diebstahl, Unfall, Raub oder Schlimmeres können die Folge sein.

Wer nachts durch Nairobis dunkelstes Viertel geht, darf sich nicht wundern, wenn er ausgeraubt wird (wobei ich wohl das harmloseste Beispiel gewählt habe). Es gibt Berichte über Reisende, die in der Nacht von einem Lkw überrollt wurden, weil sie ihr Auto unbeleuchtet im Dschungel mitten auf der Piste geparkt hatten. Wieder andere kehren im "Adamskostüm" ins Hotel zurück, weil sie eben doch nicht ganz allein am Strand waren. Lassen Sie keine Gegenstände unbedeckt oder ungesichert im Fahrzeug zurück. Ganz besonders in Nordafrika sollten Sie Ihr Fahrzeug nie unbewacht abstellen.

Erkundigen Sie sich bei entgegenkommenden Reisenden nach den Gefahren, die Sie möglicherweise in einem Land erwarten, bevor Sie in dieses einreisen. Die unsichersten Orte sind die großen Städte - Produkte der Zivilisation. Wir haben Unternehmungen nach Einbruch der Dämmerung in den größten Städten vermieden. Besondere Vorsicht ist in den nigerianischen Städten wie Lagos, Benin City und Enugu geboten.

Es gibt Situationen, bei denen Sie sich nur auf Ihr Gefühl verlassen können. Dann müssen Sie unter Umständen auch einmal ein deutliches "Nein" sagen. Das fängt schon bei den "Touristenfängern" an und setzt sich bis zu solchen Situationen fort, wie wir sie an den Militärsperren in Uganda erlebt haben. Solche Begegnungen sind kein Spaß mehr.

Hierbei geht es nur um die gegenseitige Machtdemonstration. In solchen Situationen einen zu harten Ton anzuschlagen kann unangenehme Konsequenzen haben. Auf der anderen Seite laufen Sie Gefahr schikaniert zu werden, wenn Sie nicht selbstbewußt genug auftreten.

Was noch zu beachten ist

Post
können Sie sich mit dem Vermerk "wird abgeholt" an die Deutschen Botschaften oder an die Hauptpostämter (engl. "General Post Office"; frz. "Poste central") in größeren Städten schicken lassen. Wichtig ist der Zusatz "Poste restante". Dieser Weg ist recht unsicher. Oft werden Briefe unter dem Vornamen im Alphabet einsortiert; deshalb sollte der Nachname unterstrichen werden.

Feilschen/Handeln
In Afrika wird der Preis einer Ware erst durch Handeln festgelegt. Es ist Sitte, nur dann mit dem Handeln zu beginnen, wenn man eine Sache auch wirklich kaufen will.

In der Regel beginnt der Händler, indem er das Doppelte des angestrebten Endpreises nennt. Der Käufer hält diesem Angebot die Hälfte entgegen. Schließlich einigt man sich etwa in der Mitte.

Mancherorts wird man versuchen, Sie zu übervorteilen. Die Preise, die von Touristen in diesen Fällen verlangt werden, stellen etwa das Dreifache des tatsächlichen Kaufpreises dar. Erkundigen Sie sich am besten nach den üblichen Preisen im Hotel oder in einem Tourist Office. Dort erfahren Sie auch, wieviel Sie bei Benutzung öffentlicher Verkehrsmittel oder für Taxis bezahlen müssen.

Warnzeichen
Warndreiecke und -lampen werden in Afrika, abgesehen vom Norden, nicht eingesetzt. Statt dessen werden Sie Blätter, Zweige, Steine, Bleche und andere Dinge auf dem Weg entdecken, die vereinzelt oder auch in regelmäßigen Abständen angeordnet sind. Das sind Warnzeichen.

Nicht immer werden diese Zeichen wieder fortgeräumt. Und so kann es passieren, daß Sie an eine Stelle kommen, an der die Gefahr längst beseitigt ist, obwohl sie dort noch angezeigt wird. Aber Vorsicht! Ignorieren Sie diese Zeichen deshalb nicht!

Es gibt auch den umgekehrten Fall: Sie fahren auf guter Piste mit 50 oder mehr km/h dahin; plötzlich - hinter einer Kurve - liegt ein Baum quer über der Straße, oder es tut sich ein tiefer Regengraben vor Ihnen auf.

Literatur
Die Reiseliteratur über Afrika ist über das Gebiet südlich der Sahara recht spärlich. Entweder ist sie zu speziell (dann war ihr eigentliches Problem Gewicht und Volumen) oder sie ist zu dürftig.

Wir haben fast vollständig auf Literatur verzichtet. Allerdings waren wir nicht unvorbereitet. Informationen bekamen wir während der Fahrt von anderen Reisenden. Nicht zuletzt gaben uns die Botschaften Auskunft über Attraktionen, Veranstaltungen etc.

Wir haben schließlich eine Lösung gefunden, indem wir Kopien der Literatur mitnahmen, die wir für unbedingt erforderlich hielten. Auf diese Weise kam ein dicker Ordner zustande, der im Verhältnis zu seinem Inhalt wenig Platz beanspruchte. Letztendlich ist auch dies wieder eine Frage der eigenen Ansprüche.

Hinweise auf geeignete Reiseliteratur ⇨ Literatur.

Adressen

Deutsche Rettungsflugwacht e.V., Zentrale für Luftrettung; Postfach 230127, 7 Stuttgart 23 Flughafen

Auswärtiges Amt, Postfach 1148, 53 Bonn 1, ☎ 0228/170

ADAC-Zentrale, Referat Grenzverkehr, Am Westpark 8
8 München 70, ☎ 089/7676-0, Telex: 05 29231

Verzeichnis der deutschen Vertretungen im Ausland; Verlag Bundesanzeiger, Postfach 108006, 5 Köln 1, ☎ 0221/20290

Institut für Tropenhygiene und Südostasien-Institut der Universität Heidelberg, Im Neuenheimer Feld 324, 69 Heidelberg
☎ 06221/562925

Durchquerung der Sahara

Die beiden Hauptrouten durch die westliche Sahara

Auch heute noch ist die Durchquerung der nordafrikanischen Wüste ein Abenteuer für sich und selbst auf den beiden bekannten Routen der Westsahara, der **"Tanezrouft"** und der unbestritten attraktiveren **"Hoggar-Piste"**, nicht ohne Gefahren. Beide Routen stellen für den Afrika-Reisenden die Verbindung zum Süden des Kontinentes dar, da die Durchquerung der Sahara weiter im Osten, durch den Tschad und den Sudan, momentan nicht möglich ist und auf unbestimmte Zeit für den Touristen gesperrt bleibt.

Versorgung mit Wasser, Treibstoff und Lebensmitteln

Gehen Sie davon aus, daß Sie ohne körperliche Arbeit mindestens 5 Liter Wasser pro Person und Tag benötigen, denn Sie verdunsten unmerklich erhebliche Mengen Flüssigkeit. Das schließt bis auf das Zähneputzen kein Wasser für die Körperreinigung mit ein. Ein durchschnittlicher Mensch benötigt wenigstens 10 Liter Wasser, wenn er unter Wüstenbedingungen arbeitet. Deshalb nehmen Sie nicht zu wenig Wasser mit. Bis Sie Erfahrung mit dem Gelände und seinen Tücken haben, werden Sie sicher ein paar Mal zu Sandblechen und Schaufel greifen müssen.

Die große "Durststrecke" stellt das Stück zwischen **Arlit und Tamanrasset** dar, weil Sie nicht davon ausgehen können, in den Oasen In Guezzam und Assamakka Wasser, Treibstoff und Lebensmittel zu bekommen. Für dieses Stück sollten Sie zwischen 5 und 7 Tagen einplanen. Es ist nämlich nicht so, daß es nur einen klar definierbaren Weg gibt.

Die brandaktuellen Informationen bekommen Sie natürlich von Reisenden, die Ihnen während der Fahrt begegnen. Es handelt sich dann z.B. darum, ob es zwischen Arlit und Tamanrasset Wasser und Benzin gibt.

Sicherheit

An- und Abmeldung: In Niger müssen Sie sich in Agadez und Arlit bei der Zollbehörde abmelden. Dies geschieht auch aus Sicherheitsgründen. Es empfiehlt sich daher auch, wenn das in Tamanrasset und in In Salah nicht vorgeschrieben ist, jemandem zu suchen, dem man seine Abreise mitteilen kann.

Konvoi fahren ist unbedingt anzuraten:

☆ Fällt ein Fahrzeug aus, können eventuell nicht gleich alle Betroffenen in die nächste Stadt mitgenommen werden, zumindest aber kann Hilfe geholt und die Nachricht des Ausfalls weitergegeben werden

☆ Kommt eine Krankheit dazu, kann ein Kranker zuerst zum nächsten Arzt gebracht oder für Hilfe gesorgt werden;

☆ Bleibt ein Fahrzeug stecken, sind mehr Hände zum Zufassen da. Das verringert den Energieverbrauch eines jeden einzelnen

☆ Fehlentscheidungen werden eher vermieden

☆ Mehr Augen beteiligen sich an der Orientierung nach den Wegzeichen

☆ Man kann ein Fahrzeug in Sichtweite vorfahren lassen, um die Qualität eines Streckenabschnittes zu prüfen.

☆ Hinzu kommt, daß sich das Gefühl der Sicherheit positiv auf die allgemeine Stimmung auswirkt.

Wie finden Sie den richtigen Weg?

Die 200 km **zwischen Assamakka und Arlit** im nigrischen Teil der Wüste sind sehr gut markiert. Auf diesem Stück steht alle 1.000 m ein schwarzes Ölfaß, in das von oben hinein ein dicker Pfosten gesteckt ist. Entlang dieser Tonnen verläuft die Piste. Sie besteht aus einer Unzahl von Spuren, die nebeneinander in einer Breite von 10-15 km entlang der Markierung verlaufen. An manchen Stellen verdichten sich die Spuren zu einem richtigen Weg.

Bei starker Sonneneinstrahlung kann es teilweise Probleme bei der sofortigen Entdeckung geben. In diesem Fall sollten Sie anhalten und notfalls mit einem Feldstecher die nächste Tonne anvisieren. Entfernen Sie sich niemals außer Sichtweite der Markierungen, ohne sich gemerkt zu haben, auf welcher Seite diese lagen.

Auf dem Stück zwischen **In Guezzam und Tamanrasset** sind die Routen anders markiert. Dort finden Sie große **Metall- oder Holzstangen oder Steinhaufen,** die in regelmäßigen Abständen aufgehäuft wurden; auch **aufgetürmte Reifen** haben wir gesehen. Es gibt sogar Wegweiser. Hüten Sie sich aber vor der Befolgung der groben Richtungsangabe eines solchen Wegweisers, wenn keine weiteren Wegmarkierungen vorhanden sind.

Nicht immer führt der beste Weg entlang der Markierungen. Es kann sein, daß Sandfelder die Spuren in der Nähe von Tonnen verlegen oder eine Düne den Weg versperrt. Sind die Sandfelder so kurz, daß Sie sie mit viel Geschwindigkeit durchfahren können, ist das gut. Es kann aber auch passieren, daß Sie ein Hindernis weiträumig umfahren und sich aus der Sichtweite von Markierungen entfernen müssen. In diesem Fall müssen Sie sich **unbedingt merken, ob diese links oder rechts von Ihnen lagen.**

Keinesfalls sollten Sie sich an irgendwelchen Spuren orientieren, wenn diese außerhalb der Sichtweite von Markierungen verlaufen. Es ist nämlich möglich, daß Sie einer Spur folgen, die irgendwann endet, weil der Wind sie verweht hat.

Das **Fahren nach Kompaß** kann für Ungeübte schnell gefährlich werden. Oft stellt sich das Problem schon bei der Suche nach geeigneten Fixpunkten, weil das Hitzeflimmern die Fernsicht enorm einschränkt. In Tahoua wurde uns berichtet, daß ein halbes Jahr vor unserem Eintreffen zwei Männer bei dem Versuch, abseits der Pisten die Wüste zu durchqueren, 20 km vor der Stadt verdurstet waren. Sie hatten es mit dem Kompaß versucht.

Achtung: Es gibt in der Tat extrem täuschende Spiegelbildungen auf den weiten und stark erhitzten Flächen.

Keinesfalls sollte man bei Sandsturm oder in der Nacht fahren! Ein Sandsturm kann so dicht sein, daß Sie keine 5 Meter weit schauen können, geschweige denn die nächste Markierung sehen werden. Außerdem erkennen Sie Abgründe oder Hindernisse nicht rechtzeitig.

Die Strecke **Tamanrasset - In Salah** ist insofern kein Problem, da die Piste relativ gut auszumachen ist, wenn Sie sich in der Nähe der ehemals bestehenden Asphaltstraße halten. Es wird nur manchmal notwendig, sich weiter als 2-3 km von dieser zu entfernen, um Hindernissen auszuweichen. Die Strecke stellt allerdings einige Ansprüche an Ihr fahrerisches Können.

Woran erkennen Sie unpassierbare Stellen?
Natürliche Hindernisse sind **Sandverwehungen, Dünen, Sandfelder und -löcher.** Selten wird Ihnen der Weg durch ein Wrack verstellt werden, obwohl es davon eine Menge gibt. Die zeigen Ihnen jedoch, wo Sie garantiert nicht entlang fahren dürfen.

Sandfelder: In der Wüste geht fast ständig ein Wind. Er weht den leichten, feinen Sand von einem meist grobsandig bis kieselig und relativ festen Untergrund ab. Der Sand lagert sich in den natürlichen Vertiefungen ab; es entstehen Sandfelder und -löcher.

Sie erkennen diese schon aus der Entfernung an ihrer unterschiedlichen Färbung. Im Vergleich mit den überwiegend großen rötlich-gelben Flächen sind sie heller und gelb.

Oft steckt mitten in einem Sandfeld ein Wrack, oder Sie sehen Ansammlungen von Gestrüpp oder kleinen Gewächsen. In einem Sandfeld ändert sich auch das Aussehen der Spuren: Die Spuren in weichem Sand sind tiefer und breiter; hier bilden Reifenabdrücke sich kaum noch ab.

Umfahren von Hindernissen
Es gibt viele Möglichkeiten, Sandfelder zu entdecken und zu meistern: gute und weniger empfehlenswerte. Ein Negativbeispiel: In einer Kolonne fährt sich das erste Fahrzeug fest. Die nachfolgenden Fahrer erkennen das und schwärmen mit Ihren Fahrzeugen breitgefächert aus. Erfolg der Aktion: Alle Fahrzeuge stecken auf einer Linie im Sand fest.

Wichtig ist, daß Sie ein Hindernis erst einmal in Augenschein nehmen und überlegen, wie Sie reagieren.

Vermuten Sie ein Sandfeld, vermindern Sie sofort die Geschwindigkeit, aber bremsen Sie nicht abrupt, sondern lassen Sie den Wagen ausrollen. Eventuell können Sie etwas mit der Handbremse nachhelfen. Schauen Sie sich das Hindernis an. Möglicherweise brauchen Sie es überhaupt nicht zu umfahren, sondern finden eine Spur, auf der Sie das Sandfeld mit Schwung durchfahren können.

Falls Sie sich schon mitten im Sandfeld befinden, der Wagen aber noch rollt, sollten Sie Lenkbewegungen vermeiden. Es sei denn, daß irgendein Hindernis umsteuert werden muß. Wenn Sie merken, daß Sie bald festfahren, lassen Sie den Wagen ausrollen und vermeiden Sie zu bremsen. Versuchen Sie nicht, das Fahrzeug noch einmal richtig mit Vollgas in einem kleinen Gang zu beschleunigen, denn dadurch wühlen Sie sich bis zum Bodenblech ein. (Diese Tips zum Fahrverhalten beziehen sich nicht auf **allrad- und frontangetriebene Fahrzeuge.**)

Steht fest, daß Sie ein Hindernis nicht überqueren können, müssen Sie eine Umgehung suchen. Vergessen Sie dabei nicht, auf welcher Seite die Markierungen lagen.

Auf einem Stück zwischen In Guezzam und Tamanrasset gab es auf unserem Weg keine Markierungen mehr. Wir orientierten uns an einer Bodenstruktur, die wie "Wellblech" aussah. "Wellblech" entsteht dort, wo viele und vor allem schwere Fahrzeuge über verformbaren Boden gefahren sind; d.h. wenn Sie diesen Untergrund spüren, können Sie davon ausgehen, daß Ihr Weg oft benutzt wird. Fahren auf Wellblech ist unangenehm, wenn man nicht die Geschwindigkeit erreicht hat, bei der die Vibration verschwindet.

Was tun, wenn man sich verfahren hat

Wenn Sie glauben, sich verfahren zu haben, halten Sie erst einmal an. Sie müssen sich zunächst darüber klar werden, ob Sie eine Idee haben, wie Sie den Weg zurückfinden können, oder ob Sie vollends die Orientierung verloren haben. Das ist sehr wichtig, denn womöglich entfernen Sie sich immer weiter vom tatsächlichen Weg in dem guten Glauben, den richtigen gefunden zu haben. Das Beste ist, auf der eigenen Spur zum Ausgangspunkt zurückzukehren; vorausgesetzt, Sie finden diese zwischen anderen Spuren wieder.

Mit den Spuren kann es problematisch werden. Womöglich bemerken Sie erst kurz vor Einbruch der Dunkelheit, daß Sie sich verfahren haben. Nun wird es ungleich schwerer als bei Tageslicht, die eigene Spur zu entdecken. In der Nacht können Winde oder Sandsturm ihre Spur unkenntlich machen. Fahren Sie trotzdem nicht bei Nacht, denn die Gefahr, daß Sie sich weiter verirren, ist größer als die Wahrscheinlichkeit, daß Sie in der Dunkelheit Ihrer Spur folgen können.

Wann am Tage fahren?

☆ Es empfiehlt sich, noch in der Morgendämmerung loszufahren. Der Sand ist in den frühen Stunden des Tages kälter und härter. Die Temperaturen sind noch nicht so hoch wie um die Mittagszeit.

☆ Durch den flacheren Sonnenstand in den Morgen- und Nachmittagsstunden haben Sie eine bessere Schattenbildung, die die Strukturen im Sand deutlicher hervorhebt.
☆ Um die Mittagszeit herrscht die höchste Temperatur. Das Flimmern über den Flächen ist jetzt am stärksten. Deswegen deuten Sie Hindernisse möglicherweise falsch.
☆ Die Stunden nach Mittag bis zum Beginn der Abenddämmerung sind wieder zum Fahren geeignet. Keinesfalls sollten Sie bei Nacht oder Sandsturm fahren!

Fehler, die man vermeiden kann
Auf unserer Fahrt sind uns Reisende begegnet, die sich aus Unachtsamkeit in bedrohliche Lage gebracht haben. Am dritten Tag unserer Saharadurchquerung trafen wir einen Franzosen, der mit seinem Peugeot allein und verlassen mitten im Gelände stand: Zwei platte Reifen, kein Wagenheber! Für ihn wäre an dieser Stelle die Tour zu Ende gewesen! Bis heute ist uns nicht klar, worauf sich dieser Mann verlassen hat.

Rechnen Sie in der Wüste nicht damit, daß schon jemand kommen wird, der Ihnen hilft.

Wir haben einmal ausprobiert, aus welcher Entfernung man ein Objekt bei starkem Flimmern erkennt. Ein fahrendes Auto bemerkt man ab vier oder weniger Kilometern, ein ruhendes Objekt weit darunter. Das bedeutet, daß man bei größerer Distanz nicht mehr damit rechnen kann, gesehen zu werden. Bei der Breite der Pisten ist es auch denkbar, daß Sie sich gerade auf der einen Seite einer Erhebung befinden, während auf der anderen ein Fahrzeug vorbeifährt.

Aus diesem Grund können Sie sich auch nicht auf vorbeikommende Fahrzeuge verlassen. Uns wurde gesagt: "Alles halb so schlimm, im Notfall nimmt Euch ein Lkw mit". Auf der ganzen Strecke zwischen Arlit und Tamanrasset sind uns zwei Lkw begegnet, und zwar zu Beginn und ziemlich am Ende der Strecke. Einmal haben wir nachts einen Lkw in einiger Entfernung vorbeifahren sehen.

Denken Sie auch an einen ausreichenden Wasservorrat. In Agadez fanden wir einen jungen Mann, der an Wassermangel litt und sehr elend aussah. Angeblich war er in Tamanrasset mit nur einem Liter Wasser aufgebrochen.

Folgen Sie nicht unnötigerweise irgendwelchen Spuren. Verlassen Sie sich nicht auf Ihren Instinkt. Versuchen Sie nicht, sich laienhaft nach den Sternen, dem Kompaß oder in anderer Weise an den Himmelsrichtungen zu orientieren.

Abkürzungen

Einteilung der Pisten

P: Piste
P1: sehr gute Piste, Geschwindigkeit bis 70 km/h; kaum Löcher, kein Wellblech
P2: gute Piste, 40-80 km/h; vereinzelt Löcher und Wellen, Hubbel, Querrinnen
P3: mittelmäßige Piste, 20-60 km/h; Löcher, Wellen, vereinzelt Erosionsrinnen und Steine
P4: schlechte Piste, 15-50 km/h; Löcher, Wellen, Erosionsrinnen, Steine, Querrinnen, Hubbel, bei Fahrzeugen mit geringer Bodenfreiheit wird spätestens hier der Einsatz von Sandblechen unumgänglich.
P5: schlechteste Piste, 1-10 km/h; tiefe bis sehr tiefe Löcher (je nach Jahreszeit trocken oder mit Schlamm gefüllt) Steine, Querrinnen, Abbrüche.

Einteilung der asphaltierten Straßen

A: Asphalt
A1: sehr guter A, 80-100 km/h
A2: guter A, einzelne Löcher u. Bodenwellen, 70-90 km/h
A3: schlechter A mit vielen Löchern, 50-70 km/h
A4: Asphalt so schlecht, daß er nur noch im Slalom zu befahren ist, 10-30 km/h.

Nähere Zustandsbeschreibungen für Pisten/Asphalt

s = mit Sandpassagen von einer Länge zwischen 10 und 100 m oder mehr
r = Steinpassagen, steinig
l = Löcher, Kuhlen
h = Hubbel, größere Wellen
q = Querrinnen
w = Wellblech
b = breite Piste
e = eng oder schmal
d = staubig (dusty)
Z = gut markiert
N = nicht markiert

Streckenbeschreibung

Tanzania

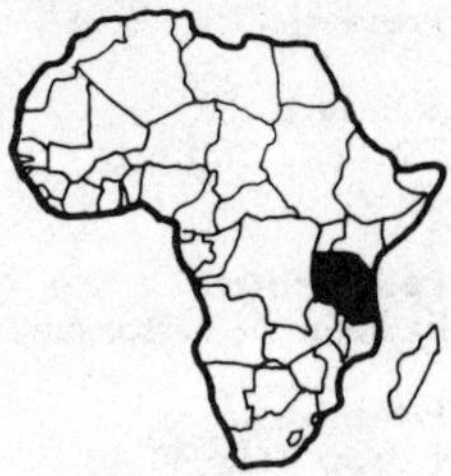

Grenzen
Währungserklärung (declaration form)
Mindestumtausch (Dez. 1986 US$ 50)
Paß mit eingestempeltem Visum. Die Aufenthaltsgenehmigung erhalten Sie an der Grenze, meist für einen Monat. Später kann man den Aufenthalt dann bei einer der Einwanderungsbehörden verlängern lassen.
Internationaler Impfpaß: Nachweis der Gelbfieber- und Cholera-Impfung
Internationaler Führerschein
Carnet de Passages (falls Sie mit dem Auto einreisen)

Da es nicht immer einfach ist, das Tanzania-Visum an der Grenze nach Kenya zu bekommen, empfehlen wir, schon in Kampala oder Nairobi den Antrag zu stellen.

Zwischen Tanzania und Kenya sind die Beziehungen seit dem Zerfall der Ostafrikanischen Handelsgemeinschaft getrübt. Seit drei Jahren sind die Grenzen zwar wieder geöffnet, aber es ist durchaus denkbar, daß die Grenzüberschreitung phasenweise problematisch wird.

Tanzania steht der Republik Südafrika politisch ablehnend gegenüber. Mit aller Wahrscheinlichkeit wird man Ihnen die Einreise verweigern, wenn man Sie mit Südafrika in Verbindung bringen kann. Achten Sie deshalb darauf, daß sich in Ihrem Paß und auch in anderen Dokumenten kein Vermerk der Republik Südafrika befindet. Geben Sie das Land auch nicht als Reiseziel an und vermeiden Sie alle Hinweise auf Südafrika (so z.B. ein Reiseführer, der sichtbar im Wagen liegt.)

Zustand der Pisten und Straßen
Tanga-Same (km 266): 266 km = A4/P4
Same-Arusha (km 454): 188 km = A1
Arusha-Namanga (Grenze, km 561): 107 km = A1-2 (ab Langido A2). Linksverkehr.

Benzin
Die Versorgung ist nicht gesichert. In Tanga, Mombo, Moshi, Arusha, Dar es Salaam und Dodoma gab es zu unserer Zeit Benzin. Generell sollten Sie Benzin kaufen, wo es welches gibt. Dieser

Hinweis gilt für alle afrikanischen Länder, auch wenn es darunter Länder gibt, die eine gute Benzinversorgung gewährleisten.
Preis: ca. TShs 33,5/l Super

Währung
Tanzania-Shilling;
offiziell: US$ 1 - TShs 46; inoffiziell: US$ 1 bis TShs 120

Lebensmittel
Es kann zu Versorgungsengpässen kommen.

Preisniveau
1 Brot: TShs 30
1 kg Rindfleisch: TShs120
1 Safari Bier: TShs 80

Unterkunft
☆ Tanga: Mkonge Hotel, ca. TShs 1.200/DZ
☆ Moshi: YMCA und weitere Hotels
Zwischen Moshi und Arusha gibt es mehrere Safari-Lodges:
☆ "Tansanite"
☆ "Game Sanctuary"
☆ Arusha: mehrere Hotels in europäischem Stil, YMCA

In allen größeren Orten finden Sie Hostels und einfache, saubere "Guest Houses", die oftmals von der evangelischen oder katholischen Kirche unterhalten werden, z.B. ein "Lutherhouse" oder die YMCA.

Mit der Bezeichnung **"Hoteli"** ist ein Restaurant gemeint, nicht etwa ein Hotel.

Sehenswertes
Moshi, Kilimanjaro, Usambara-Berge, Arusha, Ngorongoro-Krater, Serengeti Nationalpark, Olduvai-Schlucht, Lake Natron, Lake Manyara Nationalpark, Mont Meru, Arusha Nationalpark.

Safaris in die Nationalparks: Auskünfte über Safaris bekommen Sie in Moshi und Arusha bei zahlreichen privaten Safari-Unternehmen sowie der staatlichen "Tanzania Tourist-Cooperation" (TTC). Diese Veranstalter organisieren auch Touren in die Nationalparks.

Bei ihnen erfahren Sie, zu welcher Zeit, in welchem Park die meisten bzw. bestimmte Tiere zu finden sind. Denn viele Tiere halten sich nicht das ganze Jahr über an einer Stelle auf, sondern wandern mit den Jahreszeiten durch die ostafrikanische Steppe.

Das Eintrittsgeld ist für Ausländer und ausländische Fahrzeuge in Devisen zu entrichten. In den Parks gibt es neben den großen "lodges" auch "campsites", auf denen Sie übernachten können.

Anmerkung: Die Preise schwanken außerordentlich. Den aktuellen Stand können Sie am besten in Arusha erfragen.

Der YMCA in Moshi, das "Kibo Hotel" und das "Marangu Hotel", die am Fuß des Vulkanes liegen, organisieren Kilimanjaro-Besteigungen. Auch hier zahlen Ausländer den Eintritt in Devisen. Man kann sich fast die komplette Ausrüstung leihen: warme Jacke, Hose, Schuhe, Strumpfhosen, Strümpfe, Skistock usw. Denken Sie an Sonnenbrille und Sonnencreme!

Wichtige Anmerkungen

☆ Wenn die Uhren 6 Uhr in der Frühe anzeigen, bricht in Tanzania die erste Stunde ("saa moja ya siku") des Tages an. Um 17 Uhr beginnt die 12. Stunde des Tages. Die erste Stunde des Abends ("saa moja yo usiku") wird um 18 Uhr eingeläutet. Das sollten Sie im Hinterkopf behalten. Wenn Ihnen jemand eine Uhrzeit nennt, fragen Sie nach, ob die englische oder **tanzanische Zeit** gemeint ist. Immer wieder standen Reisende nachts um 1 Uhr am Busbahnhof in Tanga, aber der Bus kam nicht mehr. Er hatte den Ort um 18 Uhr verlassen - der ersten Stunde des Abends.

☆ Von jedem größeren Ort aus kann man nach Europa **telefonieren,** allerdings ist dies oft zeitraubend.

☆ Arusha: Die Zollbehörde im "Arusha Conference Center" ist bis 15 Uhr geöffnet. Ab und an ist der Chef zum Gebet - dann läuft gar nichts.

Landeskundliche Daten

Fläche: 945.087 qkm (ca. 4mal so groß wie die Bundesrepublik).
Hauptstadt: Dodoma (offiziell)
Bevölkerung: 20,4 Mio., einschl. Zansibar (1983)
Sprachen: Staatssprache Kiswahili, Geschäftssprache Englisch
Ethnische Gliederung: Sukuma 13%, Makonde 4%, Chagga 3,7%, Haya 3,5%, Nyamwezi 3,4%, Ha 3,3%, Hehe 3,1%, Gogo 3,1%, Asiaten etwa 50.000, 15-20.000 Europäer.
Religionen: 30% Anhänger der traditionellen Religionen, 30% Moslems, 30% Christen (1/3 protest., 2/3 kathol.).
Alphabetisierung: 79% (1981)
Lebenserwartung: 51 Jahre
Anteile am BIP (Bruttoinlandprodukt): Landwirtschaft 52%, Industrie u. Bergbau 15%, Dienstleistungen 33%.
BSP Bruttosozialprodukt: US$ 4.880 Mio. (1983)
PKE (Pro-Kopf-Einkommen): US$ 240
Verstädterung: 14%.

Kenya

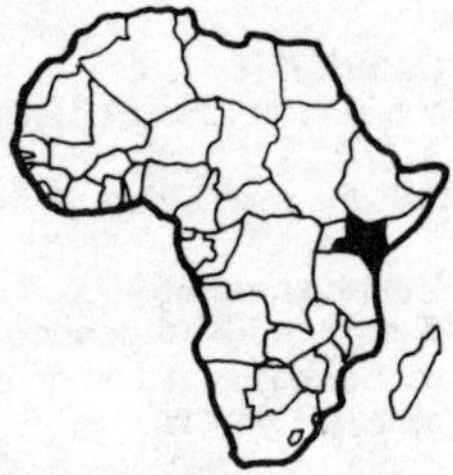

Grenze (Namanga)
Abfertigungsdauer: 4 Std. (Die Zeitangaben unter diesem Punkt beziehen sich jeweils auf unsere Abfertigung. Sie sollen ein Anhaltspunkt sein.)

Tanzanische Seite
Customs: Carnet
Immigration: Ausreisestempel; Ausfüllen einer Ausreisebescheinigung
Police: Internat. Führerschein

Kenyanische Seite
Customs: Carnet-Einreisestempel, Währungserklärung (kein Zwangsumtausch)
Immigration: Einreisebescheinigung ausfüllen, Einreisestempel, im Impfausweis müssen Cholera und Gelbfieber vermerkt sein
Police: Internat. Führerschein
Anmerkung: Die Abfertigung dauerte so lange, weil uns das Formblatt "Form C33" fehlte, das wir nachträglich bei der Zollbehörde in Arusha holen mußten (nur für endgültig ausgeführte Kfz).

Zustand der Pisten und Straßen
Namanga (km 561) - Nairobi (km 725): 164 km = A1-2, erst gut, dann vereinzelt Schlaglöcher und Wellen.
Nairobi - Nakuru (km 879): 154 km = A1
Nakuru km 981: 102 km = A1
km 981 - km 1002: 21 km = A2-3, Schlaglöcher
km 1002 - Eldoret (km 1047): 45 km = A2
Eldoret - Malaba (Grenze, km 1.195): 148 km = A2
Linksverkehr

Benzin
Versorgung in jeder Stadt an der Straße von Nairobi bis Malaba. Tankmöglichkeiten: noch vor der Grenze in Malaba. Preis: KSh/l 8,1-8,5 Super. Je nach Lage sollte man Benzin für Uganda bunkern.

Währung
KSh 8 = DM 1

Lebensmittel
Die Versorgung in den Großstädten ist problemlos. Es empfiehlt sich, schon hier für Uganda und Zaire Lebensmittel zu kaufen.

Preisniveau
mit Deutschland vergleichbar

Unterkunft
☆ Nairobi: "Hotel Heroncourt": sauber, bewachter Parkplatz, KSh 320/DZ
☆ Eldoret: "Highland Inn", bewachter Parkplatz, afrik. Essen.

Restaurants etc
Wenn ich im folgenden von "guten Restaurants" spreche, so ist diese Aussage im Rahmen des in Afrika Üblichen zu sehen. Gleiches gilt für Hotels.

Nairobi hat viele gute Lokale im europäischen Stil; sie sind aber nicht billig. Die Hauptstadt ist nachts nicht ungefährlich! Es empfiehlt sich, schon hier Lebensmittel und Ersatzteile für die Fahrt durch Uganda und Zaire zu besorgen. Die nächsten guten Versorgungsmöglichkeiten bieten Kamerun und in geringerem Maße Zentralafrika.

Gute Telefonverbindung nach Europa.

Sehenswertes
National Parks auf der ganzen Strecke (Amboseli, Nairobi (tierartenreichster Park Ostafrikas), Aberdare, Nakuru (Flamingos). Eintrittspreis für zwei Personen KSh 85.

Ngong-Berge: Wohnhaus der Schriftstellerin Karen Blixen, die 1937 den Roman "Out of Africa" schrieb.

Landeskundliche Daten
Fläche 582.642 qkm (gut die doppelte Fläche der Bundesrepublik)
Hauptstadt: Nairobi
Bevölkerung: 18,8 Mio (1983)
Sprachen: offizielle Amts- und Nationalsprache: Kisuaheli; Geschäftssprache Englisch
Ethnische Gliederung: Kikugu 21%, Luyia 14%, Luo 13%, Kamba 11%, Kalen 11%, Kisil 6%, (insges. 40 verschiedene Völker); etwa 79.000 Asiaten, 40.000 Europäer, 39.000 Araber.
Religionen: 50% Christen (30% protest., 20% kathol.), 40% Anhänger der traditionellen Religionen, 10% Moslems.
Alphabetisierung: 50%
Lebenserwartung: 57 Jahre
Anteile am BIP: Landwirtschaft 33%, Industrie und Bergbau 20%, Dienstleistungen 46%
BSP: 6.450 Mio. US$ (1983)
PKE: 340 US$
Verstädterung: 17%.

Uganda

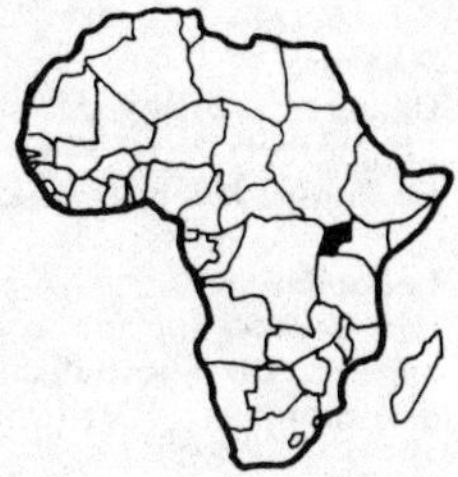

Grenze (Malaba)
Abfertigungsdauer ca. 3 Std. (Mittagspause zwischen 12 und 14.30 Uhr)

Kenyanische Seite
Customs: Carnet
Immigration: Ausreisebescheinigung, Ausreisestempel
Police: Internat. Führerschein

Ugandische Seite
Custom: Carnet, Währungserklärung (kein Zwangsumtausch)
Immigration: Einreisebescheinigung, Einreisestempel
Police: Internat. Führerschein

Anmerkungen: Im Januar 1987 benötigte man kein Visum, wobei darauf hinzuweisen ist, daß dieses stark von der Situation im Land abhängt. Erkundigen Sie sich vorher in Deutschland beim Auswärtien Amt oder während der Reise bei den Botschaften.

Zustand der Pisten und Straßen
Malaba (km 1.195) - km 1.297: 102 km = A1
km 1.297 - Kampala (km 1.408): 111 km = A3 e, (Seitenstreifen abgebrochen), viele Lkw, insgesamt 9 Militärsperren auf der Strecke von Malaba bis Kampala (Wartezeit zwischen 5 und 15 Minuten)
Kampala-Masaka (km 1.535): 127 km = A3
Masaka - km 1.732: 197 km = A4 w, sehr schlecht, bei Regen für VW 1303 unpassierbar
km 1.732 - Masaraka (km 1.754): 22 km = A3, etwas besser
Masaraka - Ruwenzori Nationalpark (km 1.778): 24 km = A4, z.T. steil, tiefe Rinnen (0,5 m) und Löcher
Nationalpark - Kasese (km 1.828): 50 km = A2, landschaftlich sehr reizvolle Strecke durch den Park
Kasese - Grenze (km 1.889): 61 km = A1
Linksverkehr

Benzin
Preis USh 1.109-1.148/l Super. Versorgung in jeder größeren Stadt (z.B. Masaka). Die Versorgung kann im Krisenfall kritisch werden. Deshalb soviel wie möglich Benzin vorher tanken. Je nach Reise-

richtung in Kenya bzw. durch Algerien kommend in Nigeria, Kamerun, Zentralafrika.

Währung
Uganda-Schilling (USh)
offiziell: USh 10.000 = US$ 10; inoffiziell: USh 100.000 = US$ 10
Im Juni 1987 hat eine **Währungsreform** stattgefunden.

Lebensmittel
Die Versorgung ist in Kampala, was die Auswahl und die Qualität angeht, für europäische Verhältnisse dürftig. Wir haben erfahren, daß man fast alles findet - vorausgesetzt man hat genug Geduld.

Unterkunft
Kampala: private Übernachtung
☆ "Saadhotel", unsauber, kein Wasser, Preis US$ 50.000.
☆ Hotel "Magerita", hinter der Stadt Richtung Kilembe, wesentlich besser, Preis US$ 55.000-60.000.
☆ Kasese: Es wird nach dem "resident permit" gefragt, das Voraussetzung für die unten genannten Preise ist. Hier lohnt der Einsatz der ID-Card.

Anmerkungen: Das Land wird immer wieder von Unruhen heimgesucht, die in den nördlicheren Landesteilen ihren Ursprung haben. Es ist deshalb wichtig, sich schon vor Grenzübertritt über die politische Lage zu informieren! In unserem Fall äußerten sich die gerade im Norden ausgebrochenen Unruhen in den oben erwähnten Militärsperren. Die Konfrontation mit dieser Situation war manchmal heikel. 12-16jährige Kinder in Uniform versuchten, uns zu beeindrucken und zu schikanieren. Betroffene Abschnitte des Landes waren gesperrt.

Identity-card bei deutscher Botschaft in Kampala. Allerdings wird diese nur sehr ungern vergeben. Ein Grund für den Erhalt der Karte kann ein über vier Wochen dauernder Aufenthalt im Land sein. Die ID-card hat uns später noch gute Dienste geleistet. Selbst in Lagos war man sichtlich beeindruckt, als wir an den Polizeikontrollen auf den Highways die Karten vorzeigten.

Lebensversicherung für die Träger einer Ruwenzori-Expedition in Kampala abschließen. Eigene Verpflegung für diese Tour in Kampala besorgen.

Telefonieren von Kampala nach Europa ist möglich und billig. Die Post, vor allem Telegramme, brauchte extrem lange.

Sehenswertes

Kabalega-Fälle, falls der Norden nicht gesperrt ist.
Kampala-Stadt, Entebbe
Ruwenzori-Gebirge: Expedition in die "Mondberge" (Ruwenzori Mountains). Alle Informationen erhält man von Mr. John Maate im Ort Ibanda (von Kasese ca. 10 km in Richtung Fort Portral, bis links ein Transformator-Gebäude auftaucht; links in die Piste einbiegen, dann etwa 4-6 km bis Ibanda). John Maate besorgt die Träger und gibt eine Aufstellung der Dinge, die die Träger auf der Tour benötigen. Für jeden Mann waren für 5 Tage zu beschaffen:
5 kg Maniokmehl (Osava)
0,5 kg Zucker
1 kg Erdnüsse, 150 g Tee
20 Zigaretten, 1 Packung Streichhölzer
100 g Currypulver
100 g Milchpulver
5 Trockenfische
180 g Salz
1 Pullover, 1 Decke

Zusätzlich wurden 3 Kochtöpfe und ein Buschmesser gebraucht. Die benötigten Gegenstände und Lebensmittel können in Kasese auf dem Markt gekauft werden. Die eigene Verpflegung ist am besten in Kampala zu kaufen (5 bis 7 Tage einplanen).

Landeskundliche Daten

Fläche: 236.036 qkm, damit kleiner als die Bundesrepublik (davon 42.383 qkm Gewässer, was der Fläche der Schweiz entspricht)
Hauptstadt: Kampala
Bevölkerung: 13,9 Mio.
Sprachen: Amtssprache Englisch, überregionale Sprache Kiswahili, verschiedene Dialekte
Ethnische Gliederung: Baganda 16%, Teso 8%, Basoga 8%, Banyankore 8%, Bakiga 7%, Banyaruanda 6%, Langi 6%, Bagisu 5%, Acxholi 4%, wenige Europäer, Asiaten wurden unter Amin Ende 1972 ausgewiesen (Beginn des wirtschaftlichen Niedergangs des Landes).
Religionen: 33-35% Katholiken, 25-30% Protestanten, 6-8% Moslems, Rest Anhänger traditioneller Religionen
Alphabetisierung: 52%
Lebenserwartung: 49 Jahre
Anteile am BIP: Landwirtschaft 75%, Industrie und Bergbau 4%, Dienstleistungen 21%
BSP: US$ 3090 Mio.
PKE: US$ 220
Verstädterung: 7%

Zaire

Ab Zaire in allen Ländern **Rechtsverkehr!**

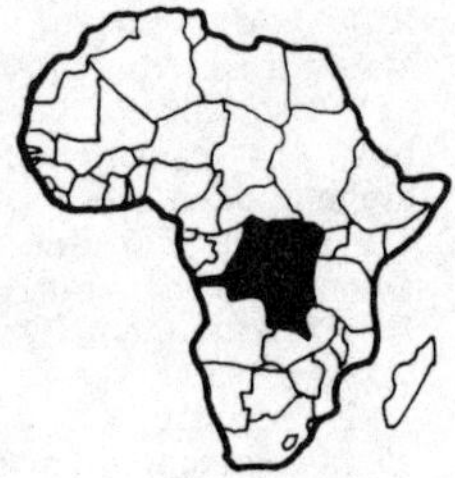

Grenze (Kasindi)
Abfertigungsdauer 4 Stunden

Ugandische Seite
Customs: Carnet, Währungserklärung (kein Zwangsumtausch
Immigration: Ausreisebescheinigung, Ausreisestempel
Police: Internat. Führerschein

Zairische Seite
Customs: Carnet, Einreisestempel
Immigration: Kontrolle des Visums und Stempel
Police: Internat. Führerschein

In Zaire Währungserklärungen, aber kein Zwangsumtausch. Dennoch ist ein Umtausch zu empfehlen, wenn der Zöllner dies anbietet, weil sonst Komplikationen entstehen könnten, die Schmiergeld in einer Höhe fordern, die den Nutzen weit übersteigt (in unserem Fall umgerechnet 400 DM für vier Personen). Zählen Sie Ihr Geld vor Erreichen der Grenze genau ab.

Wenn Sie nach Aufforderung das Geld vorweisen, sollten Sie selbst vor- bzw. nachzählen. Bei mir zählte der Zöllner absichtlich falsch, um einen Grund für die Überprüfung der Währungserklärungen der drei anderen Mitreisenden zu haben.

Zustand der Pisten und Straßen
Grenze (km 1.889) - km 1.898: 9 km = P4: "black cotton soil", bei Regen sehr schwierig, hier mußten wir Schneeketten aufziehen.
km 1.898 - km 1.928: 30 km = P4-5 r w, trocken; viele eckige Steine, kurze Löcher, 1-10 km/h!
km 1.928 - Beni (km 1.963): 35 km = P3 r s e, zwei Polizeisperren, nach Einbruch der Dunkelheit Fahrverbot (event. Schmiergeldregelung nötig)
Beni - km 2.075 (Abfahrt z. Mt. Hoyo): auf 112 km zunächst für etwa 30 km sehr schlecht, steinig; dann P3
km 2.075 - Mt. Hoyo (km 2.088): 13 km = P4 e, Holzbrücken, die teilweise mit Brettern unterlegt werden müssen, eventuell morsch.
Mt. Hoyo - Mambasa (km 2.216): 128 km = P4, bis 20 km vor

Mambasa sehr schlecht (10-30 km), bei Regen problematisch bis unbefahrbar.
Mambasa - Station de capture d'Epulu (km 2283): 67 km = P2 (teilweise P4)
Epulu - Nia Nia (km 2.404): 121 km = P2
Nia Nia - Wamba (km 2.510) 106 km = P2 mit Einschränkungen
Wamba - Isiro (2.629): 119 km = P2 r, (50-60 km/h)
Isiro - km 2.709: 80 km = P3
km 2709 - Poko (2.760): 51 km = P3, Straße wird kurz vor Poko sehr schlecht! Regen! Spurrillen!
Poko - km 2.830: ca. 70 km: P5 = bei Regen unpassierbar!
km 2.830 - Dingila (km 2.908): ca. 78 km = P4-P3 w l e
Dingila - km 3.059: ca. 151 km = P4-P3 w l e, bei Regen unpassierbar
km 3.069 - Buta (km 3.119): ca. 60 km = P3-P4, bei Regen umstürzende Bäume und Bambusstauden
Buta - Abzweigung nach Bondo (km 3.193): 74 km = P4, z.T. Löcher bis 1,80 m Tiefe, bei Regen unpassierbar
Abzweigung Likati (km 3.260: ca. 67 km = P5, Löcher bis 1,70 m Tiefe, bei Regen unpassierbar
Likati - Aketi (3.371): 111 km = P4 s r e, tiefe sandige Spurrillen
km 3421 - Bumba (km 3.456): 35 km = P4-P3 s
Bumba-Lisala (km 3.612): 156 km = P3 s
Lisala - Mission Bozo Mansi: (km 3.735): 123 km = P1, 20 km vor Bozo Mansi P4
Bozo Mansi - Businga (km 3.810): 75 km = P3 (wurde gerade ausgebaut)
Businga - Gbadolite (km 3.943): 133 km = P3-P2, 10 km vor Gbadolite A1
Gbadolite - Grenzposten Zaire (km 3.953): ca. 10 km = P3

Benzin

Preis: Zaire 45-120/l Super, der Preis muß ausgehandelt werden. Je weiter ein Ort vom "Zaire" (Fluß, vormals "Kongo") und damit vom Hauptnachschubweg entfernt ist, desto höher der Preis (z.B. Kommanda Zaire 80, Lisala Zaire 45).

Versorgung: Es gibt nicht in jedem größeren Dorf Benzin (auch in den Städten kann es schwierig sein). Fragen Sie dennoch in jedem Fall, da Kraftstoff oft in Fässern auf dem Hinterhof lagert und dort auch in 5-Liter-Portionen abgefüllt wird.

Wo man Benzin zu einem annehmbaren Preis bekommt, sollte man alle Kanister füllen. Man kann nie wissen, ob man sich nicht doch einmal verfährt - dann kann der Kraftstoff knapp werden.

Nehmen Sie, wenn Sie nicht ohnehin ein Auto mit Dieselmotor fahren, immer etwas Dieselkraftstoff mit. Dieser wird manchmal an Fährstationen als Zahlungsmittel verlangt oder ist dort sogar erforderlich, um die Maschinen überhaupt erst betreiben zu können.

Aketi: Bei der Handelskette "Nogeira" bekamen wir Benzin und Geld. Allerdings sollte man darauf achten, diese Art von Geschäften in einer ungestörten Atmosphäre abzuwickeln.

Währung

Zaire (Zaire 1 = Makutu 100); etwa Zaire 80 = US$ 1. Vorsicht beim Tausch; gleichzeitig bieten selbst Bankangestellte den Tausch zum Schwarzmarktkurs an, der nur unwesentlich vom offiziellen Kurs differiert.

Der Umtausch auf einer Bank kann 3-4 Stunden in Anspruch nehmen. Wir hatten den Eindruck, als betrachteten die Angestellten die eigenen Formulare zum ersten Mal. Je höher die Position, desto länger dauert dieser Erkenntnisprozeß und desto interessierter ist man an weiteren Geschäften.

Lebensmittel

Das Angebot ist sehr einfach, auch in den größeren Städten. Darüber darf die gute Ausstattung der Läden an den Grenzorten Beni und Gbadolite auf keinen Fall hinwegtäuschen. Das bedeutet u.U. 14 lang Tage Ölsardinen, Ananas, Tee, Weißbrot, Marmelade.

Preisniveau

Benzin und Lebensmittel teurer als in Deutschland, Hotels billiger

Unterkunft

☆ Beni: Hotel Beni, Essen gut, Zimmer einfach, sauber, Preis 700 Z/DZ ohne Frühstück

☆ Mont Hoy: Luxushotel, Zimmer dem dreisternigen europäischen Standard vergleichbar; für afrikanische Verhältnisse gibts erstklassiges französisches Essen, Preis umgerechnet DM 50/DZ ohne Frühstück

☆ Station de capture d'Epulu, schön gelegener "camp-site" am Epulu, Z 100 pro Person, Brunnenwasser, keine sanitären Anlagen, kein Restaurant

☆ Wamba: kein bewohnbares Hotel

☆ Isiro: größtes Hotel im Ort, mäßige Zimmer, bewachter Parkplatz, relativ gutes Essen, Preis Z 800/DZ ohne Frühstück

☆ Poko: Camping-Möglichkeit auf dem Hof der katholischen Mission nach Anfrage, wenig hilfsbereite Leute

☆ Buta: miserables Hotel, kein bewachter Parkplatz, kein Restaurant, uns wurde hier der Käfer aufgebrochen. Preis: Z 900/DZ ohne Frühstück. Alternative: Fragen bei der kath. Mission

☆ Likati: kein Hotel, aber Übernachtung in Hütten bei der Mission, sauber, Auto steht auf dem Hof. Es gab hier kein Restaurant, aber die freundlichen Leute haben uns etwas gekocht
☆ Bumba: gutes Hotel, eventuell ausgebucht! Wir schliefen bei einem griechischen Kaufmann auf dem Hinterhof; andere Hotels keine Alternative
☆ Lisala: einziges Hotel, ohne Wasser; kein Restaurant mit Sofortessen
☆ Bozo Mansi: kathol. Mission hat Zimmer, Preis Z 300/Zimmer, Duschmöglichkeit, kein Essen
☆ Gbadolite: mehrere gute Hotels; im zweitbesten Hotel zahlt man Z 1250/DZ ohne Frükstück
☆ Restaurants: europäischer Standard

Anmerkungen: Gbadolite ist das Geburtsdorf Mobotus. Den Dorfcharakter hat es allerdings verloren. Ein "village surprise" für jeden Afrikareisenden.

Wann immer wir Probleme hatten, konnten wir feststellen, wie hilfsbereit und freundlich gerade die Menschen sind, die in diesem Land eigentlich am wenigsten zu lachen haben. Allerdings sollten Sie sich die Besiedlungsdichte des Landes vergegenwärtigen. Der "Transafrican Highway" verläuft im Norden des Landes in einem Bereich, der relativ dicht besiedelt ist. Schon Kisangani liegt außerhalb dieser Zone.

Es ist sehr zu empfehlen, in Nia Nia nicht nach Norden, sondern nach Süden nach Kisangani zu fahren, von wo aus man mit der Fähre über den Zaire (vormals Kongo) nach Lisala gelangt. Die Flußfahrt ist ein Erlebnis, und Sie sparen den anstrengenden Weg über die Pisten von Poko über Bumba nach Lisala. Wir waren gezwungen, diesen Weg zu nehmen, weil zwischen Nia Nia und Kisangani die Brücke über den Tschopo gebrochen war.

Die Südroute von Bukavu (Ruanda) nach Kisangani war unpassierbar!

Die Route über Bondo/Bangassou nach Zentralafrika ist ungleich schwerer als die über Lisala/Gbadolite. Erstere kann bei Regen unpassierbar sein, und zwar für jedes Fahrzeug. Hier täuscht die Michelin-Karte!

Der Übergang Zongo vor Bangui soll sehr gefährlich sein, weil dort Banden die Fahrzeuge ausräumen und vor Gewalt sicher nicht zurückschrecken. Bekannte übernachteten dort im Polizeigebäude.

Ein Wort zu den Missionen: Von den 46% Christen sind 35% katholisch. Die meisten Missionsstationen werden von der katholischen Kirche geleitet. Sie sind kaum zu übersehen, da die überdimensionalen Kirchen-, Wohn- und Arbeitsgebäude eine Menge Platz im Dschungel beanspruchen. Die Freigiebigkeit und Hilfsbereitschaft der Missionare verhält sich allerdings umgekehrt proportional zum Umfang ihrer Bäuche. Auffallend war, daß uns ausschließlich europäische Geistliche unfreundlich begegneten.

Telefonieren ist äußerst schwierig. Es gelang uns nicht, nach Europa durchzukommen. Die Post und Telegramme brauchten sehr lange.

Sehenswertes

Mont Hoyo: Grotten und Wasserfall in 1,5 bis 2,5 km Entfernung vom Hotel

Zaire (Kongo): Die Flußfahrt von Kisangani nach Lisala ist ein Erlebnis für sich und wesentlich attraktiver als die Pisten des "Transafrican Highway". Die Wege nach Kisangani können allerdings gesperrt sein.

Landeskundliche Daten

Fläche: 2.345 Mio qkm (etwa zehnfache Größe der Bundesrepublik; drittgrößtes afrikanisches Land nach Sudan, Algerien)
Hauptstadt: Kinshasa
Bevölkerung: 31,6 Mio
Sprachen: Amtssprache Französisch, überregionale Sprachen: Lingala, Kokongo, Luba, Kiswahili (im Osten des Landes)
Ethnische Gliederung: Luba und Lunda 18%, Mongo 17%, Wongo 12%, Bakongo 15%, Banyarwanda 13%, Zanda 8% (insgesamt 200-250 verschiedene ethnische Gruppen)
Religionen: etwa 50% Anhänger traditioneller Religionen, 46% Christen (35% kathol.); 3% Kimbangisten (christl.-afrikan. Religion), 1% Moslems
Alphabetisierung: 55%
Lebenserwartung: 51 Jahre
Anteile am BIP: Landwirtschaft 36%, Industrie und Bergbau 20%, Dienstleistungen: 44%
BSP: US$ 5050 Mio.
PKE: US$ 160
Verstädterung: 38%

Republik Zentralafrika

Grenze (Mobaye)
Abfertigungsdauer 3 Stunden

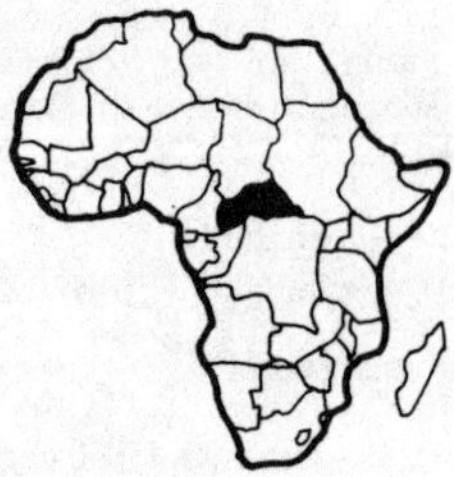

Zairische Seite
Customs (vor Abfahrt zur Fähre an der Straße links): Carnet, Überprüfung der Währungserklärung
Immigration (beim Zollgebäude): Ausreisebescheinigung, Ausreisestempel
Police (hinter Abfahrt zur Fähre auf einem Hügel rechts): Internat. Führerschein

Zentralafrikanische Seite
Customs (am Fluß): Carnet, Einreisestempel
Immigration (am Fluß): Einreisebescheinigung, Einreisestempel
Police (in Mobaye): Stempel in den Paß (ohne diesen Stempel werden Sie bei der Polizeisperre am Eingang von Bangui nicht abgefertigt. Er ist für CFA 1.000 auch in Alindao zu bekommen), Internat. Führerschein
Öffnungszeiten 6.30-16 Uhr. Sonntags sind nicht immer alle Stellen besetzt!
Fähre: CFA 150 für den Käfer; der Preis richtet sich nach dem Gewicht des Fahrzeuges.

Zustand der Pisten und Straßen
Grenzposten am Ubangui (km 3.953) - Mobaye (km 3.954): 1 km = P2
Mobaye - Kongbo (km 4.000): ca. 55 km = P3
Kongbo - Bambari (km 4.184): 175 km = P1 w d
Bambari - Sibut (km 4.384): 188 km = A1-A2; Polizeisperre am Eingang der Stadt: Stempel in den Paß.
Bangui - Bossembele (km 4.729): 157 km = A1, Stempel an Polizeisperre Ausgang Bangui
Bossembele - Bouar (km 5.027): 298 km = P2-P1 w b d
Bouar - Grenze (km 5.186): 159 km = P2 b w

Benzin
Preis etwa CFA 350/l Super (etwa DM 2,45/l). Man will Sie übervorteilen, wenn wesentlich mehr verlangt wird. Versorgung in jedem größeren Ort; in Kamerun (billiger) bzw. Lisala (Zaire, ebenfalls billiger) tanken, da die Situation nicht immer stabil ist.

Währung
Zentralafrikanische Franc, CFA (äquatorial). CFA 100 etwa DM 0,70. FF 1 (Franc Francais) etwa CFA 50. Es gibt keinen Schwarzmarkt. Es empfiehlt sich, FF in kleinen Scheinen bei sich zu haben. Die nächste Bank nach der Grenze ist in Bangui, in Bambari kann Geld im größten Restaurant zum Bankkurs getauscht werden!

Lebensmittel
Versorgung in Bangui gut, aber teuer

Preisniveau
In ZAR ist fast alles teurer als in Kamerun. Dies betrifft vor allem Lebensmittel und Benzin. (Grund: Import über Kamerun, fast ausnahmslos französische Produkte).

Bangui entspricht dem Standard einer europäischen Stadt.

Unterkunft
☆ Bambari, schlechtes Hotel; Preis CFA 3500/DZ o.F., kein bewachter Parkplatz, schlechtes Restaurant.
☆ Bangui: "Rock-Hotel" teuer, Preis für DZ DM 150
☆ Bouar: einfaches sauberes Hotel

Anmerkungen
Das Benzin ist in Kamerun billiger. Auf Verkehrsregelung achten! Telefonieren ist sehr teuer.

Sehenswertes
Chutes de Boali (bei Bangui)

Landeskundliche Daten
Fläche: 622.984 qkm (zweieinhalbfache Fläche der Bundesrepublik)
Hauptstadt: Bangui
Bevölkerung: 2,5 Mio (1983)
Sprachen: Amtssprache Französisch. Allg. Umgangssprache Sangho.
Ethnische Gliederung: Baya 30%, Banda 24%, Sara 8%, Mandija 8%, M'boum 7%, M'baka 6%.
Religionen: etwa 60% Anhänger traditioneller Religionen, 35% Christen (20% katholisch), 5% Moslems
Alphabetisierung: 33%
Lebenserwartung: 48 Jahre
Anteile am BIP: Landwirtschaft 37%, Industrie und Bergbau 21%, Dienstleistungen 42%
BSP: US$ 690 Mio.
PKE: US$ 270 (1983)
Verstädterung: 44%

Kamerun

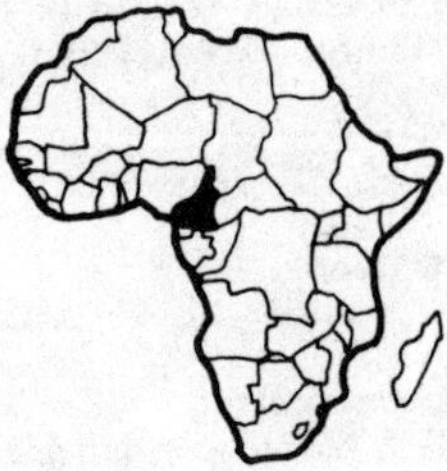

Grenze (Garoua Boulai)
Abfertigungsdauer 1:30 Stunden

Zentralafrikanische Republik:
Customs: Carnet, Einreisestempel
Immigration: Ausreisebescheinigung, Ausreisestempel
Police: Internat. Führerschein

Kamerun:
Customs: Carnet, Einreisestempel
Immigration: Einreisebescheinigung, Einreisestempel
Police: Internat. Führerschein

Anmerkungen: Zeit büßten wir auf ZAR-Seite ein, weil viele Menschen aus Kamerun einreisten. Bedenken Sie die Mittagspause der Zöllner.

Zustand der Pisten und Straßen
Grenze (km 5.186) - Meiganga (km 5.306): 120 km = P4-P3 l q h d w, Polizeikontrollen
Meiganga - Ngaoundéré (km 5.478): 172 km = P3 w d
Ngaoundéré - Garoua (km 5.774): 296 km = A1
Garousa - Guider (km 5.882): 108 km = A1
Guider - Dourbeye (km 5.930): 48 km = A1, in Dourbeye, Polizeikontrolle; Mittagspause
Dourbeye - Roumsiki (km 6.046): 116 km = P5 r s e w
Roumsiki - Maroua (km 6.143), 97 km: 30 km = PP3, der Rest A1
Maroua - Garoua (km 6.350): 207 km = A1
Garoua - Buffle Noir (km 6.543): ca. 193 km = A1, im Park dann ca. 30 km P3 e w
Buffle Noir - Ngaoundéré (km 6.693): ca. 140 km = erst 30 km P3, dann A1
Ngaoundéré - Tibati (km 6.963): 280 km = bis Beka P2 w d, dann auf dem Weg nach Martap ca. 50 km hinter Beka links ab in weiß eingetragene Straße = P2, dann auf die Straße von Meiganga nach Tibati A1
Tibati - Ntui (km 7.380): 417 km = P3 w e d
Ntui - Bafia (km 7.482): 102 km = P3 w h, bergig
Bafia - Bafoussam (km 7.666): 184 km = A1, bergig
Bafoussam - Bamenda (km 7.746): 80 km = A1, bergig
Bafoussam - Foumban (km 8.926): ca. 100 km = A2, wellig, löchrig

Foumbam - Kumbo (km 8.026): ca. 100 km = P2-P4 w l d , bergig
Kumbo - Bamenda (km 8.135): 109 km = P3-P4 w q, bergig
Bamenda - Mamfé (km 8.281): 146 km = P3 s l, bergig
Mamfé - Grenze, Ekok (km 8.359): 78 km = P3 s l

Benzin
Preis CFA 188 - 200/l Super (DM 1,40/l); Versorgung in jeder Stadt

Währung
Wie in der Republik Zentralafrika (⇔ "Geld und Finanzen")

Lebensmittel
Die Versorgung ist problemlos

Preisniveau
hoch

Unterkunft
☆ Ngaoundéré: "Hotel du Rail"; sauber, bewacht, Preis CFA DZ = 9000, Frühstück = CFA 1050, Essen ca. CFA 3500 pro Person
☆ Garoua: "Novotel", teuer, gut
☆ Maroua: mehrere Hotels vorhanden
☆ Buffle Noir-Nationalpark: sehr gute Lodge, teuer
☆ Tibati: miserables Hotel; Alternative: Mission
☆ Ntui Mission, kein Hotel
☆ Bamenda: Hotel "Ayaba"; sehr gut, aber auch teuer; CFA 15000. Es gibt noch viele andere Hotels.
☆ Mamfé: Hotel "Little Paradise"; nicht besonders gut; Hotel "Inland" kaum besser.

Essen
schlechtes Angebot, kaum Restaurants (die es gibt, sind mäßig). Wir aßen an der Straße ein Mahl aus Buschratte und frittierten Bananen, das uns noch vier Tage später in Nigeria beschäftigte.

Anmerkungen
Fähre Ntui/Batchenga (auf dem Weg von Tibati nach Yaoundé) schließt um 18 Uhr, allerdings kann es sein, daß sie überhaupt nicht funktionstüchtig ist.

Es empfiehlt sich nicht, von Tibati direkt über Foumbam nach Bamenda zu fahren. Die Fahrt über Ntui/Bafia bietet sich wegen der besseren Piste an.

Die "ring road" bei Bamenda ist nur mit geländegängigen Fahrzeugen zu bewältigen.

Telefonieren ist gut möglich, aber teuer.

Sehenswertes

Kamerun empfanden wir als eines der interessantesten Länder unserer Reise. Es gibt sehr viele schöne Plätze, die einen Besuch lohnen. Sie finden neben Nationalparks und reizvollen Landschaften eine Menge kultureller Attraktionen.

Nationalpark Benoue (Buffle Noir)

Nationalpark de Waza

Wenn die ostafrikanischen Nationalparks noch nicht bekannt und nicht eingeplant sind, sollte man sie besuchen.

Kapsiki-Gebirge: In Roumsiki wird von Hand und ohne Drehscheibe getöpfert. Außerdem lebt im Ort ein "Zauberer", der die Zukunft mit Hilfe eines Flußkrebses aus Tonscherben vorhersagt.

Die "ring road" bei Bamenda führt an Baboungo vorbei, wo man eventuell eine "Audienz" von Fon Zofoa II., König von Baboungo, gewährt bekommt, in dessen Palast eine Sammlung von Holzmasken und Statuen zu bewundern ist.

Foumban Palast und Moschee sowie die Handwerker der Bamun

Mount Kamerun.

Landeskundliche Daten

Fläche: 475.442 qkm (Nord-Süd-Distanz: ca. 1300 km)

Hauptstadt: Yaoundé

Bevölkerung: 9,6 Mio. (1983)

Sprachen: Amtssprache Französisch (Osten) und Englisch (Westen), Regionalsprachen u.a. Bamileke, Duala, Bassa, Ewondo, Fulufulde

Ethnische Gliederung: insgesamt etwa 200 ethnische Gruppen, davon Bamileke 15%, Beti 15%, Fulbe mehr als 10%, Bamun unter 5%.

Religionen: etwa 45% Anhänger traditioneller Religionen, 35% Christen (21% kathol.), 20% Moslems

Alphabetisierung: Einschulung um 100%

Lebenserwartung: 54 Jahre

Anteile am BIP: Landwirtschaft 24%, Industrie und Bergbau 32%, Dienstleistungen: 44%

BSP: US$ 7640 Mio

PKE: US$ 820

Verstädterung: 39%.

Nigeria

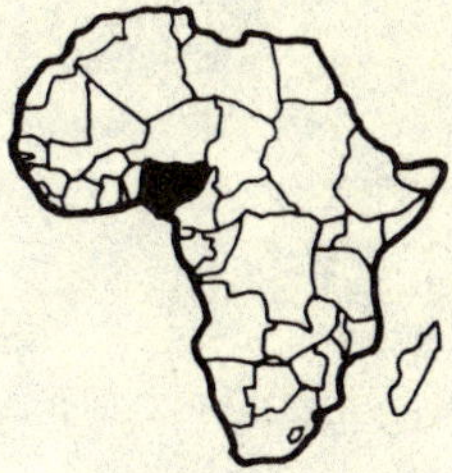

Grenze (Ekok)
Abfertigungsdauer 3:30 Stunden

Kamerunische Seite
Customs: Carnet, Einreisestempel, Währungserklärung (kein Zwangsumtausch)
Immigration: Ausfüllen einer Ausreisebecheinigung, Ausreisestempel
Police: Internat. Führerschein

Nigerianische Seite
Customs: Carnet, Einreisestempel
Immigration: Kontrolle des Einreisevisums (⇨ "Visa") und Stempel
Police: Internat. Führerschein

Anmerkungen
Man tut gut daran, sich gleich bei Einfahrt in Ekok auf Kameruner Seite beim Immigration Office anzumelden. Der Grund blieb uns schleierhaft. Jedenfalls reichte unsere Verfehlung aus, um uns gewisse Zeit zu schikanieren. Beim nigerianischen Zoll wurde jeder einzeln von einem Beamten darüber belehrt, daß im Land ein Fotografierverbot besteht. In Lagos kann man sich eine offizielle Fotografiererlaubnis beschaffen.

Zustand der Pisten und Straßen
Grenze (km 8.359) Enugu (km 8.619): ca. 260 km = A1; unerwartet tauchen Passagen mit tiefen Kuhlen mit einer Länge von etwa 100-1.000m auf
Enugu - Benin City (km 8.869): 250 km = A1
Benin City - Lagos (km 9.193): 324 km = Autobahn A2
Lagos - Cotonou (km 9.313): 120 km = A1-A2

Benzin
Preis N 0,38/l Super (1 l etwa DM 0,19). Versorgung: problemlos.

Währung
Neira (Neira 1 = Kobo 100). N 1 = etwa DM 0,50. Es gibt zwar einen Schwarzmarkt, doch war die Differenz unerheblich.

Lebensmittel
In jeder Stadt reichhaltiges Angebot

2528

Preisniveau
Niedrig. Insbesondere die Benzinpreise machen Freude. Allerdings stellt sich die Frage, welchen Preis das Land dafür bezahlt.

Unterkunft
Benin City: Hotel "Palm Court", gut, abgeschirmt; Preis N 50/DZ

Anmerkungen
Nigeria ist ein gefährliches Land. Es war die Rede von Banden, die die Straßen belagern und sogar mit der Polizei zusammenarbeiten. Einen Eindruck bezüglich der Zustände bekamen wir in Enugu und Lagos, wo sich die Europäer hinter meterhohen Mauern und durch bewaffnete Kräfte an den Toren schützen.

Wir selbst haben keine negativen Erfahrungen machen müssen. Daß uns nicht passierte, lag sicher hauptsächlich daran, daß wir gewisse Dinge beachteten, wie z.B. nie nach Einbruch der Dunkelheit zu fahren, insbesondere in Lagos nicht.

An der Grenze wird im Visum die Aufenthaltsdauer eingetragen. Mit 7 Tagen war man hier sehr knauserig. Diese Frist durfte man um 24 Stunden überziehen. Danach hätten wir allerdings trotz guter Beziehungen keine Verlängerung auch nur um einen Tag bekommen. Das Visum kann in Deutschland besorgt werden, wobei die Fahrtzeit bis Nigeria berücksichtigt werden muß. Weiterhin bieten sich Niamey (Niger) und Cotonou (Benin) an. Unter Umständen ist es in Cotonou leichter. Aus Südafrika kommend sollte man das Visum in Nairobi, Lusaka (Zambia), Bujumbura (Burundi) oder Kigali (Ruanda) beantragen.

Auf unserer Route passierten wir zahlreiche Polizeikontrollen. Wir sind dort ausschließlich sehr freundlich behandelt worden. In Lagos sind diese Kontrollen weit weniger angenehm und besonders zeitraubend. Die ID-Card aus Uganda hat uns hier sehr geholfen.

Man sollte sich überlegen, schon in Nigeria den Kraftstoff für Länder, in denen die Versorgung problematisch werden könnte, zu besorgen. Das gilt sinngemäß für Lebensmittel und Ausrüstung.

In Lagos gibt es alles, um die Ausrüstung und sämtliches Gerät wieder zu komplettieren oder zu reparieren. Manchmal kann das allerdings mit viel Lauferei verbunden sein.

Telefonieren ist ausgesprochen preiswert. Ein Gespräch nach Deutschland von 10 Minuten Dauer kostete Neira 30 bzw. DM 15.

Sehenswertes
Lagos hat außerhalb der Stadt einige phantastische Strände. Man sollte allerdings ein sicherer Schwimmer sein, denn die Wellen

⇦ Die "Straßenkrater" machten uns sehr zu schaffen

brechen sich ganz vorn auf einem relativ steil abfallenden Strand. Das zurückweichende Wasser hat ein unglaubliche Sogwirkung, die selbst Schwergewichtler von den Beinen reißt. Da das Risiko eines Überfalls ziemlich groß ist, sollten Sie sich bewachte Strände aussuchen.

Landeskundliche Daten

Fläche: 923.768 qkm (Ost-West-Durchmesser ca. 1200 km; Nord-Süd-Durchmesser ca. 1.000 km).
Hauptstadt: Lagos (neue Hauptstadt Abuja)
Bevölkerung: 94 Mio.
Sprachen: Amtssprache Englisch, überregionale Sprache Hausa; verschiedene regionale und lokale Sprachen
Ethnische Gliederung (1961): Hausa 21%, Yoruba 20%, Igbo 17%, Fulbe (Fulani) 9%, Kanuri 4%, Ibibio 4%, Tiv 3%, Edo 2% (insgesamt etwa 430 verschiedene ethnische Gruppen).
Religionen: 45-50% Moslems, 35% Christen (1/3 protest., 2/3 kathol.), 15-20% traditionelle Religionen
Alphabetisierung: 34%
Lebenserwartung: 49 Jahre
Anteile am BIP: Landwirtschaft 26%, Industrie und Bergbau 34%, Dienstleistungen: 40%
BSP: US$ 71030 Mio. (1983)
PKE: US$ 760%
Verstädterung: 22%.

Benin

Grenze (bei Porto Novo)
Abfertigungsdauer 45 Min.

Nigerianische Seite
Customs: Carnet
Immigration: Ausreisebescheinigung, Ausreisestempel
Police: Internat. Führerschein

Benin-Seite
Customs: Carnet
Immigration: Einreisebescheinigung ausfüllen; Visum gibts an der Grenze
Police: Internat. Führerschein

Die unkomplizierteste Grenze. Alles befindet sich an einem Ort, bis auf die Zollbehörde Benins, die etwa 300 m vis-à-vis vom Abfertigungsgebäude liegt. Die grüne Versicherungskarte wurde akzeptiert.

Zustand der Pisten und Straßen
Cotonou (km 9.313) - Dassa (km 9.531): 218 km = A1-A2
Dassa - Parakou (km 9.716): ca. 230 km = P3-P4 w
Parakou - Malanville (Grenze, km 10.082): 321 km = A1

Benzin
Preis: CFA 175-177/l Super. Versorgung in jedem Ort

Währung
Zentralfrikanische Franc (West), CFA 100 = etwa DM 0,65.

Lebensmittel
In den großen Städten Benins ist die Versorgung gut.

Preisniveau
Hoch

Unterkunft
☆ Cotonou: Hotel "Palm Beach", in der Stadt am Strand, sehr gut; Preis CFA 9.000/DZ
☆ Parakou: Hotel "Les Carnaris", nicht dem Preis entsprechend, aber ordentlich, Preis CFA 6.000/DZ; Essen gut. Die **Restaurants** in Cotonou sind gut; z.T. europäischer Standard

Sehenswertes
Pfahlbauten Ganvie (etwa 20 km nördlich von Cotonou); mit einer Piroge kann man sich zum Pfahldorf rudern lassen; Preis CFA 7.000 (für 2 Personen).

Landeskundliche Daten
Fläche: 112.622 qkm (Nord-Süd-Durchmesser ca. 650 km)
Hauptstadt: Porto Novo (Regierungssitz Cotonou)
Bevölkerung: 3,8 Mio.
Sprachen: Amtssprache Französisch; 5 Hauptsprachgruppen: Fon, Yoruba, Dendi, Fulfulde, Hausa
Ethnische Gliederung (1959): Fon 47%, Adja 12,2%, Bariba 9,7%, Yoruba u. Mali 8,8%, Aizo 5,1%, Somba 5%, Fulani 3,8%.
Religionen: etwa 65% Anhänger traditioneller Religionen, etwa 18% Christen (16% röm.-kathol.), ca. 15% Moslems
Alphabetisierung: 28%
Lebenserwartung: 48 Jahre
Anteile am BIP: Landwirtschaft 40%, Industrie und Bergbau 14%, Dienstleistungen: 46%
BSP: US$ 1110 Mio.
PKE: US$ 290
Verstädterung: 16%

Niger

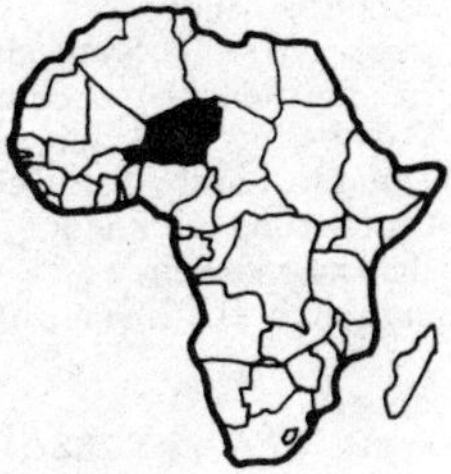

Grenze (Malanville)
Abfertigungsdauer 45 Minuten

Benin-Seite
Customs: Carnet
Immigration: Ausreisebescheinigung, Ausreisestempel
Police: Internat. Führerschein

Nigrische Seite
Customs (nach etwa 3-4 km links in einem mit einer Mauer umgebenen Areal): Carnet, Einreisestempel
Immigration: Einreisebescheinigung ausfüllen, Einreisestempel
Police: Internat. Führerschein

Problemlose Grenze, grüne Versicherungskarte wurde akzeptiert.

Zustand der Pisten und Straßen
(Weitere Angaben und Tips ⇨ "Durch die Sahara")
Malanville (km 10.082) - Dosso (km 10.247): 165 km = A1; Polizeisperre vor Eingang Dosso
Dosso - Niamey (km 10.385): 138 km = A1-A2; bei der Polizei in Niamey melden (anschließend zurück nach Dosso)
Niamey - Dosso (km 10.523): 138 km = A1-A2
Dosso -Tahoua (km 10.927): 404 km = A1 (48 Grad im Schatten, Gefahr der Motorüberhitzung)
Tahoua - Agadez (km 11.330): 403 km = A1, Temperaturen!
Agadez - Arlit (km 11.573): 243 km = A1, Temperaturen!
Arlit - Assamakka (nigrischer Grenzposten, km 11.773): ca. 200 km markierte Piste = P2-P4 Z (Tonnen alle 1000 m). Die Piste führt durch Sandwüste. Der Untergrund ist sandig bis kieselig und fest, wo der Wind den weichen Sand abgeweht hat (das betrifft den überwiegenden Teil des Geländes).

Mit Sandfeldern und Sandlöchern ist dort zu rechnen, wo sich in natürlichen Mulden der angewehte Sand eingelagert hat. Zeichen, die auf eine solche Stelle hinweisen: Eine sich von der Umgebung unterscheidende Färbung des Untergrundes, ein Wrack, das in einem solchen Sandfeld steckt (darum nie an das Wrack heranfahren!), Gräser und kleinere Büsche.

Die gesamte Strecke von Arlit bis Assamakka ist jedoch unproblematisch. Wir benötigten mit dem Käfer einschließlich Pausen einen Tag.

Die Piste sieht in diesem Teil wie folgt aus: Auf einer Breite von 10-15 km führen Spuren entlang einer Route, die durch Tonnen, in die ein etwa 2 m hoher Mast gesteckt ist, markiert wird. Diese Tonnen sind im Abstand von 1000 m aufgestellt. Bei flimmernder Hitze kann es unter Umständen schwierig sein, die Tonnen auszumachen. Möglicherweise ist die Piste in der Nähe der Tonnen durch Sandfelder und Sandlöcher verlegt, so daß eine Umfahrung unumgänglich wird. Dann ist es unbedingt notwendig, sich zu merken, auf welcher Seite sich die Tonnen befinden, bevor man sich aus ihrer Sichtweite entfernt.

Benzin
Preis CFA 250-288/l Super. Versorgung in den großen Städten problemlos.

In Assamakka gab es kein Benzin (und kein Wasser); in Birnin-Konni wird Benzin zu sehr niedrigen Preisen angeboten (Schmuggelware aus Nigeria). Allerdings war uns die Gefahr, ein Gemisch aus Wasser und Benzin zu bekommen, zu groß.

Währung
(Vgl. Währung Benins)

Lebensmittel
Keine Engpässe in den großen Städten. In Agadez und Arlit eingeschränkte Versorgung, in Assamakka kein Wasser.

Preisniveau
Mit Benin vergleichbar

Unterkunft
☆ Niamey: Hotel "Terminus", sehr gut, bewachter Parkplatz, Preis CFA 9800/DZ o.F.
☆ Tahoua: privat; es gibt Hotels
☆ Agadez: Hotel "Agreboun"; Preis CFA 5000/DZ o.F., "Hotel de l'Air", 2 Campingplätze vor der Stadt (einer davon an der Straße nach Arlit; Wasserversorgung)

Anmerkungen
Vor und hinter jeder Stadt befindet sich eine Polizeisperre, bei der man eintragen muß, woher man kommt und wohin man weiterfährt. Außerdem sind die Fahrzeugdaten anzugeben. In solchen Fällen helfen Schriftstücke, die anzeigen, daß Sie in irgendeinem Auftrag reisen (⇨ "Papiere"). Offiziell aussehende Papiere wirken Wunder - natürlich mit dickem Stempel. Ist dieser dann auch noch oval, hat man die Situation oft schon gemeistert.

In Niamey müssen Sie sich nach spätestens einem Tag bei der Polizei gemeldet haben. Sie müssen dort ein Formular ausfüllen, das einem Einreiseblatt, wie Sie es von den Grenzen her kennen, ähnlich ist. Des weiteren benötigen Sie zwei Paßbilder. Anschliessend erhalten Sie einen Stempel mit Unterschrift in Ihren Reisepaß. Ohne diesen Nachweis können Sie die Polizeisperre am Stadtrand bei der Ausfahrt nicht passieren.

In Niamey bei der algerischen Botschaft Algerien-Visum einstempeln lassen. Die Beschaffung des Visums dauert 3-5 Wochen; manchmal ist es in den afrikanischen Nachbarländern gar nicht zu erhalten. In unserem Fall ging es sofort, da wir den Antrag schon bei der Botschaft in Dar es Salaam gestellt und ein Schreiben bekommen hatte, welches der algerischen Vertretung in Niamey beauftragte, uns die Visa einzustempeln. Dies ist nicht der Regelfall! Erkundigen Sie sich bei der algerischen Botschaft in Bonn. Notfalls müssen Sie den Zweitpass rechtzeitig nach Deutschland schicken (⇔ "Visa")

Aus Europa kommend hat man der kürzeren Anreisezeit wegen damit keine Schwierigkeiten. Bei einer Rückreise durch die Sahara müssen Sie dieses Problem bei der Planung berücksichtigen.

Um schließlich das Visum zu bekommen, müssen vier Anträge ausgefüllt werden, denen vier Paßbilder beizulegen sind. Ein Visum kostet CFA 4000. In Aqadez und Arlit müssen Sie sich bei der Polizei an- bzw. abmelden. Für CFA 1000 erhalten Sie einen Stempel in den Paß.

In Assamakka gibt es kein Benzin und kein Wasser!

Sehenswertes

Niamey

Die Oasenstadt Agadez mit ihren Bauten und verputzten Lehmziegeln ist sehr eindrucksvoll; insbesondere das Minarett. In der Stadt können Sie zuschauen, wie die Tuaregs ihren Silberschmuck und andere Gegenstände aus dem Edelmetall herstellen.

Landeskundliche Daten

Fläche: 1.267.000 qkm (fünffache Fläche der BR Deutschland)

Hauptstadt: Niamey

Bevölkerung: 6,1 Mio.

Sprachen: Amtssprache Französisch, allgemeine Umgangssprache Hausa (hauptsächlich)

Ethnische Gliederung (nach Muttersprachen von 1982): Hausa 55,8%, Djerma/Sonhai 22,8%, Peulh (Fulbe) 8,5%, Tuareg 8,1%, Kanuri 4,3%, Araber 0,5%, Tubu 0,3%.

Religionen: Mehr als 95% Moslems, weniger als 1% Christen, Rest Anhänger animistischer Religionen
Alphabetisierung: 10%
Lebenserwartung: 45 Jahre
Anteile am BIP: Landwirtschaft 33%, Industrie und Bergbau 31%, Dienstleistungen 6%
BSP: US$ 1460 Mio. (1983)
PKE: US$ 240
Verstädterung: 14%.

Algerien

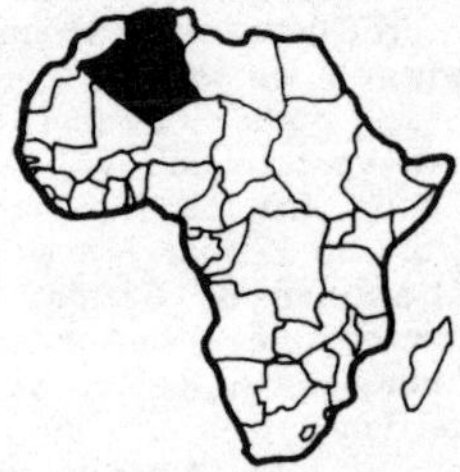

Grenze (Assamaka)
Abfertigungsdauer 4 Stunden

Nigrische Seite
Customs: Carnet
Immigration: Ausfüllen einer Ausreisebescheinigung, Ausreisestempel
Police: Internat. Führerschein

Algerische Seite
Customs: Carnet, Stempel, Einreise, Währungserklärung, Zollerklärung für alle wertvollen Güter. Alle Fahrzeuge werden durchsucht: Kontrolle von Fahrgestell-, Serien- und Motorblocknummer. (Ich kann nur raten, zu Hause schon einmal nach diesen Nummern zu suchen.)

Eventuell Exportpapiere (das gilt nur für Fahrzeuge, die aus anderen Ländern exportiert werden, wie z.B. der Käfer, den wir aus Tanzania ausgeführt hatten).

Immigration: Einreisebescheinigung ausfüllen, Einreisestempel
Police: Internat. Führerschein, "carde gris" (ist unbedingt erforderlich!)

Eine Haftpflichtversicherung für das Fahrzeug ist an der Grenze bzw. im nächsten Ort abzuschließen.

Mittagspause zwischen 12-15 Uhr. Ab 17.45 Uhr wird niemand mehr abgefertigt. Die Zöllner verlassen den Posten gegen 18.30 Uhr und fahren nach In Guezzam.

Männer müssen bei der Grenzabfertigung lange Hosen tragen.

Zustand der Pisten und Straßen
Assamakka (km 11.773) - algerischer Grenzposten (km 11.781): ca. 5-8 km = P2-P4 s N; vom nigrischen Zöllner die grobe Richtung auf der algerischen Grenzposten andeuten lassen.
Grenzposten - In Guezzam (km 11.801): ca. 20 km = P4 s N! Dieses Stück ist sehr sandig. Die Sandfelder konnten wir mit hoher Geschwindigkeit überwinden. Man sollte diesen Abschnitt bei guter Sicht fahren, da der Weg nicht markiert ist. Es gibt aber doch Sichthilfen.

Nach Überwindung des ersten Hügels nach dem Posten sieht man in Fahrtrichtung in 2-3 km Entfernung Zelte und einen Steinbau. Von dort konnten wir einer Piste nach In Guezzam folgen. Kurz vor der Stadt ragt eine Richtfunkantenne zwischen Militärbaracken auf. Sie kann ebenfalls eine Orientierungshilfe sein.

In Guezzam - Tamanrasset (etwa 400 km): Von Süden kommend wurden wir hinter In Guezzam nach einem kurzen markierten Stück, ohne es zu merken, auf eine Umfahrung geleitet. Sie hatte den Vorteil, daß wir den beiden "großen Hürden", den Dünen von Laouni (ca. 120 km nach In Guezzam) und dem großen Sandfeld (ca. 230-270 km hinter In Guezzam) ausweichen konnten. Sie birgt allerdings die Gefahr, vom Weg abzukommen, da nur sporadisch Markierungen vorhanden sind. Sie bestanden aus Stangen im Gelände sowie Reihen von Steinhaufen und aufgetürmten Gummireifen.

Auf einer Strecke von 120 km mußten wir uns aufgrund des Fehlens jeglicher Markierungen an der Wellblechstruktur der Pisten orientieren. Diese Bodenstruktur läßt darauf schließen, daß viele, vor allem auch schwere Fahrzeuge, schon vorher diesen Weg nahmen. Oft war auch eine Piste zu erkennen.

Es gibt offenbar mehr als eine Umfahrung der oben genannten Hindernisse. Freunde, die etwas später von Süden die Hoggar-Route nahmen, hatten das gleiche Glück: Sie wurden ebenfalls auf eine Umgehung geleitet. Ihrer Beschreibung nach handelte es sich aber nicht um dieselbe Strecke.

Die Piste ist von Norden her besser markiert. Aus Tamanrasset kommend, können Sie immer entlang an Markierungen fahren. Allerdings führt Sie der Weg durch die Laouni-Dünen.

In Guezzam (km 11.801) - km 11.817: ca. 16 km = P3-P5 (10-70 km/h) N s; kurz vor Ende dieser Etappe befinden sich mehrere große Sandfelder (200-500 m lang), durch die eine sichtbare Spur führt. Hier hielten wir uns an diese Spur und durchfuhren die Felder mit Vollgas.

km 11.817 - km 11.912: 95 km = P2-P5 N w d (10-70 km/h); nur vereinzelt Markierungen (Steinhaufen)

km 11.912 - km 12.030: 118 km = P2-P5 s N r w d

km 12.030 - km 12.160: 130 km = P2-P4 s r w; vereinzelt tauchen Markierungen auf

km 12.160 - Tamanrasset (km 12.210): ca. 50 km = A1-A1; Wasser, Kraftstoff, Lebensmittel

Tamanrasset - km 12.240: ca. 30 km = A4; hier muß der schlechte Asphalt umfahren werden

km 12.240 - km 12.380: 140 km = A2

km 12.380 - km 12.520: 140 km = P3-P5 N (aber Spur) s r w o

km 12.520 - Arak (km 12.550): ca. 30 km (bis etwa 20 km hinter Arak) = A1; Wasser, Kraftstoff (zu unserer Zeit)

Anmerkung: Sie sollten nicht damit rechnen, daß Sie an dieser Stelle ihre Reserven füllen können.

Arak - In Salah (km 12.868): ca. 318 km = P3-P2 s w r; Wasser, Kraftstoff, Lebensmittel
In Salah - km 13.038: 170 km = A4-A5 (auf Piste ausweichen; von diesem Punkt ab gab es in Richtung Gibraltar keine Pisten mehr!)
km 13.038 - Timimoun (km 13.672): 634 km = A1 e
Timimoun - Bechar (km 14.231: 559 km = A1
Bechar - Beni-Ounif/Figuig (Grenze, km 14.345): 114 km: A1

Benzin
Preis: Dinar 2,7-3,2/l Super. Versorgung in Städten/großen Oasen.

Währung
Dinar, Din; offiziell: DM 1 etwa Din 2,32; inoffiziell: DM 1 etwa Din 6 (Vorsicht beim Tausch). Zwangsumtausch von DM 400 zum offiziellen Kurs (etwa Din 1.000)

Lebensmittel
Das Wasser in In Guezzam und Arak hat eine schlechte Qualität. Ab Tamanrasset nach Norden bereitet die Versorgung keine Probleme. In den kleinen Oasen ist die Versorgung begrenzt.

Restaurants gibt es in jeder großen Stadt. Bier und andere Alkoholika sind offiziell nur in internationalen Hotels zu kaufen.

Preisniveau
1 Flasche Bier = Din 20, 0,75 l Weißwein = Din 46

Unterkunft
Bis Tamanrasset schliefen wir im Freien.
☆ Tamanrasset Campingplatz "Oasis" (Hüttenplatz: Din 15), Zeltplatz: Din 7, Restaurant, Duschen und Waschbecken; allerdings wird das Wasser nur morgens ab 6.30 Uhr und abends ab 17 Uhr für jeweils zwei Stunden angestellt.
☆ Größtes Hotel am Ort: möglicherweise ausgebucht; Preis Din 194/DZ
☆ Arak: Campingplatz: Preis Din 15 für Hüttenplatz oder Din 7 für Schlafplatz im Freien
☆ In Salah: sehr gutes Hotel (auf der linken Seite der Einfallsstraße aus Tmanrasset), Preis: Din 194/DZ.
☆ Timimoun: Hotel, sauber und gut, schön gelegen (oberhalb am Hang der Sebkha), gutes Essen, Preis Din 194/DZ.
☆ Bechar: mehrere Hotels; Preis Din 194/DZ.

Anmerkungen
Es empfiehlt sich, bei der Einreise alle Dinge, die einem lieb und teuer sind, auf dem Zollpapier zu erklären. Auf diese Weise

können Sie sich dagegen schützen, daß korrupte Beamte diese Dinge bei Kontrollen an sich nehmen (z.B. Kameras, Kassettenspieler, wertvolle Kunstgegenstände usw.).

Es ist in diesem Land von großem Nutzen, "Kleinigkeiten" zu besitzen. Ein Kugelschreiber an einer Sperre kann den Ablauf erheblich beschleunigen; auch stellt sich eine Wagendurchsuchung oder die Notwendigkeit, die Papiere für einige Zeit einzubehalten, als überflüssig heraus, wenn zufällig eine Flasche Whisky entdeckt wird.

In allen staatlichen **Hotels** zahlt man einen Einheitspreis von Din 194/DZ.

Telefonieren war in Tamanrasset problematisch.

Sehenswertes

Die Wüste selbst war für uns der beeindruckendste Reiseabschnitt. Insbesondere die Hoggar-Route, die alle Wüstenformationen bietet.

Tour in das Hoggar-Gebirge, Assekrem, Eremitage du Père Foucauld. Es gibt drei Möglichkeiten für diese Tour: mit dem eigenen, unbedingt geländegängigen Fahrzeug; mit einem samt Fahrer gemieteten Fahrzeug (2 und mehr Tage) oder mit dem Kamel (mind. 8 Tage).

Oase Timimoun, insbesondere das älteste Hotel, das Hotel " " mit seiner Innenausstattung.

Sebkha de Timimoun (In der Sebkha kann man die berühmten **"Sandrosen"** finden. Vorsicht bei der Ausfuhr.)

Erg Occidental

Oase Beni-Abbes

Landeskundliche Daten

Fläche: 2.381.741 qkm (zweitgrößter afrikanischer Staat) nach Sudan und etwa zehnmal so groß wie die Bundesrepublik)

Hauptstadt: Algier

Bevölkerung: 19,6 Mio (1981)

Sprachen: Amtssprache: Arabisch, Geschäftssprache Französisch

Ethnische Gliederung: Araber, Berber

Religionen: Staatsreligion Islam

Anteile am BIP: Landwirtschaft 6%, Industrie und Bergbau 54%, Dienstleistungen 40%

Einfuhr: US$ 10,8 Mrd.

Ausfuhr: US$13,6 Mrd.

Verstädterung: 45%.

Marokko

Grenze (Beni-Ounif/Figuig)
Abfertigungsdauer: 4.30 Stunden

Algerische Seite
customs: Carnet
Immigration: Ausfüllen einer Ausreisebescheinigung, Ausreisestempel
Police: Internat. Führerschein. Das Fahrzeug wird durchsucht. Vorsicht beim Ausführen von Sandrosen und anderen Gegenständen aus Algerien. Zur Bestätigung der Währungserklärung mußten wir unser Geld vorzählen.

Marokkanische Seite
Customs (in Figuig): Carnet, Einreisestempel
Immigration: Einreisebescheinigung ausfüllen, Einreisestempel, 2 Paßbilder
Police (in Figuig): Internat. Führerschein, grüne Versicherungskarte notwendig

Mittagspause. Wegen anhaltender Grenzstreitigkeiten vorübergehende Schließung möglich. Vorher erkundigen!

Zustand der Pisten und Straßen
Figuig (km 4.345) - Oujda (km 14.630): 285 km = A1
Oujda - Fes (km 14.973): 343 km = A1-A2 (einige Baustellen)
Fes - Meknes (km 15.033): 60 km = A2
Meknes - Rabat (km 15.171): 138 km = A1-A2
Rabat-Casablanca (km 15.263): 92 km = A1
Casablanca - Tanger (km 15.641): 378 km = A1-A2
Tanger - Ceuta (km 15.736): 95 km (die Küstenstraße war nicht befahrbar) = A1-A2

Benzin
Preis: Dh 6,1/l Super. Versorgung: problemlos.

Währung
Dirham, Dh. Dh 1 = etwa DM 0,24

Lebensmittel
Die Versorgung ist problemlos. Das Warenangebot entspricht europäischen Verhältnissen.

Preisniveau
Marokko ist kein teures Land, wenn man bedenkt, daß das Angebot in den großen Städten mit europäischem Standard vergleichbar ist.

Unterkunft
☆ Oujda: Hotel "Lutetia", Preis Dh 77/DZ o.F., ansonsten mehrere Hotels der verschiedensten Kategorien
☆ Fes: "Grand Hotel", Preis Dh 175/DZ o.F.
☆ Casablanca: "Beach Hotel"
☆ Ceuta: Preisgünstige Hotels sind rar.

Anmerkungen
Die letzte Fähre nach Spanien legt um 19 Uhr in Ceuta ab. Bedenken Sie die Zeitumstellung: Zwei Kilometer südlich, auf marokkanischem Boden war es um diese Zeit schon 21 Uhr.

Es lohnt sich, mit dem Kauf getöpferter Gegentände bis zur Fahrt von Rabat nach Tanger zu warten. Auf dieser Strecke bieten Händler eine Menge schöner Sachen an.

Sehenswertes
Fes, Meknes, Rabat, Marrakesch; des weiteren Casablanca.
Schön sind die Atlashochebenen hinter der Grenze, wenn man aus der Sahara kommt.

Landeskundliche Daten
Fläche: 445.050 qkm (fast doppelt so groß wie die Bundesrepublik)
Hauptstadt: Rabat
Bevölkerung: 17,828 Mio. (1976)
Sprachen: Amtssprache Arabisch, Geschäftssprache französisch
Ethnische Gliederung: Araber 63%, Berber 24%, arabische Berber 13%, Mauren und Juden etwa 20.000.
Religionen: Staatsreligion Islam.
Alphabetisierung: Schulpflicht vom 6. bis zum 13. Lebensjahr.

Spanien

Grenze (Ceuta)
Abfertigungsdauer 25 Min.

Marokkanische Seite
Customs: Carnet
Immigration: Ausfüllen einer Ausreisebescheinigung, Ausreisestempel
Police: Internat. Führerschein

Spanische Seite
Customs: Carnet, Einreisestempel (man muß mit einer Durchsuchung rechnen, da Drogen geschmuggelt werden)
Immigration: Einreisebescheinigung ausfüllen, Einreisestempel
Police: Internat. Führerschein

Anmerkung: Die spanische Zollbehörde befindet sich in Ceuta auf dem afrikanischen Kontinent.

Nachwort

An der französisch-deutschen **Grenze (z.B. Mülhausen)** im Carnet die "Standortbescheinigung" abstempeln lassen; dto. Pässe.

Nach 18.000 Kilometern wären wir fast am tanzanischen Länderkennzeichen gescheitert, das wir natürlich nicht hatten. Doch mit dem Versprechen, uns so bald wie möglich ein solches zuzulegen, durften wir ins Heimatland einreisen.

Daten der Reise
Dauer: 90 Tage, vom 15.1.1987 bis 15.4.1987
Kilometerleistung: etwa 18.650 km
Kraftstoffverbrauch: etwa 2.100 Liter.

Literatur und Karten

Bücher

☆ Abenteuer-Almanach Sahara, M. Ziegler, 220 S., Umschau Verlag, 1986, DM 24
☆ Abenteuer Sahara. Mit dem Auto durch die Wüste, R. Falk, 229 S., Paul Pietsch Verlag, 2. Aufl. 1983, DM 25
☆ Afrika, 854 S., Schettler Verlag, 1987, DM 39,80
☆ Afrika 1: West- und Zentralafrika, hrsg. vom Afrika-Verein, 367 S., Klett, ca. DM 47,50
☆ Afrika 2: Nord- und Ostafrika, hrsg. vom Afrika-Verein, 410 S., Klett, ca. DM 47,50
☆ Afrika, Kontinent o. Hoffnung? R. Neudeck, Bastei Lübbe 1985 *
☆ Afrika Motorrad Reisen, B. Tesch, 224 S., Verlag Globetrott Zentrale Bernd Tesch, 1988, DM 27,80
☆ Afrika. Safari - aber wie? H. Hagen, 157 S., Landbuch, 1978, DM 16,80
☆ Afrika und Ozeanien, Trowell/Nevermann, 286 S., Wilhelm Heyne Verlag, 1967, DM 16,50 *
☆ Afrika 4, Geschichte von den Anfängen bis zur Gegenwart, Pahl-Rugenstein, 1985 *
☆ Aids and the Third World, The Panos Institute, London Office: 8 Alfred Place, London WC1E 7EB, UK *
☆ Aids in Afrika, Aids-Forschung AIFO, Januar 1987 *
☆ Algerien, H. Strelocke, 281 S., DuMont, 3. Aufl., 1981, DM 39 *
☆ Algerische Sahara, U. u. W. Eckert, 359 S., DuMont, 4., überarb. Aufl., 1987, DM 39,80
☆ Ärztlicher Rat für Tropenreisende, Dr. med. E. von Haller, Georg Thieme, Verlag 1981 *
☆ Alantika. Bergland in Kamerun, Gardi, 288 S., 1981, DM 39,80
☆ Bildband Sahara, H. Lhote/H. Weyer, 224 S., 96 Farbfotos, Skizzen, Diagramme, K + F, DM 98
☆ Biologie der Sahara, Dittrich, 213 S., 170 Abb., ca. DM 29,80
☆ Bucher's Marokko, Reiseführer u. Bildband, M. Bruggmann u. Ch. Schwalbach, 56 S., 24 s/w- u. 38 fbg. Abb., DM 20
☆ Die acht Länder Ostafrikas, M. Ursin, 240 S., Mai Verlag, 3., neubearb. Aufl., 1978, DM 25,90
☆ Die Geschichte Schwarz-Afrikas, J. Ki-Zerbo, Fischer, 1987 *
☆ Die Sahara, G. Göttler (Hrsg.), 286 S., DuMont, 1984, DM 36
☆ 3mal Nordafrika. Marokko, Tunesien, Algerien, W. Guggenheim, 374 S., Piper, 1985, DM 42
☆ Durch Afrika, Streckenbeschreibungen, TCS/Därr Reisebuch-Verlag, 560 S., Reise Know-How Sachbuch, 7. Aufl., 1987, DM 49,80
☆ Durchgekommen. 1.000 Wüstenkilometer mit der Tuareg-Salzkarawane, W. Gartung, 175 S., Pietsch Verlag, 1987, DM 48

☆ Einmal Afrika und zurück bitte, von Kenya zum Kap, M. Mohl, Bertelsmann 1986 *
☆ Elfenbeinküste, R. Fuchs, 100 S., Conrad Stein Verlag, 1989, DM 14,80
☆ Fischer Welt Almanach 1987 *
☆ Führer für Sahara und Hoggar. Wüstenbrevier für Anfänger und Fortgeschrittene, H. Frei, 198 S., Ryborsch, 1982, DM 39,80
Das "Sahara-Paket für Afrika-Fahrer" enthält den vorgenannten Titel und eine Afrika-Straßenkarte, DM 47
☆ Geheimnis Afrika, 1979, Umschau-Verlag, 1979 *
☆ Heiße Tour Afrika. Mit dem Fahrrad von Algier nach Kapstadt, H. Hermann, 271 S., Franz Schneider Verlag, DM 14,80
☆ Herd and Spear, The Massai of East Africa, S. O. Scibull/R. Carr, 1981 *
☆ Im Dschungel. Mit Rucksack und Land Rover durch den Urwald Zentralafrikas, W. Uhl, 151 S., Pietsch Verlag, 1987, DM 48
☆ In den Tropen reisen und leben, Ratschläge eines Arztes, P. A. Bühr, Verlag Hans Huber, 1979 *
☆ Infektionskrankheiten, Daschner, Springer, 1983 *
☆ "Informationsschriften im internationalen Reiseverkehr und Hygieneratschläge für Reisende" WHO (Weltgesundheitsorganisation) 88, Kopenhagen Covi-Verlag GmbH, Ginnheimerstr. 20, Postfach 5360, 5236 Eschborn. *
☆ Kenia, M. Amin/J. Eames (Hgg.), 315 S., Nelles, 1985, DM 39,80
☆ Kenia, O. Helmhausen, 255 S., Hayit Verlag, 1987, DM 24,80
☆ Kenya, H. Sheikh-Dilthey, 279 S., 4. Aufl. 1986, DuMont, DM 36
☆ Marokko, dtv Merian, 288 S., Januar 1988, DM 19,80
☆ Marokko, E. Därr, 468 S., Reise Know-How, Därr Reisebuch-Verlag, 3., erw. Aufl., 1987, DM 32,80
☆ Marokko, H. Aschbacher, 254 S., Goldstadt, 5. Aufl. 1981 (1. Aufl. 1972), DM 17,80
☆ Marokko kennen und lieben, G. Eckert, 156 S., LN, DM 14,80
☆ Marokko, 238 S., Grieben Verlag, DM 19,80
☆ Marokko, H. Helfritz, 266 S., DuMont, 8., erw. u. neubearb. Aufl., 1986, DM 36
☆ Marokko, H. Strelocke, 228 S., Kohlhammer, DM 24
☆ Marokko, Merian, DM 12,80
☆ Marokko, H.-J. Horn, 238 S., Hayit Verlag, 3. aktualisierte Aufl., 1986, DM 19,80
☆ Marokko, Reise-Handbuch, M. Köhler, 388 S., DuMont, 7. Aufl. 1987, DM 36
☆ Massai, A. Willetts/Eames, Landbuch, 1987 *
☆ Merkblatt 23, Ratschläge zur Erhaltung der Gesundheit in tropischen Ländern, hrsg. vom Bundesverwaltungsamt, Postf. 680169, 5000 Köln 60 *

☆ Motorradreisen zwischen Urlaub und Expedition, Th. Troßmann, Reise Know-How, Därr Reisebuch-Verlag, DM 29,80
☆ Nigeria, E. Stahn, 317 S., Mai Verlag, 2., neu bearb. u. erw. Aufl., 1987, DM 36,80
☆ Nordafrika, H. Mensching, E. Wirth, Fischer, 1981 *
☆ Nordafrika - Marokko, Algerien, Tunesien, Libyen, W. u. G. Schmitt, 570 S., Mai, 4., neubearb. u. erw. Aufl., 1983, DM 39,80
☆ Nordafrika - Marokko, Algerien, Tunesien, Bildband v. H. J. Aubert u. U. E. Müller, 208 S., Bruckmann, DM 75
☆ Nordsahara selbst erleben. Auf Asphaltstraßen durch die Wüste, Chr. Pehlemann, 200 S., Syro, 3., ergänzte Aufl. 1984, DM 19,80
☆ Ostafrika. Ein Reisehandbuch für Kenya, Burundi, Uganda, Rwanda, Tanzania, F. Gleiß, 461 S., EXpress Edition, 1984, DM 34
☆ Ostafrika, M. Köhler, DuMont, 1988, DM 46
☆ Ostafrika, Merian, DM 12,80
☆ Ostafrika, Reisehandbuch, Kenya - Tanzania, G. Baumhögger/J. Darnel/G. Führing u. a., 795 S., Verlag Otto Lembeck, 3., neubearb. Aufl., 1981, DM 42 *
☆ Ost-, Zentral- & Süd-Afrika per Rucksack, H. Bradt, 395 S., Schettler Verlag, 1986, DM 24,80
☆ Politisches Lexikon Nahost, U. Steinbach, R. Hofmeier, M. Schönborn, C. H. Beck-Verlag, 1980 *
☆ Politisches Lexikon Schwarzafrika, J. M. Werobel-La Rochelle, R. Hofmeier, M. Schörnborn, C. H. Beck Verlag, 1972 *
☆ Politisches Lexikon Afrika, R. Hofmeier, M. Schönborn, 530 S., C.H. Beck Verlag, 3., neubearb. Aufl. 1987, DM 29,80 *
☆ Raubtiere Afrikas, Landbuch, 1984 *
☆ Reise durch Tansania, M. Amin/D. Willetts/P. Marshall, 192 S., 159 Farbfotos, Landbuch, 1984
☆ Ruwenzori: Gullivers Reise, U. George, Gruner + Jahr, 1981 *
☆ Sahara, Merian, DM 12,80
☆ Sahara, 584 S., Polyglott, DM 58
☆ Sahara - 10.000 Jahre zwischen Weide und Wüste. Ausstellungskatalog des Völkerkundemuseums Köln, bei Därr, DM 78
☆ Saharasommer, Trans-Afrika-Tour 1980, Perscheid/Schenk, 150 S., Ryborsch, DM 39,70
☆ Sahel-Land d.Nomaden, H. Ritter, 270 S., Trickster, 1986, DM 36
☆ Sahel: Senegal, Mauretanien, Mali, Niger, T. Krings, 430 S., DuMont, DM 39,80
☆ Säugetiere Afrikas, Verlag Paul Parey, 1970 *
☆ Senegal, C. Mang, 109 S., Conrad Stein Verlag, 1988, 14,80 DM
☆ Schwarze Trommeln. Auf Entdeckungsreise durch Westafrika, W.-U. Cropp, 252 S., Franz Schneider Verlag, 1986, DM 14,80
☆ Schwarz-Weiß-Rot in Afrika, Die deutschen Kolonien 1883-1918, W. Mayer/F. Metzger/J. Wilhelmi, Idea Edition historica. 1986

☆ Sudan, D. Else, 91 S., Conrad Stein Verlag, 1988, DM 14,80
☆ Survival in der Wüste, K. E. M. Melville, Schettler Verlag, 1983 *
☆ Tanzania/Kilimanjaro, Trekking Reiseführer, P. Rotter/R. Jank, 166 S., Verlag Brigitte Rotter, 2. Aufl. 1986, DM 24,80
☆ Tenere - Die Wüste, in der man Fische fing, R. Gardi, 288 S., bei Därr, DM 29,80
☆ Tenere - Sahara, das Land dort draußen, H, Weyer, 144 S., 10 s/w- u. 61 Farbfotos, 4 Karten, Badenia Verlag, DM 49
☆ Trans Sahara, K. Därr, 335 S., Reise Know-How, Därr Reisebuch-Verlag, 7., neu bearb. und erw. Aufl., 1987, DM 29,80
☆ Tropenkrankheiten, B. Geh/Sommerfeld, Rump-Verlag, 1987, DM 16,80
☆ Vom Atlantik zum Nil, Tagebuch einer Saharadurchquerung, G. Henssler, Fischer, DM 9,80
☆ Von Senegal nach Kenia. Schwarzafrika hautnah. Mit Reisetips, Chr. Cerny, 315 S., Franz Schneider Verlag, 1987, DM 16,80
☆ Westafrika, A. Wodtcke, Reise Know-How, Därr Reisebuch-Verlag (ersch. Ende 1988)
☆ Willkommen in Ostafrika. Auf Fotosafari durch die Nationalparks und Wildreservate in Kenia, Tansania und Uganda, D. Heinemann, 143 S., Fischer, 1978, DM 6,80
☆ Westafrika m. Schwerpunkt Nigeria; Informationen zur Vorbereitung eines Aufenthaltes u. zu den Lebensbedingungen für Europäer in Lagos, G. Wöhe, 138 S., 5., überarb. Aufl., 1985, DM 16,80
☆ Wo es keinen Arzt gibt, Dr. D. Werner, Reise Know-How, Rump-Verlag, 1987, DM 26,80
☆ Wüsten-Survival, D. und S. Nelson, 123 S., Conrad Stein Verlag, 1986, DM 12,80 *
☆ Zaire, C. Mang, 120 S., Conrad Stein Verlag, 1989, DM 14,80
☆ Zentralafrika, J. Schramm, 146 S., Mai Verlag, 1976, DM 22,90
☆ Zimbabwe/Botswana, D. Else, 94 S., Conrad Stein Verlag, 1988, DM 14,80

Sprachführer

☆ Arabisch (Ägyptisch), H.-G. Semsek, 120 S., Kauderwelsch Sprechführer, Peter-Rump-Verlag, DM 12,80
☆ Französisch für Afrika, E. Schneider, 128 S., Kauderwelsch-Sprechführer, Peter-Rump-Verlag, DM 11,80
☆ Kisuaheli für Globetrotter, Chr. Friedrich, 112 S., Kauderwelsch Sprechführer, Peter-Rump-Verlag, DM 11,80
☆ Sprachbuch Afrika, Arabisch, Französisch, Kisuaheli, 320 S., Kauderwelsch Sprechführer, Peter-Rump-Verlag, DM 24,80
☆ Suaheli, Sprachführer, Berlitz, 192 S., 1974 *
☆ Suaheli, Sprachführer, Polyglott, 32 S., DM 3,80
☆ Suaheli für Sie, E. Shivutse, Verlag Max Hueber, 1972 *

Karten

Übersichtskarten

☆ Europe-Afrique, amtl. franz., in 2 Teilen: Nord u. Süd, 1:6 Mio., phys. Höhenschichten, Verkehrsnetz, Staatsgrenzen, zus. ca. DM 44
☆ Übersichtskarte Afrika, NGS, 1:7 Mio., leichte Schummerung, Verkehrsnetz, polit. Bandkolorit, ca. DM 45,00
☆ Kontinentkarte Afrika, Ryborsch, 1:8 Mio., phys. Übersichtskarte m. klassif. Verkehrsnetz, Eisenbahnlinien, Nationalparks, hist. Stätten, Felsmalerei u. 4 themat. Nebenkarten, fbg. Abb., DM 15
☆ Afrika, Übersichtskarte m. Beiheft, Hallwag, 1:9 Mio., DM 12,80
☆ Afrique, amtl. frz. Übersichtskarte, 1:10 Mio., polit. Flächenkolorit, Verkehrsnetz, ca. DM 19,00
☆ World Travel Map Africa, Barth, 1:10 Mio., phys. Übersichtskarte m. Verkehrsnetz, ca. DM 11,80
☆ Afrika, Rav. Straßenkarte 860, 1:10 Mio., m. Eisenbahnnetz, 4sprach. Zeichenerkl. (= Original Geographia-Karte), DM 14,80
☆ Afrika, Wagnerkarte, 1:10 Mio., m. naturnaher Bodenbedeckung, integrierter Höhendarstellung, Schummerung, DM 16,80
☆ Afrika, K + F 4101, 1:12 Mio., polit., Nebenkarten, Vegetation u. Wirtschaft, DM 21,80

Nord-, Ost- und Westafrika

☆ Nordafrika u. westl. Mittelmeer, f & b, 1:2 Mio., Straßenkarte, DM 12,80
☆ Nordost-Afrika, Michelin Straßenkarte, 1:4 Mio., ca. DM 13,80
☆ Northeast Africa, Barth, 1:5 Mio., phys. Übersichtskarte m. Verkehrsnetz, ca. DM 11,80
☆ Ostafrika - Kenya, Tansania, Uganda, f & b, 1:2 Mio., Straßenkarte, DM 12,80
☆ Ostafrika, Rav. Straßenkarte, 1:2 Mio., DM 12,80
☆ East Africa, amtl. (kenyatisch)., 1:3 Mio., Übersichtskarte, phys. Höhenlinien, Verkehrsnetz, Schutzgebiete, DM 12,80
☆ Afrika Nord u. West, K + F, 1:4 Mio., Straßenkarte, DM 14,80
☆ Northwest Africa, Barth, 1:5 Mio., phys. Übersichtskarte m. Verkehrsnetz, ca. DM 11,80
☆ Afrika, Nord und West, Ryborsch, 1:4 Mio., Straßenkarte, südl. bis Äquator, östl. bis Kairo, klassifiz. Straßen m. km-Ang., Eisenbahnen, Flug-u. Seehäfen, Grenzen, Oasen, Erdöl-, Erdgas, Wasserleitungen u.a., DM 15
☆ Nordwest-Afrika, Michelin Straßenkarte, 1:4 Mio., ca. DM 13,80
☆ West Africa, Barth, 1:3,5 Mio., phys. Übersichtskarte m. Verkehrsnetz, ca. DM 11,80
☆ IGN, 1:1 Mio., topographisch, je Blatt DM 12,80

Zentralafrika

Zentral- u. Südafrika/Madagaskar, Michelin, 1:4 Mio., DM 13,80

☆ Central & South Afrika, Barth, 1:5 Mio., phys. Übersichtskarte m. Verkehrsnetz. Nebenkarten: Madagaskar u. Komoren, ca DM 11,80

Sahara

☆ Carte routière Sahara central, Astrolabe, 1:2 Mio., Übersichtskarte m. Höhenschichten, Algerien Süd, Niger, Umg. d. Hoggarmassivs, einfache Kartographie, ohne Gradnetz, ca. DM 19,80

☆ (Afrika, Nord u. West, Ryborsch ⇨ Nordafrika)

☆ Südalgerien, 1:200tsd., s/w-Karte, bei Därr, DM 9,80

Algerien

☆ Algerien/Tunesien, Michelin Straßenkarte, 1:1 Mio., ca. DM 13,80

☆ Tunesien/Algerien, Hallwag, 1:1 Mio., Straßenkarte, DM 11,80

☆ Carte touristique de l'Algérie, Sonatrach, frz., 1:2,5 Mio., Straßenkarte einschl. Tamanrasset u. Hoggar (ges. alger. Sahara), Schummerung, km-Ang., Wasserstellen, Nebenkarten Algier, Constantine, Oran u.a., ca. DM 19,80 (sehr alt)

☆ Algerien, IGN, 1:200tsd. (Hoggar u. Tassili), bei Därr, DM 9,80

Benin

☆ Carte général Rep. Pop. du Bénin, amtl, 1: 600tsd., ca. DM 19,80

☆ Carte Touristique et routière Rép. Pop. du Bénin, zahlr. tourist. Hinweise, ca. DM 25,00

Kamerun

☆ Rep. Unie du Cameroun, amtl. Übersichtkarte in 2 Teilen, 1:1 Mio., Schummerung, klassif. Straßen, km-Angaben, Verwaltungsgrenzen, 2 Nebenkarten, ca. DM 30

Kenia

☆ Kenya Coast, amtl. Touristenkarte, 1:250tsd., m. Höhenschichten, 3sprach., ca. DM 17,80

☆ Kenya, amtl. Route Map, 1:1 Mio., m. nördl. Tansania, doppelseitig, klassif. Straßennetz, ca. DM 19,80

☆ Kenya, Nelles, 1:1 Mio., 6fbg. Übersichtskarte, m. Schummerung, km-Angaben, Nebenkarte Küste, Nairobi, Mombasa, ca DM 10,80

☆ Kenya, Barth, World Travel Map, 1:1,25 Mio., phys. Übersichtkarte m. Verkehrsnetz und Grenzen, ca. DM 11,80

Marokko

☆ Große Länderkarte Marokko, RV, 1:800tsd., nördl. Kerngebiet 1:800tsd., südl. Teil (m. Westsahara u. Kanaren) 1:2,5 Mio., Stadtpläne von Tanger, Rabat, Marrakesch, Fes u. Meknes, DM 11,80

☆ Marokko/Kanar. Inseln, Hallwag, 1:1 Mio., Straßenkarte, DM 11,80
☆ Marokko, K + F 1:1 Mio., Straßenkarte, DM 12,80
☆ Marokko, Rav, 1:1 Mio., Straßenkarte, DM 12,80
☆ Carte routière Maroc, Marcus, 1:1,4 Mio., m. ehem. span. Sahara, klassif. Straßen, km-Ang. tourist. Hinweise, Nebenkarte
☆ Maroc, amtl. Übersichtskarte, 1:1,5 Mio., 11fbg., Höhenschichten, Schummerung, Wald, Verkehrsnetz, ca. DM 36,00
☆ Carte générale du Maroc, amtl., 1:2,5 Mio, 8fbg., Höhenschichten, Schummerung, Wald, Verkehrsnetz, ca. DM 30

Niger
☆ Rép. du Niger, amtl. Übersichtkarte, 1:2,5 Mio., Höhenlinien, Schummerung, klassif. Straßennetz, ca. DM 38

Nigeria
☆ Nigeria, Bartholomew, 1:2 Mio., phys. Übersichtskarte m. Verkehrsnetz, ca. DM 11,80
☆ Road Map of Nigeria, Macmillan, 1:1,5 Mio., phys. (Vegetationszonen), Entf.-Ang. u. -tabelle, klassifiz. Straßen, Ortsverzeichnis, ca. DM 9,80

Tansania
☆ Tansania, f & b, 1:2 Mio, Straßenkarte, DM 8,80

Zaire
☆ Zaire, GUGK, 1:2,5 Mio., Übersichtskarte m. Höhenschichten, Verkehrsnetz, Reservaten und Nationalparks. Nebenkarten: Bevölkerung, Wirtschaft. Separates Namensverzeichnis (in Vorb. Anfang 87), DM 19,80

Zentralafrikanische Republik
☆ Rép. Centralafricaine., amtl. Tour-Karte, 1:1,5 Mio., Schummerung, klassif. Straßennetz, km-Ang., tourist. Hinweise, Ortsregister am Rand, ca. DM 19,80

Index

Bestellschein

Bitte bestellen Sie mit diesem Coupon die Bücher des Conrad Stein Verlags bei Ihrem Buchhändler - oder falls dies nicht möglich sein sollte, direkt beim Verlag.

Bei Bestellungen direkt an den Verlag beachten Sie bitte und kreuzen an:

O Lieferung gegen Verrechnungsscheck im Voraus (Scheck anbei) - oder

O Lieferung gegen Überweisung auf das Postgirokonto Hmb 119273-208 - oder

O Lieferung gegen Nachnahme (zusätzlich DM 3,50 Kosten).

O Ihr Portokosten-Anteil beträgt pro Lieferung DM 1,20.

☆ **Hinweis:** Ihr Buchhändler besorgt Ihnen unsere Bücher ohne zusätzliche Kosten!

Also: Gewünschte Bücher umseitig ankreuzen, diesen Bestellschein ausschneiden, gewünschte Zahlungsart ankreuzen und beim Buchhändler abgeben oder an den Verlag senden.

O Wenn Sie lediglich unser aktuelles und ausführliches **Verlagsverzeichnis** wünschen, kreuzen Sie bitte hier an.

Meine Adresse:

Name: ____________________

Straße: ____________________

PLZ: ______ Ort: ____________________

Unterschrift: ____________________ Datum: __________

KAE/8